請問輪迴・無極瑤池金母的28堂生死課

——暢銷紀念版——

第一次母娘與你促膝長談靈魂轉世和淨化之路

宇色Osel／著

最猛職人 31

請問輪迴・無極瑤池金母的28堂生死課（暢銷紀念版）：第一次母娘與你促膝長談靈魂轉世和淨化之路！

作　　者　宇色 Osel
封面設計　柯俊仰
特約美編　李緹瀅
主　　編　高煜婷
總 編 輯　林許文二

出　　版　柿子文化事業有限公司
地　　址　11677臺北市羅斯福路五段158號2樓
業務專線　（02）89314903#15
讀者專線　（02）89314903#9
傳　　真　（02）29319207
郵撥帳號　19822651柿子文化事業有限公司
投稿信箱　editor@persimmonbooks.com.tw
服務信箱　service@persimmonbooks.com.tw

業務行政　鄭淑娟、陳顯中

初版一刷　2020年01月
二版一刷　2024年10月
定　　價　新臺幣550元
I S B N　978-626-7408-90-2

特別聲明：本書的內容資訊，不代表本公司/出版社的立場與意見，文責概由作者承擔。

粉絲團：60秒看新世界

國家圖書館出版品預行編目(CIP)資料

請問輪迴・無極瑤池金母的28堂生死課（暢銷紀念版）：第一次母娘與你促膝長談靈魂轉世和淨化之路／宇色Osel 作. --初版. --臺北市：柿子文化，2024.10
面；　公分. --（最猛職人；31）
ISBN 978-626-7408-90-2（平裝）
1.CST:輪迴 2.CST:靈魂 3.CST:民間信仰

216.9　　113015333

柿子官網
60秒看新世界

〈推薦序〉

每讀一段，都有令人豁然開朗之感！

林許文二／柿子文化總編輯

像是一場與久年未見的師友，在星空銀河裡的促膝夜談，無極瑤池金母引領我們跳脫人身，在沒有時間與空間的侷限下，用更高層的視野，以俯視又由內而外的感知角度，從心也重新認識世間。

透過無極瑤池金母淺白、直接、深邃、鞭辟入裡的話語，以及宇色感性、知性交錯揉合的文字，反思生命與存在的價值，每讀一段，都有令人豁然開朗之感。

是什麼樣的生命體，可以透過宇色傳達這些智慧？這本身就是一個謎，值得我們繼續追尋下去。印象中的無極瑤池金母，是高坐在殿堂上金身華服的東方神像，但在本書裡，祂彷彿化身為千古智慧哲人與極高層的靈性導師，打破了文化壁壘與人們對他的刻板印象。

感謝無極瑤池金母與宇色寫下這本書，匯流古今與東西方的靈性智慧，為傳統靈修與生命追尋實踐者激起更高覺知的浪花，並立下新時代的里程碑。

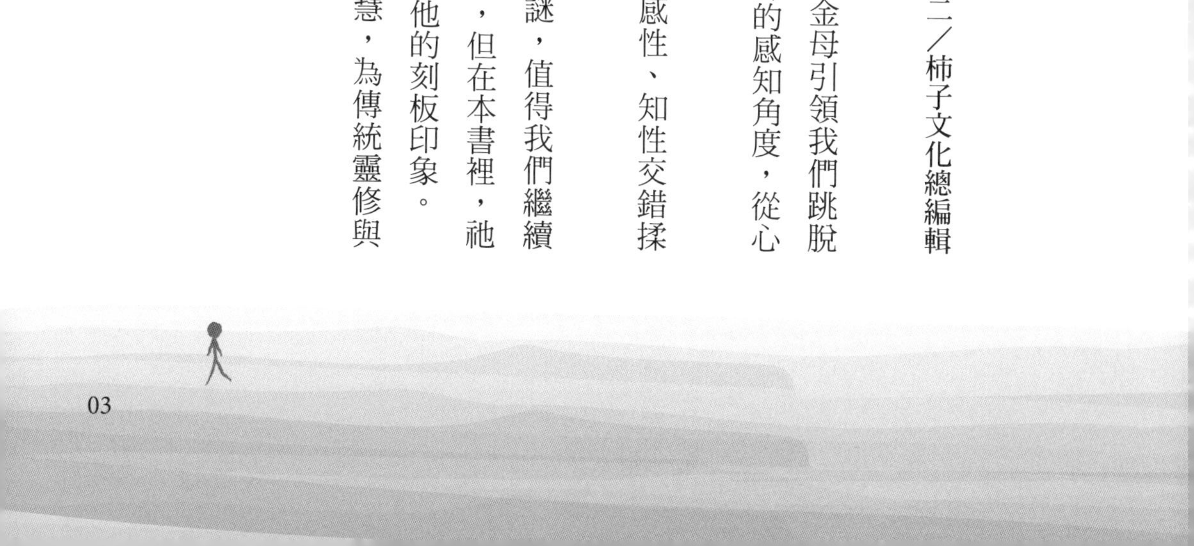

所有靈魂的轉化機會都是平等的，培養覺察的習性吧！

陳立川／毒理學博士暨健康書暢銷作家

其實，靈魂的主要課題就是透過肉身達到修行之道，問題是在達到修行目標的中途，肉身可能面臨許多病痛，讓人執著於健康問題而忽略了心性與靈性焦點。另一方面，有很多人把悟道當做終極成就目標，忽略現實活著的例行意義，只追求他們自認為很高尚的目標，實質上卻把靈性「物欲化」了；還有的時候，人們自認為自己走的靈性或宗教途徑才是獨一無二的……。

選擇宗教，是想透過一個現實窗口讓內心無形的神性有個歸屬，又有些儀式或教誨可以遵循，其實真正的悟道都是發自內心的，並沒有所謂正確的、好的、唯一的修行法。

面對人生種種，選擇、目的不該是活著的焦點，心態才是，察覺當下自己面對事件的心態為何才是重要的——愈能覺察自己的作為、自己的感受，愈有機會為覺醒鋪路。

舉個實例給大家參考，有個心理學機構經營團隊與學員一起來做能量檢測，出現非常值得玩味的結果：高層的主管被告知食物過敏原為何時，十之八九不吃；底層職員與大多數學員剛好相反，十之八九都是喜歡吃的，還會冒出一句話：「那我要吃什麼？」這句話背後的涵義是「我沒有克服口欲的能力」，是種自我設限的思想。由此可見，高層上過許多課程後跟內在自我有了連結，低層的還沒有或斷線了。

感謝宇色老師非常盡職的傳遞瑤池金母的靈性訊息，告訴讀者許多非常精闢與珍貴的洞見，我個人也獲益非常良多。二十二年前有幸拙火上揚獲得一些洞見而知見，開啟自己修行之路，得到肉身的自然運作法則與靈魂的無限潛能的真知，而這本書讓我領悟到靈魂與業力的更多深入細節，也證實過去很多自己了悟的靈性一二事。

人的肉身或所謂「業力的包袱」可能不一，但是上天給予所有靈魂的轉化機會是平等的，並無偏好任何一個靈魂。我們難免都有包袱、優缺點，都會面臨好壞事的發生，但是我們最終的心境是什麼？這就是你可以選擇的，這就是你可以賦予意義的。你可以久而久之養成一種覺察的新習性，請讀者多花點時間玩味本書傳達的真知灼見，並希望大家都能夠意識覺醒。感謝有此機會與讀者分享！

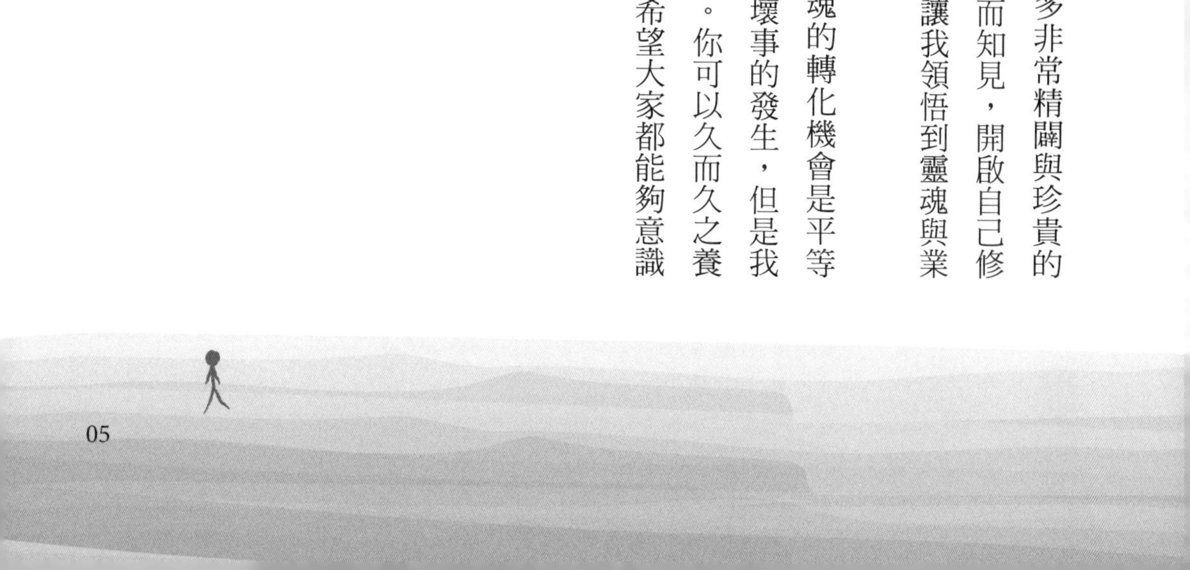

PART 2 靈魂輪迴的奧祕 064

所有的事情背後都有一個運作的法則，就如同宇宙。若你認為宇宙間的星球是恆久不變，那麼你並不是那麼瞭解宇宙。

——無極瑤池金母

人的靈魂它是有許多意識在建構的，你今天看到活的人或是選擇自殺的人，你只是看到它某一個意識，它還有好多好多層的意識，甚至當它選擇真正離開這個人世間的時候，它是一整團意識都離開了這一個空間，它不會再殘留在這個世間。

——無極瑤池金母

特別收錄

這個單元是這本書最後一篇，我最後想要以提問方式為這本書做一個總結，同時也是解答你在閱讀這一本書時，可能想問卻不知道該如何發問的輪迴轉世問題。

——宇色

〈前言〉

這是一條英雄之路

在這本書之前，「我在人間」系列已經有七本書在市面上流布多年，也有一些讀者告訴我，「我在人間」系列已經在宮壇私下傳布而成為宮主教授信眾的指導手冊。或許你閱讀過前面的七本書，但就算如此，有個「我在人間」系列的出版小祕密你可能不知道——每一本書的題材，幾乎都是以兩集為一個小系列。

《我在人間的靈界事件簿》是《我在人間與靈界對話》的延續；《靈驗！我在人間看見拜拜背後的祕密》的下集是《靈驗2・我在人間發現拜拜真正的力量》；《我在人間的靈修迷藏》是透過六十多份研究文獻拼湊出臺灣近七十年來的靈修樣貌，二〇一八年出版的《靈修人關鍵報告》則是從幾百封真實讀者來信與講座的問題回饋，匯整出一〇七個關鍵Q＆A破解靈修勒索，引領大家找出自己的靈修藍圖，呈現靈修百家爭鳴的樣貌……。講到這裡，或許你已經猜到了，《靈修訓體與瑜伽的精采對話》不會是印度瑜伽修練融合臺灣靈修煅身訓體的終極版。

在寫書的當下，往往我就已經隱約嗅到下一本作品的書本紙張味，唯獨這一本——無極瑤池金母親傳的輪迴轉世靈性訊息——沒有續集。

《靈修人關鍵報告》沒細談的輪迴議題

《靈修人關鍵報告》總共回答了讀者一〇七個靈修關鍵問題，類型包羅萬象，該書在靈異神祕類的分類書中獲得好評與不錯的銷量——或許的確有一群隱性讀者對靈修的突破求知若渴。在博客來網路書店的讀者書評中，有人如此提到：

- 收到書的那一刻就立即想要拿起來翻閱，花了約莫兩天的時間將書整本看完，真心推薦給在靈修上有任何疑問的人，會是一本可以幫助你快速得到解答的好書。
- 這本書替許多人解答了靈修會遇到的光怪陸離現象，其實這些大部分都是自己心念造成的。這本書讓已經在靈修道路上或誤打誤撞踏入的人——哪怕有別有所圖的目的——都明白，最後的準則仍是安住於心！沒有正念及堅定的信仰，在靈修路上很難有所突破——這無疑給別有目的、藉靈修來貢高自己與他人有所不同者一記當頭棒喝……。感謝宇色將自己所見所聞所學無私的奉獻！

眼尖的讀者應該有發現，在一〇七個問題當中，我並沒有正面回應關於靈魂輪迴的問題，或者應該說，我沒有去討論前世今生的議題。

這是因為——

已經成為過往不復留存的前世、累世，都不是無極靈修法要處理的問題；靈修直指人靈魂的核心——元神，在此生達圓滿心性，了脫輪迴。

在《靈修人關鍵報告》中的同性戀議題〈靈修師姐說今世是我第一世當女生，所以才會成為同性戀，這需要看醫生治療嗎？〉當中，無極瑤池金母的靈性訊息顛覆了一般人對同性戀的刻板印象，有不少讀者私下詢問是否可以再請示無極瑤池金母更多靈魂轉生的相關靈訊。由於這些回饋，我才意識到：靈修雖然不處理輪迴轉生的課題，但是大部分未能直入靈修實境的人卻可能身陷輪迴迷陣之中。因累世修行因緣，才使得靈修成為我的終生修練法，所以我怎麼能夠私藏無極瑤池金母的浩瀚智慧呢？

我不是無極瑤池金母代言人

我希望自己能夠成為連結無極瑤池金母靈性訊息進入此岸的一座橋樑，真心期盼你能心悟神解無極瑤池金母的靈性訊息，洞悉探索靈魂與輪迴轉世的奧祕，並將句句靈性訊息融入你的靈魂。

本書皮表雖為輪迴，其骨架仍為靈修。每一道關乎靈魂、輪迴、死後世界等的問題，皆是請示無極瑤池金母的靈性訊息後整理而來，為了將靈性訊息去蕪存菁地傳遞到你的心中，我跳脫了傳統的寫作方式，先羅列問題、備妥錄音筆，再一一請示無極瑤池金母。無極瑤池金母靈性訊息句句析毫剖釐，我很努力地讓你所閱讀的內容盡量接近錄音檔的內容，本書的難度可說是更甚以往啊！

多年來，我從未正視過輪迴轉世（輪迴轉世不是靈修的核心主軸），縱然如此，我仍然聆聽了不下千次無極瑤池金母回覆個案轉世相關課題的靈性訊息。若說我撰寫本書有什麼心得，那就是我與讀者同沐無極瑤池金母的恩澤，因為在撰寫這本書的同時，我對靈魂也有了更深入的瞭解。

本書中將討論到的宗教、靈學、政治及性向等等議題，我並沒有預設立場。此外，在嘗試以「語言」釐清無極瑤池金母所降的靈性訊息時，我秉持著不偏頗的著作立場，盡可能地不加入太多的個人色彩，不過，這實在是一件很難做到的事情，也希望各位讀者能夠理解和體諒。

在此，我想要特別強調一點。過去，有很多人自稱是神明唯一的代言人、靈媒、通靈人，在這個知識爆炸、每一個人都能透過youtube、臉書瞬間爆紅的時代裡，我相信這樣的人只會愈來愈多——想要搶當東西方神明代言人的人，在未來的世代將會更多，而我希望大家能夠明白，**神明不會只把靈性訊息給予一個人**，我也不是臺灣唯一無極瑤池金母給予靈性訊息的人。

有人說，宇色是無極瑤池金母的弟子，在這裡我必須鄭重的澄清：我是祂的追隨者、信仰者，卻不是祂的弟子。

凡瞭解真理者都能聽到神明的話，這些訊息不是那些自稱「代言人」的專利品，而是每個人與生俱來、每一世都在了悟的真理。

以元神意識進入無極瑤池金母靈性訊息

在請示無極瑤池金母輪迴事宜的時候，我進入到一種平衡且無重力的意識空間，而無極瑤池金母的靈性訊息帶著一股平緩流動的規律。每一次請示問題下座後，我的意識會久久無法抽離靈性訊息的意識空間。我必須端坐許久，回想方才每一段靈性訊息的美麗道路，感受靈性訊息潤澤我靈魂的寧靜與一絲絲的光輝。

每當我心煩糾結於紅塵中，夜晚，闔眼反覆聆聽靈性訊息錄音檔，內心的石頭瞬間消融成細沙，釋放於呼吸間，而不在靈魂留下任何一道印記刮痕。

每一個人都在輪迴中編寫一本屬於自己的故事，也勢必從故事中朝向自我了悟的圓滿之路前行——這是一趟英雄之路，就如同佛陀在象徵智慧的菩提樹下完成了自己的英雄路。

宇色，於家中書房

開始之前……

這是一本充滿魔力的書，
在你閱讀每一個字的當下，
它已經在悄悄喚醒你沉睡已久的靈魂意識。

在準備翻開下一頁時，
請你先做一個深呼吸，
準備走一趟洗滌意識的單行不歸路！

Part 1

靈從何而來？

斷輪迴，靈魂背後那一條靈是我們真正的歸處。

——無極瑤池金母

Q1

什麼是靈魂？
靈魂跟我的關係是什麼？

無極瑤池金母說靈魂

若以大樹與種子來譬喻靈魂與肉體，人們會將肉體跟種子畫上等號，那是因為這兩者都是你可以看得到且容易有連結的東西。

但是，種子比較像是一個人的靈魂而不是肉體，而已經長成的大樹才是一個人的肉體。

我們會說一個人的外在樣貌與後天養成是他的靈魂，其實靈魂本身還是一個很粗糙的物質。

當一條靈轉世到人世間，他必須先有意識，一個物種若沒有意識，便沒辦法生長。靈魂，是最原始「那一條靈」轉世來到人世間時產生的一個新靈體，最初「那一條靈」所產生的

宇色感知的示意圖

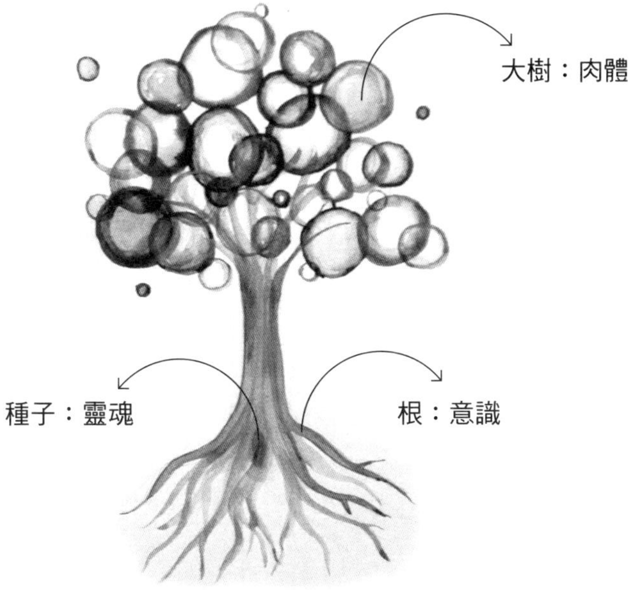

靈魂有很多作用，他能夠生長、轉化、轉生，他的意識也從靈魂產生。

你問：「今世我得要達到與靈魂合一的境界嗎？」不會，你與靈魂並不會到達最終合一的境界，靈魂還是非常粗糙的，所以，**修行人鍛鍊的最終目的並不是靈魂合一，而是回到那一條最原始的靈。**

我講過了，靈魂是靈轉世投胎時所產生的一個意識體。然而，人們卻常常說：「我要修靈魂。」這其實是不正確的！

你會說這個人很漂亮，

你會說這個人很聰明，其實講的都是那條靈魂他所呈現出來的樣貌，並不是他最原始的那條靈。

靈魂就像衣服一樣，它會乾淨、會髒、會依照不同的轉世而有不同的樣貌呈現，但是「那一條靈」不會，人最原始的「那一條靈」不會有所改變，不管經歷多少世的轉世輪迴，它依然不變，但是靈魂會。

無極瑤池金母的靈性訊息，是以「那一條靈」來比喻靈魂背後最原始的靈。

／。／。／。／。／。／。／。／

沒有名號的「那一條靈」

靈魂與人的關係是什麼？

靈魂就像是你每一天所穿的衣服，會隨著心情、四季的不同而有所不同；**靈魂是一條隨著意識改變而有所不同的意識體**，也因為有這麼一條意識靈，我們此生此世才能夠有所覺知地活在人世間。我們會常常說：「這個人很麻木。」這是在講這個人的靈魂（意識）非常薄弱，但不直接涉及到靈魂背後那一條最原始的靈。

要進一步釐清的是，靈魂不同於「那一條靈」。兩者最大的差別，是前者具有意識、情緒、心念，後者只是一種存有。「那一條靈」在地球上有很多的名字，道、無為、圓滿、涅槃寂靜、無極……等等，都是它的名稱，但這些名號都無損它的意義。

為什麼無極瑤池金母以「那一條靈」來稱之，卻不叫出它真正的名字呢？因為它沒有名字。

《道德經》說：「道可道，非常道，名可名，非常名。無名，天地之始，有名，萬物之母。故常無欲以觀其妙，常有欲以觀其徼，此兩者同出而異名，同謂之玄，玄之又玄，眾妙之門。」就如同道一般，「那一條靈」是一種狀態，不論你對它冠上何種名號，它就只是一種存有。「那一條靈」並不是指一條清晰、具有清楚樣貌的靈，而是指一種狀態、境界、現象，就好像宇宙間無數的星球能夠保持規律、和諧與一種平衡，是靠星球彼此間巨大的引力相互拉扯——我知道這很難理解，尤其如果你完全沒有天文學概念。引力拉扯就是一種現象，而無極瑤池金母所說的「那一條靈」就是一種現象。

想像一下，如果地球（或是宇宙所有有機生命體）上的靈魂都來自「那一條靈」，那會是什麼樣的狀態？沒錯，沒有彼此、沒有分別、沒有你我、沒有性別……。無極瑤池金母說：**「修行人鍛鍊的最終目的不是靈魂合一，而是回到那一條最原始的靈。」**這是在提醒我們要回歸靈魂的出處——也就是那樣的狀態。

在宗教的領域裡，我們常常會聽到回家、走回去來時之路，這裡的家便是指「那一條靈」——無極、無象、無彼此的狀態。靈修派所說的五母也就是「那一條靈」，那一條孕育我們來到人世間的母體，靈修最終的目的是在喚醒靈魂不忘回家的路[1]。

靈魂到底會不會滅？

那麼，靈魂不滅嗎？無極瑤池金母靈性訊息已透露了玄機，真正不滅常存的是「那一條靈」，而不是有意識的靈魂P027。輪迴轉世只是靈魂在人世間的一場遊戲——是我們為靈魂重複換了不可數的身分——每一世的悲歡離合、富貴貧賤，都只是靈魂意識下投射出來的產物，並不是「那一條靈」所具有的特質。

從無極瑤池金母的答覆中，你多少能夠感受到，**靈魂是你活在人世間的載具**，就像船是帶領我們從此岸到彼岸的交通工具——沒有靈魂，我們無法在地球經歷一切。現在，你必須多加停留並思考的是，一般的觀念是靈魂依附在肉體完成轉世課題，無極瑤池金母則傳遞更深一層靈魂轉世的祕密——**斷輪迴，靈魂背後那一條靈是我們真正的歸處**。

宗教用詞「入滅」、「涅槃」，都是寂滅、無為、解脫、安樂的意思，若你以為它就是靈魂最終落腳的靈界天堂，可能很難去想像那是什麼樣的地方。從無極瑤池金母的靈性訊息中，你或許可以瞭解到，真正的入滅並不是人往生後的天堂處，是與你靈魂背後「那一條靈」合一，「那一條靈」的特質就是寂靜、自在、解脫，一切靈魂意識都滅盡的狀態。因此，此岸是人世間，**彼岸就在你內心深處——回家**，不是投生哪一個地方，真正的回家是回到那一個寂靜無為的狀態。要回家，你先要看穿靈魂意識的把戲，修行則是在幫助我們釐清、過濾、沉澱一層又一層的靈魂意識。

靈魂回歸深處

該如何斷輪迴？真正回歸祕徑的祕密，在於消融靈魂意識回到那一條原初的靈。只要你開始學會安穩地坐在靈魂的位子上，不斷牽引輪迴的念頭便會大大減少，覺知會逐漸清明，靈魂不斷升起的種種意識會降低，如此一來，回歸「那一條靈」的路就會變得清晰。

真正醒悟邁向「那一條靈」的覺知者，不必被宗教教條所束縛，他可以在生活中做任何事，外表與我們一般人相同，但他不會再沉迷於靈魂所投射出來的意識世界。

無極瑤池金母說：**「我們會說一個人的外在樣貌與後天養成是他的靈魂，其實靈魂本身還是一個很粗糙的物質。」**當靈魂帶著累世的意識投生後，你的樣貌、個性都是靈魂意識分裂出來的。當你在「那一條靈」的狀態，是沒有物質的一切，而當你成為靈魂轉世投入肉體而成為人，你因為有了肉體而開始處理財富、事業、婚姻、感情、人際關係、家人等等問題。此生的世俗物質皆是靈魂意識所投射，沒有靈魂強大的意識運作，此生的一切都不用去談論它。

我們常說一個人執迷不悟，雖說執迷的也許是一件事情，但其實是靈魂跳脫不了本身所投射出來的意識世界，是我們自己執迷在靈魂投射出來的現象。一個正踏上「回歸那一條靈」、準備斷輪迴的人，就算他生活在與我們相同的世界，也不會困在靈魂所投射出來的意識當中。

回歸主題，靈魂是什麼？是「那一條靈」所幻化出來具有意識的靈體，我們活在一個靈體所創造出來的意識體。

註1 關於五母與靈修的關係，請參閱《我在人間的靈修迷藏》。

Q2

一直以來我們都認為靈魂會滅，但無極瑤池金母說靈魂不是「唯一」，那麼靈魂到底會滅或不滅？

無極瑤池金母說靈魂

若你對「滅」的認知是在這世間消失不見（無），那麼，它就是會滅；若你的「滅」不是消失（空），那麼它就是不滅。

你要知道的是，當花凋零時你會說它已經從世間死亡，它滅了。不過，它的花蕊、種子會繼續在不同地方生長，只是還沒有發芽，那花存在

宇色感知的示意圖

還是不存在？光看花本體，它是滅的，它不存在，但它並沒有真正的不存在，因為它還會「繼續生長」。

靈魂會滅——當一個人的意識完全消失融入在「那一條靈」，進入到一種空間狀態當中的時候。

意識存在世間，會有覺知，當它融入到「那一條靈」（合一）時，覺知不見，靈魂也就滅——不過，你不能說靈魂滅亡了，它沒有滅亡，它只是與「那一條靈」合一。

若一個人在轉世為人的時候，經歷了不可計數的轉世輪迴，就你們的認知來說，靈魂它沒有滅，因為他不斷不斷地重複轉世輪迴。

今天若有一個人站在鏡子前面，你會看著鏡子說「喔，他是存在的」（反射中的形體），但你不能因為他不在鏡子前面人不見時，就說他不存在。所以，若你想要知道「靈魂到底會滅或不滅」，應該要先清楚的瞭解，你是問那個人的本體，或者只是鏡子裡面的投射[1]。若你在詢問與認知的是鏡子裡面的投射，那麼，當鏡子在，他就在，鏡子不見，他就不見。你必須先跳脫鏡子到外面的世界去思考，才不會被這個問題綁住。

當一個人盯著鏡子的反射看這個世間，他就永遠透過鏡子在反射這個世界，他會說他所看到的世界就是真實的，卻沒有想把鏡子放下，去活得像自己，真正去看鏡子外面的世界，這也是為什麼這麼多人會不斷經歷輪迴轉世（把鏡子裡的世界誤以為是真相）——他認識的世界是透過鏡子看來的，他一直活在鏡子反射的世界裡，而以為所見的一切是真實世界。

從靈魂生成之前的「那一條靈」的角度來說，靈魂是會滅的（合一），而從轉世輪迴的角度切入滅與不滅的議題，靈魂是永生不滅。值得注意的是，靈魂並非永生永世不斷經歷輪迴轉世，當靈魂意識消融進入到最原始的「那一條靈」，靈魂雖然已經消失，但經過不可數的歲月後，「那一條靈」仍有可能又產生新的靈魂意識，再次轉入投胎。**這是靈、靈界與世界三者之間非常奇妙的現象——它既不是永生永世入滅，也不是永生永世不滅**。

再舉一個常見的例子來理解靈魂的滅與不滅。水是靈魂，當水投入到大海時，它消失了嗎？雖然它的本體不見了，但它只是暫時與海水融合，這就是靈魂與那一條最原始的靈合一的狀態，靈魂意識消失回到本體去，進入本體原有的寂靜狀態。水哪裡也沒有去，只是存在於世界的形體改變了。

現在，讓我們回到無極瑤池金母靈性訊息中人與鏡子的關係。

現今的人們對於前世今生充滿好奇，而以各種方式去探究前世的種種，催眠、紫微、

宇色感知的示意圖

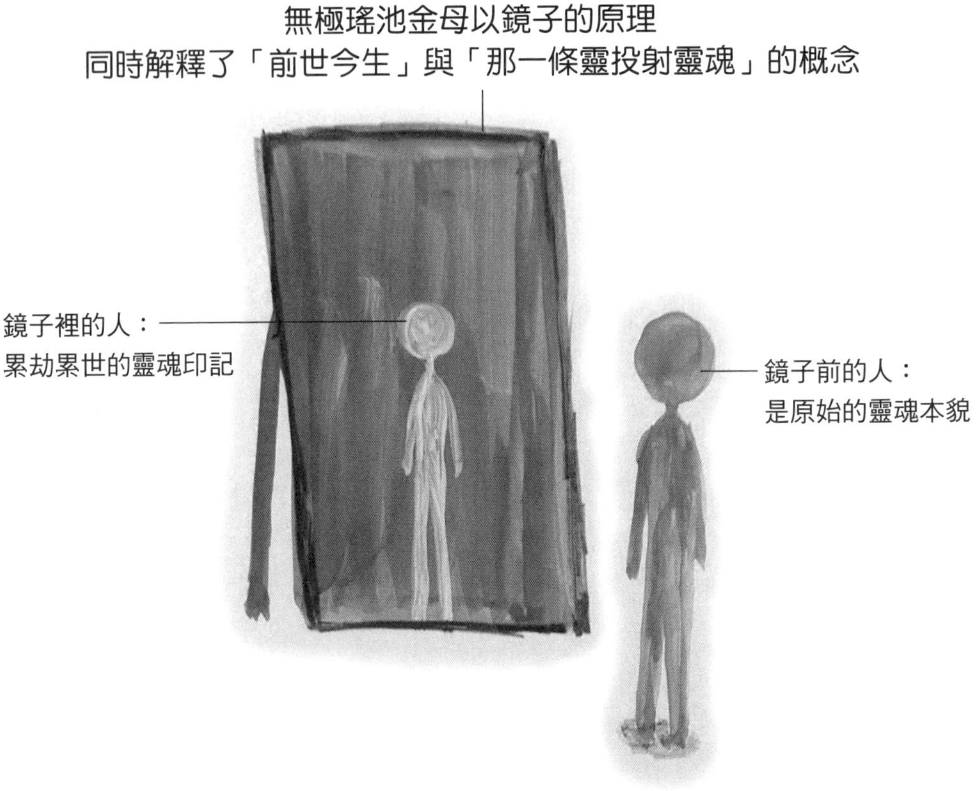
無極瑤池金母以鏡子的原理
同時解釋了「前世今生」與「那一條靈投射靈魂」的概念
鏡子裡的人：
累劫累世的靈魂印記
鏡子前的人：
是原始的靈魂本貌

以鏡子譬喻探索前世的工具，鏡子裡的人是累劫累世的靈魂印記，當鏡子前的人換不同衣服，鏡子裡的人也隨著鏡子前的人改變而有所不同。一昧探索前世種種，就如同不斷玩味鏡子裡的世界卻忘了誰才是真正的主人。要留心的是，探索前世就仿佛進入連續劇般的情節，將現實中的人事物都一一對應進去，並活靈活現地將探索前世的所見硬生生套在今世，甚至自導自演所有劇情，將之合理化。人的靈魂意識本就有直覺聯想能力，不論是否真實，靈魂意識就是會將探索前世感知的內容和今世「混為一談」。

所見的一切絕大部分都只是靈魂的意識變化，就如同之後將會提到的「設定目的就會引起太多聯想與牽動不必要的因緣」P085。無極瑤池金母說：「他認識的世界是透過鏡子看來的，他一直活在鏡子反射的世界裡，而以為所見的一切是真相。」可悲的是，一直想要透過種種工具探索前世以瞭解自己的人，其實是一直活在自己心的世界，害怕從鏡子裡走出來面對人生。

八字、請示神明等等，就如同有人不斷拿著鏡子去問別人：「鏡子裡的我是什麼？」然而，他在探究的其實並不是一個人的本體——真正斷輪迴的關鍵，並不在探究鏡子裡不斷變化的你（每一世的身分），而是鏡子前面的你。因此，**探究前世今生的身分對今世靈魂的解脫一點助益也沒有**。如果你真的想要瞭解輪迴轉世的奧妙，就不該一直拿著鏡子去問別人：「鏡子的我長什麼樣子？」

如果你只是想要討論鏡子裡面的你，那「靈魂到底是會滅或不滅？」這個問題的答案是：不滅。因為你只是一直活在自戀當中，而不是尋求解脫。一個思想只能侷限在鏡子裡的人，是無法跳脫鏡子去思考鏡子之外的世界，靈魂意識也就無法消融進入合一的狀態。

因此，真正引導人們解脫的修行（泛指所有靈性修行）是不會去談論前世今生、輪迴轉世的——既然所尋求的是回到本體而非靈魂意識，又何必將心力一直圍繞於反射在鏡子裡的人呢？修行，談論的是鏡子前面的人、要解決的是水如何重返海洋，鏡子裡面的人就如同輪迴轉世不斷地轉換身分與肉體罷了，**你應該在意的是鏡子前面的你在做什麼**。

靈魂是否會再產生？水進入海裡，當因緣成熟後遇熱成為水蒸氣再降雨，這個過程就是投生。此時的水，已經不是原本的水；雖然其本質不變，卻已不是原本的水了——不過，它還是水。

從無極瑤池金母帶給我元神所感知的畫面，人的靈魂並非永生不變，當他進入到「那一條靈」的狀況再投生，便是新生靈的產生。此時，新生靈的意識已完全不同於之前的靈，

這就是新靈（還在輪迴轉世就表示還未和「那一條靈」合一，新生靈有兩種：一是「合一」過後，又誕生新的靈魂意識去投生轉世；一種是從未投生，再產生出來的一條新的靈魂——新舊靈的問題，後面的章節中會再繼續講解 P056 ）。

註1 無極瑤池金母舉例「投射在鏡子的人是靈魂，鏡子是肉身也可以說是有形世界，鏡子前面的人是那一條靈」，這只是祂以我們所能理解的方式去解釋靈魂滅與不滅，實際上的運作並非如此簡單。

Q3

既然人的靈魂並非永生不變，那麼靈魂真的不會消滅嗎？

無極瑤池金母說靈魂

若地上長出一根結晶體（無極瑤池金母所指的結晶體是風化石、晶鹽等），經過風吹雨淋後，它變得愈來愈乾燥，終有一日會怎樣呢？終有一日，這一根結晶體會與地面剝離。相同的理論，靈魂也是如此。你仔細觀察，當一個人此生以相同態度度過此生（指固執、不懂變通、頑固、堅持己見過甚……等等），經過幾次輪迴，最終靈魂會脫離。

與誰脫離？與它最原始的「那一條靈」脫離。

那一條原始靈依然是原本的狀態，但是與「那一條靈」脫離的靈魂呢？它會在人世間不斷地輪迴，終有

一日便會滅掉，一條靈魂在脫離「那一條靈」之後，若又輪迴過久的時間，那便會滅掉。

有一個人躺在床上，他完全處於沒有意識的狀態，過了許久之後，他的身體會發生什麼事情？退化、衰老，直到死去。他就像活在世間的某一群人（大部分人），**並非每一個人都有意識地活在當下。**

又回到你靈魂滅與不滅的問題。

有一條靈魂轉世來到人世間，在人世間他毫無意識，歷經許多世依然如此，他的意識沒有覺知，這一條靈魂便會在世間滅掉。**靈魂滅掉不一定要做壞事，歷經多世而意識未能覺醒的靈魂會滅掉**，會完全地滅掉。

不過，**靈魂滅掉並不影響「那一條靈」**，最原始「那一條靈」並沒有受影響，只是產生意識的靈魂滅掉了。並且，在不可預期的時間之後，「那一條靈」有可能會再產生一條新的靈魂。靈魂會由「那一條靈」產生很多條，但「那一條靈」就只有一條。

此生執著於自己心性的人，靈魂終有一日會滅掉，此生此世沒有意識活在人世間的靈魂也會滅掉，這是靈魂奧妙之處。

所有一成不變、沒有生命（指不再有變化的物質）的東西終有一日會滅掉，沒有意識的終有一日會滅掉，而一直以相同一種態度在過自己生命的人、不懂得變通的人，他（靈魂）最終會滅掉，這是靈魂課題，要特別小心處理。

在這段與無極瑤池金母靈性訊息的意識交流當下，我所感知的是：有一股非常細膩且緩慢的流動感，一種很柔和的能量，如同優雅的芭蕾舞者以輕盈曼妙的舞姿穿梭舞臺間。

「此生執著於自己心性的人，靈魂終有一日會滅掉，此生此世沒有意識活在人世間的靈魂也會滅掉。」**生命是優美地流動在意識當中，今世每一個人都要學習讓靈魂意識不斷流動**——無極瑤池金母以淺白的概念引導我們去體悟老子所言的「上善若水」。要與意識結合，必須將靈魂安住於內在，靈魂將與世界融為一體。合而為一的和諧共振，將使你的生命跳脫原本的命運框架，創造更多前所未有的可能性。

流動是靈魂的特質，轉世輪迴本身就是在流動間進行

分享一則關於我的意識完全進入異度空間經驗到意識流動的美妙故事——

每一年，我都會進行一場閉關——而且，身體總會有徵兆告訴我該於何時進行。二〇

一八年時，在兩天一夜的微閉關前，我的身體與靈魂已經先行在幾個月前做好準備，每天早上三小時沉浸在煅身訓體、瑜伽、靈動呼吸法裡，因為身體淨化的緣故，自然而然從原本一日兩餐減少至一日一餐——這一連串的前行修練，我稱為「轉化樞紐」。微閉關當天，我再度刻意減食，盡量讓身體不要耗費太多能量在食物上。

第一夜，輾轉難眠，我的意識被切割成好幾個層次……

意識清晰，肢體卻完全進入不受控制的靈動狀態，體內強大卻深層的能量不斷從丹田與胸口二處湧出，強大的氣引動的柔和靈動沒有半刻停止。我整夜未闔眼，那一晚，我無法計算做了多少近似瑜伽伸展的靈動，或許超過百種吧[1]！在地上，我順著體內氣的流動緩慢而有力地扭轉身體各關節，意識也完全進入到氣流中。十多年的瑜伽修練使我的筋骨相當柔軟，在先天之炁的引導之下，我毫不費力地做出動作。神奇的是，許多我從未做過、屬於瑜伽上層的扭轉動作雖超過身體的極限，卻感受不到筋骨的痠痛緊繃。

意識停留在半醒半沉間，我竟然沒有察覺到另一道異度空間已經被悄悄開啟。

我看見幽暗屋內充斥多種詭異卻色彩繽紛的符號。卍字是第一個，它穿插、佈滿了所有空間，特別的是，它並非平面的，而是以三D的立體樣貌呈現。空間內密密麻麻難以數計的卍字毫無隙縫緊密連結、工整地排序，桌子、椅子、牆面……。我在黑暗屋內伸出十根手指頭，立體卍便爬滿兩隻手臂，甚至全身。

當下，我憶起二千五百年前證得正果的印度王子——釋迦牟尼佛，意識瞬間與「釋迦牟尼佛」連結，我完全醒悟：涅槃、入滅，即是意識完全消融到時間與空間中，如同空氣、陽光，沒有「我」的存在。

我觀照此刻的心，沒有害怕、不安、喜悅，種種感受皆蕩然無存，感知全然悠蕩在一個超意識空間裡，連死亡的恐懼也沒有，只剩下寧靜的美妙——這是意識脫離肉體後的世界，是無極瑤池金母的法帶領我回到「那一條靈」的狀態。我的感知完全在那個狀況中，仿佛完全進入圓滿、寂靜的次第境界，佛的境界是完全融入空間與時間當中，無邊無際無我無你，就好像白日清晨時的光佈滿了早晨——光完全融入到空間中。佛陀不再轉世來世間，不再乘願再來，就這樣完完全全地與那一個狀態合一。就算佛陀的意識再度來到人世間，那將會是一條全新的新生靈、意識狀態，不再是二千五百年前的悉達多太子、釋迦牟尼佛。

在那一個狀況中，我的意識瞬間進入無極瑤池金母的靈光中，向祂請示更多生命、靈性、修行的疑問——

「金錢對於修行的意義是什麼？金錢在世間的意義又是什麼？」

「奧修開悟了嗎？我該如何來看待與學習奧修的觀點？」

「許多人對證嚴上人有批評，我該以何種角度來看待這一件事？」

「我如何在生便能體悟到死？」

「為什麼有人一直沉溺在性當中，該如何轉性為增上（增勝上進）的智慧？」

諸多的疑問都在當下冰釋理順。

宇色感知的示意圖

不知經過多久，一個仿佛太極旋轉的圓形圖突然逐漸從我身上浮現出來。和諧、寧靜、歡欣在那瞬間流洩而出，莫名的體悟令我不禁紅了眼眶：原來，修練瑜伽的體位法與呼吸法是為了柔軟、延展身體所有筋骨、關節，方能進入到太極圓滿的境界。當下讓我聯想到太陽馬戲團舞動O型大環的舞者，舞者必須柔軟卻有力地讓大環舞動，才能得以平衡——他們每日都要上百次的操練，才得以讓身、心、環在宇宙間保持優雅的平衡。舞者專注在旋轉大環某一點，優美地變化出無以計數的高超藝術。在極速旋轉之下，他們的心是寧靜、平衡、專一的，身體也依循大環的轉動而柔軟——這就是道，生命的起源與結束的中心點。

當一個人的身心歷經過千錘百鍊的自我對話與操練，打開所有經絡啟動後天之氣那一瞬間，便能以氣相應先天之炁，氣炁會旋轉融合成一個仿佛黑洞的圓形氣場，此時意識完完全全會在這氣場裡消融又聚合，如同洗衣機的離心作用——過濾與沉澱不好的雜質。

這就是古人所傳下太極陰陽圖與修練氣的真意。就如同中國太極拳的原理——拳不是重點，是在拳法中感受太極的流動與柔和之氣——同樣的，做出超高難度的體位法也不是瑜伽的最終目標，以體位法結合呼吸法淨化氣脈、脈輪，你的意識會停留在一個平靜點，專注那個平靜點不離開它，便能展現更超越的生命動能，這才是瑜伽精神——**回到內心，讓氣引導出你內在所有奧祕，你的靈魂藏有此生所有的終極祕密。**

此時，一股力量將我的意識帶回到前半生。我二十二歲在天命安排下先天啟靈，開啟了近二十年的靈修之路，二十五歲接觸瑜伽、二十八歲學習塔羅牌……，在靈修路上，看似汲汲於探索生命與神祕學的奧祕，背後竟然都只圍繞在「解決靈魂的課題」——與他人生命緊密連結，稀釋本我，回歸身體內在，方能撝謙以待。

這一領悟令我汗顏！多年來，我一直認為是自己的領悟力極高才能毫無障礙地平行統攝這些事物，原來，一切的一切都只是繞著「天命」打轉罷了。

印度聖哲拉瑪那・馬哈希（Ramana Maharshi）以一句名言貫串一生：「為了順應每個人的天命，道的功能即是令每個人遵循他的天命。註定不會發生的事情便不會發生，無論付出多少努力都沒用；註定會發生的事情絕不會漏掉，無論一個人多麼努力避免它。」[2] **我們以為終其一生很「努力」在「改變」人生，其實，我們的人生卻一直被背後那一隻看不見的手完全操控**，就如一隻在籠子裡跑圈圈的老鼠，蹬得愈快，踩得圈圈也愈轉愈快，牠以為這樣就能改變命運，其實命運已經註定（籠子與圈圈）——那一隻看不見的手，就是「業力」。業力是一場由自己設計、規劃與進行的靈魂遊戲，它如影隨行在我們左右，你只能看穿它的遊戲規則，卻無法讓它消失，直到你真正瞭解它的運作，才能跳脫它、中止它。

從身體來反思這一個靈魂的真理，心臟、血液、細胞、呼吸無時無刻都在進行流動，以呼吸來說，吸氣會帶給靈魂力量，一種生存的力量——小嬰兒脫離母體要向世間證明「我來了」，第一口氣便是強而有力的吸氣；當人的意識正準備離開人世間，呼氣是靈魂對世間一切全然的放下、是釋放身體多年來的重擔包袱。生命就在一呼一吸之間進行著，這就是流轉帶給生命生存的力量。安定的感覺既不是動也不是靜，而是動靜之間的那一瞬間。若你想**要真正感覺靈魂的安定，試著去覺知呼氣與吸氣前的一刻停滯。**那不是閉氣，是自然氣的止息，是一種非常寧靜舒適的能量，寂靜就在呼與吸之間。

靈魂力量的來源來自於意識

人與其他所有物種都有相同的屬性——不動則滅的法則。靈魂是一團意識體匯集的能量體，當一個人的意識薄弱，對於活在人世間毫無覺知，幾經轉世依然如此後，此條靈魂便會灰飛煙滅。靈魂續存在人世間的能力來自意識，意識是由許多層面的材料所構成，專注、意志、想像、執行……等等，都是其中一部分的元素。

至此，我還是得將你的思緒拉回靈修的領域。不論什麼修行，其最終目的都是引導你的靈魂進入最原始的狀態，而第一步就是保持覺知與強化靈魂的力量。**靈魂的力量就是意識，覺知、意識、靈魂三者必須綁在一起討論，斷輪迴與決定輪迴的力量祕密，便來自這三者。**所有你能夠覺知的情緒、感知，都是訓練意識的途徑；嫉妒、憎恨、喜悅、悲傷，都是靈魂最原始的表現。生命中不可能只選擇對自己好的情緒，**不要太執著正面思考與能量，所謂的合一，是接納一切靈魂最初的呈現。**

在此跟大家分享一則我與靈魂對話的經歷——

一位女士前來請示無極瑤池金母，詢問的內容不脫離感情、婚姻、錢財，年過五十的她曾歷經過一段婚姻，在那之後，感情始終沒有著落，還幾度成為他人婚姻的第三者。她刻意打扮年輕、身著粉紅色亮麗上衣，還有與年齡不符合的娃娃音。對話中，她常不自覺透露要為家人付出一切，父親早逝，她很年輕就開始努力賺錢、買房養全家：「我要讓家人有一個幸福的家庭。」她兩位兄姊皆未婚，也沒有正職的工作，年紀近六十歲的他們一身慢性病和心理疾患，經濟重擔全落在她一人身上。對談中，她輕描淡寫地闡述過往的生命，眼神有一種空洞感，絲毫沒有力量。此時，一個靈知閃過我的腦海，我請她重複以下這句話：「我寧可死也要讓家人過得比我好。」

她彷彿迷了路掉進兔子洞的愛麗絲，一直在這句話打轉，沒有辦法完整地複誦三遍。當她終於能說出這句話時，伴隨而來的是止不住的淚水。她邊哭邊表示自己不認同這句話，也不認為她是這樣的人。我沒有正面回應，僅僅反問她：「你的淚水代表了什麼？」

她聽了掩面大哭。

我告訴她：「投胎來到人世間，家庭共業是註定的。雖然家庭共業看似不可改變，但我們依然可以經營自己的人生。記住一句話：『**把心放在自己生命多一點，你才能讓身邊的人走出來。**』」

這個真實案例是在提醒大家：你的靈魂力量來自內在，看見你真實的情緒，是你的自由意識，如何去平衡生命，也是你的意識。當你過度擔心他人的生命，相對的，你的意識能量會不斷被外在所消耗。你必須要知道，靈魂意識建立在你對生命的觀點，一味付出的人其實正反映出他內在的恐懼、匱乏與沒有自信。試想，假使這名女性此生到老皆被「寧可死也要讓家人過得比我好」的詛咒所綁架，下一世她會突然變成一個快樂自在的人而投生到幸福美滿的家庭嗎？過去、現在、未來都在同一個時間點發生，**我們當下的觀點已經在為來世鋪路**，這樣對一切皆委曲求全的人生觀會令她每一世都陷入相同的業力，除非她的靈魂覺醒才能改寫。

「他的意識沒有覺醒，這一條靈魂便會在世間滅掉。靈魂滅掉不一定要做壞事，歷經多世而意識未能覺醒的靈魂會滅掉，會完全地滅掉。」我們常以為固執是自私、強勢、難以溝通，其實固執非常中性，它沒有特定指什麼，它就是一成不變。若你的人生態度是：「世間就這樣，人間就是這樣，我就是這樣的人，不要跟我說這麼多。」執著己見的態度，是在違背世界無常的法則。

無極瑤池金母的靈修圓滿法、道教的無為而治、佛法的中道等等，其實都在講述相同的意境。柏拉圖說：「當美的靈魂與美的外表和諧地融為一體，人們就會看到，這是世上最完善的美。」若你想進入，就必須進入與它相同的共振頻率，沒有其他，因此無極瑤池金母才說：「所有一成不變、沒有生命的東西終有一日會滅掉。」因為地球、宇宙、包含靈魂都具有變動這一項特質。一切的事物皆是如此，健康、人際關係、財務處理，現實中的一切都在不變的演變，你的想法、人生觀、價值觀又豈能一成不變？

或許有人會問：「難道為家人付出不對嗎？」我並不否定她為家人付出，這是人的本性與責任，但最終人都必須去面對心中更大的痛苦，這是我們無法否定與視而不見的。當一個人一直以相同的方式面對超過自己能力範圍的痛苦，他的靈魂意識會逐漸淡薄，這也是這名女子眼神如此空洞的原因。

心不要離開靈魂太遠，請無時無刻去覺知自己當下的情緒。愁悶、焦慮、不悅、驚慌、無力，都是心連結靈魂最直接的繩索，當它出現時，不要太輕易讓它流走。**當我們輕易逃離靈魂的呼喊，無法面對內在心靈發出的聲音，我們意識會逐漸淡化，失去了專注力、毅力與想像力，**這會瓦解靈魂的力量，靈魂與那一條最原始的靈也將失去連結。

或許，世間有許多事情短時間內難以改變，它就像一頭巨大老虎猛咬住你不放，除了努力掙脫現實的難題，你仍然要隨時看顧自己的心，而強化靈魂的方法就是保持覺知，不要拒絕、不要欺騙、不要口口聲聲說：「我很好，我沒事。」這些都只是掩蓋覺知、自欺欺人罷了。真心去傾聽靈魂的聲音，你才能活得坦然又自在，不論那一頭猛虎是否離開你，你已經真心看顧好靈魂。

註1 這一連串由氣動所引導出的流動體位法，後來成為我教導瑜伽獨一無二的教材。

註2 這段話為拉瑪那尊者十九歲對命運的領悟，而且終其一生從未更改。

Q4

即將滅掉的靈魂意識，此生的個性、特徵是什麼？

無極瑤池金母說靈魂

脫離最原始「那一條靈」的靈魂，他活在人世間的情緒起伏沒有很大，他不會思考明天該做什麼，他只能處理今天面對的事情，他無法去覺知生命的奧妙與此生生命意義，他無法去思考如此浩大卻與自身有關的問題，他就是每一日每一年在度日子，他的所看、所吃是沒有意識的，吃就只是吃，看就只是看，他洞察不到一幅畫的美，他對生命會有擔憂，但不會有恐懼——一個人要有意識才會有恐懼。

你看，像他這樣的人可以對生命了悟嗎？沒有，雖然很像看透生命，其實並不是，他只盲然無知地度過此生。他不是極惡、極善之人，就只是空空地度過生命。有人說這個東西很好，他會想去要，但他不知道什麼才是自己需要的，這輩子他也不知道自己要的是什麼？人家說這個東西好吃，他會去吃，但他不知道為什麼好吃、不知道好吃在哪裡。

我所講的一切（指吃美食、欣賞畫等等），都是要用非常細膩的心才能覺知到的（指一道美食好吃的感知、一幅藝術品的美的欣賞，都需要非常敏銳的覺知）。

一條已經快滅的靈魂，就像我方才向你說明的，一顆非常細緻的心他是沒有的，他無法提升非常細緻的覺知。

若你進入深層的夢鄉，乍醒時會一度恍神不知身在何處，這時再強迫你去睡覺——如此一而再再而三後，會發生什麼事情呢？你會逐漸失去現實感，你的意識會消失，不再與世間有所連結；你必須花更多時間，才能恢復感官最基本的能力。假設此時有人問昨天、前天、大前天你人在哪裡，你根本沒有能力去做連結，遑論是否有細膩的情緒與意識了。把這種很容易想像的畫面連結到無極瑤池金母「一條已經快滅的靈魂，就像我方才向你說明

的，**一顆非常細緻的心他是沒有的，他無法提升非常細緻的覺知**」這段靈性訊息，你是不是能更清楚祂所要傳遞給世人的靈魂奧妙呢？

在本篇中，無極瑤池金母的靈性訊息還打破了一般人對靈修的印象。我們總以為，必須進入某一種宗教領域、行事某一種荒誕離奇的宗教行為，才叫靈修，其實並不然。**靈修最終的目的在於培養道德與對生命萬物的虔誠，提醒靈魂必須回到「那一條靈」的狀態。**靈修就在我們的生活當中，歌德曾說：「虔誠不是目的，而是手段，是通過靈魂最純潔的寧靜而達到最高修養的手段。」

回到身體裡去，就能找到生命力量與斷輪迴的線索。靈魂與輪迴之間的運作關係非常微妙，若你開始學習覺察所有的一切，試著去連結眼前的事物帶給你的感知，所有不屬於你靈魂的事物會離你遠去，包含一切負面與不安的情緒。這時候，你才有能力去處理更多內在的聲音，終有一日，靈魂強大的力量會引導你回去最初的「那一條靈」。

強大的靈魂可以超越生命的可能性，達到對輪迴的領悟——這是我毫不懷疑的真理。

無極瑤池金母說：「脫離最原始『那一條靈』的靈魂，他活在人世間的情緒起伏沒有很大，他不會思考明天該做什麼，他只能處理今天面對的事情，他無法去覺知生命的奧妙與此生生命意義，他無法去思考如此浩大卻與自身有關的問題，他就是每一日每一年在度日子……」這種人其實並不少見，我們不必把這樣的事情想得太遙遠，請把鏡頭拉回來，問問自己是否也以這樣的態度在過人生。

在進入無極瑤池金母這一段靈性訊息同時，今世許多我曾見過的人都在腦海中快速閃過，個案、讀者、學員、朋友、家人等等，那一瞬間，我彷彿知道哪一些人的靈魂正如無極瑤池金母所言：「**他無法去覺知生命的奧妙與此生生命意義，他無法去思考如此浩大卻與自身有關的問題，他就是每一日每一年在度日子……**」很多人一談到修行就會聯想到沒有情感、漠然面對世間的一切，這是非常錯誤的觀念，修行是培養對心的敏銳覺知，一顆敏銳的心豈會對世界無感？正念，是時時刻刻、一分一秒對心有充分的察覺與觀照。

「**他就是每一日每一年在度日子，他的所看、所吃是沒有意識的，吃就只是吃，看就只是看。**」愚痴與覺知最大的差別，在於對心的觀照與對世間的觀察，雖然兩者看似極為相似，骨子裡卻是天與地般的極大落差，前者是無感，後者是淡然。

不斷回顧自己的生命，有助於意識連結更深的靈魂。至於連結的程度，則取決於退省的能力——有時候，你必須花更長的時間去審視自己的生命。當我們不斷反問自己：「我在做什麼？過去何時我做了什麼才導致現今的局面？」話語會將我們的靈魂進行深度的洗滌，我們的意識會更加清晰而強大。

不要將修行、輪迴與宗教扯上必然的關係，拉得太遠反而會讓我們看不清**自己其實有力量決定自己的人生**。一個人的退省力愈強，意識便愈高，他能從靈魂取得的力量也愈大；當一條靈魂意識過低，便會失去細緻的心而無法去覺察生命的奧妙，此生障礙就會愈多。

Q5

轉世是那一條原始的靈轉為靈魂後，再投胎來到人世間，請問，那一條原始靈又是從哪裡來？

無極瑤池金母說靈魂

一幅畫是一個形體，就如同你到一個人很多的地方，會看到非常多人聚集在那裡，一大群聚集的人也是一個形體。若今天我問你說那幅畫如何形成，你能夠說清楚為什麼這幅畫吸引你嗎？你找不到構成那幅畫最原始的點，也找不到吸引你目光的真正原因。

你會說那是畫家畫的，但是畫家的靈感怎麼來的？想要追溯畫家的靈感是無從追溯起的，那可能是他小時候某一段記憶，也可能是他過去學習的一段歷程，但有沒有可能畫家在睡夢中被植入了一個記憶呢？有太多的可能。

有許多創作者、藝術家的作品來自於夢，作品並無來由、沒有時間點，它是沒有時間起始點的意識，也是集體意識運作之下的一個法則。要找出作品創作起始點（意喻「那一條靈」從何而來），是沒有辦法用人的思維去思考的。如同你看到一群人聚集在那邊，你無法去思考為什麼這一群人剛好在這個時間點出現在這個地方。這是一個沒有答案的問題，因為每個人的意識是經過不斷地聚合、分散再交集，也因為某一個時間點出現了才能聚集這一群的形體。

最原始的「那一條靈」是從何處來？那已經超越人的思維所能思考。

宇色，若你寫這本書是為了讓人們閱讀之後腦袋更清明，讓人們可以更加認識這個世界跟他自己，這一本書對世間的影響力有著無遠弗屆的力量，但是，書本身不是用來去解釋那個沒辦法解釋的東西的，那必須靠人的體悟。

你所思考的問題，要放在對人與自己的生命有意義的地方，若那個問題它不能夠透過文本來解釋，反而造成更多的困擾，那麼它本身就已經不是問題，這一問題只是圍繞在一個假設性的問題上。

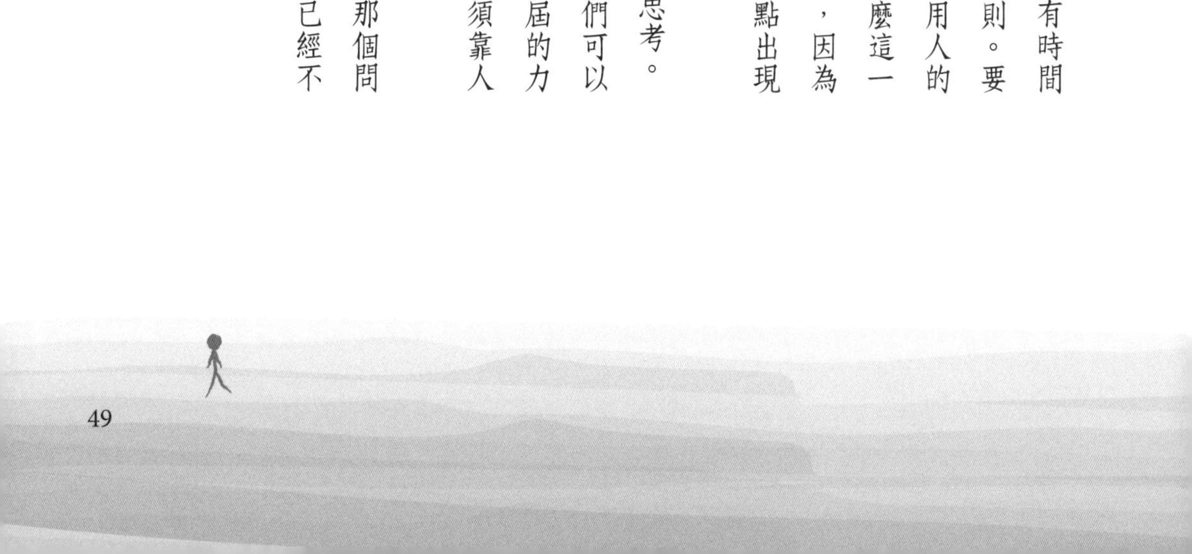

很多讀者都問過我一個問題，或許你也有過類似的疑問：「你如何確定你完整地接收到無極瑤池金母的靈性訊息？」這一個疑問的答案，恰巧非常吻合「那一條原始靈又是從哪裡來？」這一個問題。

當我轉化意識進入無極瑤池金母靈性訊息的時候，意識先會進入遼闊無邊的感知中，如同飄遊在沒有邊際的海上，當一盞燈塔射出一道燈光罩在我身上，我會完全被那一道光吸過去——我的元神意識接上無極瑤池金母靈性訊息時即是如此，意識完全融入那一道光進入無極瑤池金母的圓滿。我與無極瑤池金母的對話，不是言語、畫面、文字，而是一種感知。若你仔細看過本書所有無極瑤池金母靈性訊息，會發現它非常跳躍，在閱讀當下，你的思緒會以一種非常快速的方式轉動。無極瑤池金母會隨著我每一秒的思維來回應，非常快速——無極瑤池金母完完全全地呼應我細微的意識狀態。

在詢問「那一條原始靈又是從哪裡來？」時，我的元神意識飄遊在海上許久，當無極瑤池金母靈性訊息吸引我進入另一神妙層次，沒有先前的著力點，反而是更加的飄散不定，似乎我的意識進入不到這一個問題的起始點。

我當下感知到：這一個問題是無解的，不是無極瑤池金母不願意回答。這是因為人們對靈魂的悟性尚未足以瞭解無極瑤池金母的靈性訊息，當人們的智慧還無法處理這一個問題時，就算無極瑤池金母願意說，我們也不見得理解它的奧妙。據傳，佛陀也曾經遇過類似的情況——

二千五百年前，一位名叫曼童子的青年弟子拜見佛陀，向他請教了十四個問題：

一、世界恆常存在嗎？
二、世界不會恆常永在嗎？
三、世界既恆常而又不恆常嗎？
四、世界非恆常、非非恆常嗎？
五、世界有邊際嗎？
六、世界無邊際嗎？
七、世界有邊際而又無邊際嗎？
八、世界非有邊際非無邊際嗎？
九、生命即是自我嗎？
十、生命與自我並非同一嗎？
十一、佛死後還存在嗎？
十二、佛死後不存在嗎？
十三、佛死後存在而又不存在嗎？
十四、佛死後非存在、非不存在嗎？

佛陀並沒有去解釋它，並非開悟的佛陀無法回答，而是身而為人還有更重要的問題需要去面對與處理。據說，佛陀是如此說的：「若是有人心中如此猜想：『佛陀不

回答這一些問題，我便不跟隨他修道。』這是愚蠢的人才有的愚蠢想法！愚人不曉得在死期來到時，他仍然未能弄清這些問題啊！」

幸運的是，沒有人可以阻擋我們去探索自己的生命，也沒有人可以獨占任何一個人的**靈魂意識**。佛陀沒有正面回答曼童子這十四個問題，並不代表曼童子無法自悟自參這十四道問題，同樣的，無極瑤池金母的靈性訊息中傳遞了一個重要的訊息：「書本身不是用來去解釋那個沒辦法解釋的東西的，那必須靠人的體悟。你所思考的問題，要放在對人與自己的生命有意義的地方，若那個問題它不能夠透過文本來解釋，那麼它本身就已經不是問題，這一問題只是圍繞在一個假設性的問題上。」

我常收到讀者詢問一堆超乎他們當下能夠理解的問題，比方說：無極瑤池金母從何而來？神明的靈氣是從哪裡來的？啟靈的感覺是什麼？我怎麼知道自己啟靈了？什麼是元神甦醒？面對一個從來沒有如實體悟的人，要為他們解釋這些問題簡直比登天還要難——這就像只要你真正喝下一杯水，就不需要拿文字去形容它，文字只是襯托你心中的答案——你至少要自己先有感受與體悟才行。要想領悟至高無上的智慧，進入完整的境界，必須先探索自身的生命意義，懂得這一層道理的人，必定領悟真理與解鎖輪迴的奧妙。

Q6

人往生之後會變成鬼，鬼又跟人長得很像，那麼，一開始的靈魂又像是什麼呢？

無極瑤池金母說靈魂

靈魂擁有如鏡子與水般相同的特質。水與鏡子的特徵，就是不具不變的特質，你可以用任何容器去裝載水，鏡子能反射出任何物體。你提到「人死後變成鬼，鬼跟這一世的人很像」，那是因為靈的特質就是可以承載（複製）任何一個物體。靈魂放入任何物體，它便會形成那樣的物體。

你問道：「靈魂最初的樣貌是什麼？」像鏡子，你將它置入什麼它就是什麼，靈魂不能用形體來形容它，它也沒有特別像什麼。

你不能說靈魂這一個特質是空，你說這一個人有空性，進入空性，完全處於空性，是他已經完全不具有鏡

子的特質。人之所以再投胎轉世為人，是因為他還不具有空性，他還可以繼續承載東西。當那一條靈凝聚成靈魂，它就具有靈魂的特質——承載、複製。此生你所呈現的種種樣貌——心性、個性、態度等等，都只是鏡面承載累世的物體。

人們常說的佛性、涅槃，是指一個人的靈魂連鏡子的特質都不具備了，他連成為鏡子的特質都沒有了，它是獨一無二的、更純粹的。

人的靈魂有一個特質——反射、模仿與不停變動。人為什麼在語言、能力、做事與態度能夠複製、模仿？這都是靈魂本來就具有的特質。

反過來思考，當一個人的靈魂意識不夠通透與甦醒，便會對世間不再產生好奇心，這會削弱靈魂它應有的特質。因此，一個人的學習力太弱，以及對於一件事的靈活度不夠有彈性，其實與智慧與開悟無關，純粹是靈魂意識的甦醒度與清明的問題。

為什麼人死後變成鬼的樣貌與生前一模一樣？

因為我們所見的依然是鏡子裡的形體，鬼是一個人的此生靈魂所反射出來的形體——絕對不會有人可以看見一隻鬼是某個人好幾世前的樣貌，那是因為鏡子只能反射當前鏡子前的模樣，無法反射出更早之前的站在鏡子前的人的樣貌。反過來說，當一個人死後的形體愈趨於生前模樣，一部分是**往生者的靈魂剛離開肉體不久**——愈新鮮的靈魂，與生前樣貌愈像；另一部分原因則是**執念**，當一個人生前過於執著在世時的樣貌（例如整型無數次、生前追求外表等等）、外在穿著、食物與某一種慣性（特別愛在某一張椅子做某一件事），離世後，靈魂不僅會與死前一模一樣，甚至連死後的行為都會重複生前的慣性，這正是因為靈魂具有複製、反射的特質。執念的本質也可以解釋為何自殺者會重複生前自殺的行為，自殺往往是生前某一個心結關卡過不去才產生的行為，這也是一種執念的表現 P190 。

靈魂本身非常純粹，它是模仿、複製、反射，是意識在決定生命的廣度與深度。

有一些人會透過催眠、觀落陰等方式去陰間探視往生者，一般情況之下，往生者都是會顯現生前的樣貌，但就我個人帶領無數個案進入觀落陰的經驗，有時往生者的樣貌也略有改變，尤其是往生者離世的時間愈長久，樣貌的變化愈大。

神奇的是，就算往生者樣貌不同於生前，在世親人依然會認得。他們會說：「樣貌完全不一樣了，但是很奇怪，我就是知道是他。」然而，就算在世親人認得往生者樣貌，隨著時間的推進，往生者還是會逐漸忘記在世親人。若想進一步探究這部分議題，可以翻閱《靈驗！我在人間看見拜拜背後的祕密》、《靈驗2‧我在人間發現拜拜真正的力量》，裡面有很多觀落陰、觀元辰宮的真人真事案例。

Q7

有新靈魂與舊靈魂這樣的說法嗎？如果有，這兩者的生命課題又有什麼不一樣？

無極瑤池金母說靈魂

在靈魂轉世輪迴法則裡，新與舊，對靈魂而言不具有任何意義。在一個房間裡第一次看到某人，你會說他是新來的，但是當他還沒有來到這個空間前，他依然是存在的，那你要說他是新還是舊呢？

若判斷的準則是「他第一次有意識活在這人世間」，那麼這樣的說法是成立的，所以它就是新——若他的意識不在人世間（與你相同的空間），他就不存在這個世界裡，所以當你看到他時，他就是新。

我再舉一個比較淺顯的例子。假設有一個人在這個空間裡面，但他的思維意識不在這個空間，就算他已經在這個空間許久，他就在這裡，你說他是新來還是舊的？你會說他是舊的，可是他自己並沒有這樣的認知，他的意識不在這個空間裡面，他根本就不覺得我就是這個空間裡面的人。

所以，關於你的問題：「有新靈魂與舊靈魂的說法嗎？這兩者的生命課題又有什麼不一樣？」新與舊，端看你要用哪一個觀點來看。從這個空間裡面的其他人來看，這個人是新來或原本就存在？還是就他個人觀點來看待這個世界，他是新來或原本就存在這一個空間？

依靈魂轉世的角度來說，**這是依照人的意識狀態來判斷。**

若有一個人他在此生活得很沒有真實存在感，有一些人會說：「那是因為他是一條新的靈魂轉世來到人世間。」但是，這個說法並不那麼正確，因為他可能是沒有意識到自己活在這一個空間。

有一些靈魂輪迴了無數次，卻一直沒有感覺活在這一個世間過。你說有這樣的靈魂嗎？有的，我們會判斷這樣的人可能是第一次轉世為人，但，真相或許並非如此，他可能已經轉世輪迴無數次，只是每一世都沒有很認真地活在當下、沒有用心過生活——當他不認同這一個身體、不認同他的生命、不認同他的家人……，不認同生命的一切時，你看他時會覺得他是一條新的靈魂轉世，其實，他已經來到人世間無數次。

所以，新舊靈魂的生命課題是什麼？若有一條完全沒有意識的靈魂，終有一日他會滅，每一條靈魂轉世來到人世間，都必須學會意識覺醒——活在人世間的意識覺醒。**意識覺醒最基本的，就是思考活在人世間的意義是什麼**。他必須要先知道自己的存在，才能夠去創造出自己想要的世界，當一個人發展出獨具個人特質時，意識才會覺醒。假設一個人的靈魂經歷很多世，他（心）跟世界的沾黏度愈來愈高（無極瑤池金母以「世界」一詞概括金錢、情感、權力、名利等），他跟世界就無法脫離了，這要特別小心（輪迴轉世多次對靈魂並非好事）。

／。／。／。／。／。／。／。／

這一段靈性訊息中，無極瑤池金母傳下兩個重要的訊息：⑴靈魂在轉世輪迴沒有新舊，新舊是建立在時間點上。⑵**靈魂課題是意識覺醒**。

人需要意識覺醒

「意識覺醒」究竟是何意？

或許你對它很陌生，感覺與它的距離非常遙遠。的確，在幾千位來請示無極瑤池金母的人當中，就有一至二成的人屬於「低意識覺醒度」的靈魂。

D小姐結婚多年，育有一子，住在鄉下，家庭經濟由丈夫負責。

她至今發生過幾次靈魂出體的不可思議經驗，比方說學生時期某日夜讀準備隔天的考試，夜晚寂靜無聲，此時門口突然響起走路聲與紗門開啟聲。她一陣納悶，全家人早就上床就寢，是誰在外面走動？正當她準備起身向外走去，一個恍神，當意識再度回到當下，她竟然已經站在走廊面向房間，而且有一位非常眼熟的女孩在房門口與她四目相對。「我知道那個女孩就是我，但就是感覺與我不太一樣。要說是我，似乎少了一些真切感；而且，若她是我，那我又是誰？」待再度回神，她依然坐在椅子上，哪裡也沒有去。

D小姐表示自己長大後還發生過好幾次仿佛靈魂出體的現象，最明顯的一次是在睡夢中。半夢半醒間，她感覺身體浮向天花板，由於心中佈滿了不安，她立刻回頭望向床，卻驚見床上躺著一個熟悉身影的女孩，正甜蜜沉睡在夢鄉。一時間，她怛然失色，不知所措。就在這瞬間，她從床上驚醒了。

類似的情況不只一次，但隨著年紀增長，已多年未再發生，只不過，意識若有似無的情況持續困擾著她。她跑遍無數間宮壇，幾乎都說她帶天命轉世，靈魂出體屬靈通特質，此生註定要為神明辦事。針對她的情況，無極瑤池金母直接點明關鍵處：「既然結婚生子後情況明顯減少，為何還要追根究柢？」

正如無極瑤池金母所言，結婚生子對D小姐來說確實是一個分水嶺，但她不清楚為何婚後就不再發生。

「重心繫在小孩與家庭上，生活有目標，靈魂便活在當下。」

那麼，她此生是否帶天命要為神明辦事？無極瑤池金母的回答是：「歷經多次轉世輪迴皆未能活在當下、學會人在今世應有的基本態度，因此意識未能真正的覺醒。每一世皆為他人而活，導致你意識低弱，此與帶天命辦事有何關係？」

從無極瑤池金母的靈性訊息可歸納出D小姐此生所面臨的問題：工作沒有明確方向、沒有特別的興趣、容易出神、專注力不集中、無法思考太深的問題、此生想要盡快了結（但不會自殺）、對許多事情提不起勁，尤其是對男女房事極度不感興趣……。對於以上個性分析與生活上的問題，D小姐都點頭稱是。她反問我為何可以知道她不為人知的心性，其實，靈魂意識覺醒度過低者，在生活中皆有類似的問題，我建議她把帶天命為神明辦事的包袱暫放一邊，既然轉世為人，就認真當一個人，神要辦事自然會去尋找適合的人。

一個人連生活都過得食不知味，談何辦事呢？套一句無極瑤池金母的靈性訊息：「提升靈魂意識是每一條靈魂此生的課題。」

D小姐是特例嗎？老實說，近年來有此特質的人正逐年增多，我曾向無極瑤池金母提出疑問，為何這樣的靈魂愈來愈多？祂答覆說：「世代交遞下的結果。一些靈魂意識較低者在歷經多次轉世後會反思與思考生命不應僅是如此，不該僅沉迷於金錢、事業、感情，而有這些反思能力、意識到不該將生命浪費在枝微末節的靈魂，會在每一世轉世時盡快回歸寂靜。」並不是有這樣特質的人變多了，而是靈魂在想要甦醒之下聚集來找無極瑤池金母尋求答案。以宏觀視野來審視現今在全世界流行的身心靈運動、新時代思想、瑜伽——包含臺灣靈修，就是一群急於意識覺醒的靈魂的集體意識。

身心靈運動盛行是靈魂集體意識下的運作法則

在二十一世紀的地球，身心靈運動在全世界如雨後春筍般發芽，每一年總會有新議題流傳與討論。從世界末日說到二〇一二人類重生說，全世界捲入心靈結合科學、理性交織感性的熱潮，冥想、心想事成、瑜伽、正念、量子力學等都是相同背景下的產物。在這些思潮背後運作的力量又是什麼呢？從歷史的推演來看，東西方靈修崛起時間非常相近，新時代運動（New Age Movement）起源於一九七〇年至一九八〇年左右的西方社會，它包容了神祕學、占星學、社會議題、替代療法、精神分析、高靈性訊息，以及含蓋極少元素的宗教符號卻不過於濃厚的宗教色彩——與其說新時代運動推翻傳統宗教，不如說是，她以更多元且包容的力量**喚醒每一條靈魂的意識自醒力**。

回到主題，有人說這是一條新的靈魂轉世，或是已經轉世輪迴多次的舊靈魂，這樣的說法對於輪迴轉世的意義並不大，承如無極瑤池金母所言，新舊是建構在時間點來談論它。

當一條靈魂並沒有真正有意識活在當下時，「如何在此生意識覺醒活在當下」才是真正輪迴轉世的目的。就算是一條已經轉世無數世的舊靈魂，也不一定具有看透世間法則的智慧。無極瑤池金母提醒我們，**當靈魂意識愈高，他的心便不著墨在世俗上太深，而是隨時在準備回歸最初的「那一條靈」**。

那麼，什麼樣的靈魂意識覺醒度高、正準備跳脫輪迴大車輪呢？

從小就懂得思考活在人世間的意義、思考人到底為什麼而活的人；**此生中思考人生意義等問題的年紀愈小，代表這一條靈魂已累世具足了相當高的意識覺醒度**。可惜的是，我們的社會總在教導如何競爭，用相當世俗的觀點來評價人的生存價值，甚至當一個小孩（甚至是我們自己）跳脫物質世界去思考另一層面的人生意義時，還常被大人（或自己）阻斷了意識邁入覺醒的階段。我並不是指金錢、感情、事業等對此生不重要，只不過，生命是在學習一種平衡流動的優雅美，當一個人過度追求社會化的利益標準，便會逐漸離開靈魂意識的覺醒，墜入一場又一場的金錢名利追逐賽中。

藉由這位個案，你看見觸發靈魂轉世的動力了嗎？**開啟意識覺醒的門閘就隱藏在生活之中，用心與專注看待稀鬆平常生活的一切，就能夠喚醒靈魂意識**。真正地享受一首歌帶來的美妙；用心去感受一場藝術展覽帶來的感動；欣賞一部舞臺劇的美；與寵物、小孩、家人沉浸於一個愛的午後時光……。莎士比亞說：「人的一生是短的，但如果卑劣地過一生，就太長了。」

想要活得像自己、發展出獨具個人的色彩、喚醒靈魂意識，祕密就在生活當中，千萬別以為花大筆金錢跟隨名師，一頭鑽入靈修、宗教修行、身心靈課程、瑜伽等就能意識覺醒、解脫輪迴，**既然身為人，應該努力在生活中培養個人的獨特色彩與自我價值，用力撕掉他人貼在自己身上的魔咒標籤——言語、觀感與評論——便能開啟意識覺醒之道。**

Part 2

靈魂輪迴的奧祕

所有的事情背後都有一個運作的法則，就如同宇宙。若你認為宇宙間的星球是恆久不變，那麼你並不是那麼瞭解宇宙。

——無極瑤池金母

Q8

輪迴轉世是真實存在的嗎？

無極瑤池金母說輪迴

所有事物，小至一顆石頭，都無時無刻在改變，只是從你眼睛來看，石頭沒有任何改變。然而總有一天，石頭會因為「循環」改變其外形。

一個有生命的物種（指有機體，是生命的統稱，泛指植物、動物、單細胞生物等），它的變化更快速。樹，就是一個有生命的物種，它的變化是快速的。一個物種愈小，必將很自然地進入到「循環」底下快速轉動，這是沒有辦法改變的事。

地球很大，她也會改變。從人有限的生命來看，必須要經過好幾億萬年才能夠看出地球巨大的差異。

循環是一種規律，是一種平衡，

循環必然發生，它不得不去產生。宇宙萬物所有的物種能夠生長，就是因為每個物種都在循環，**物種彼此的循環會釋放一股肉眼看不到的強大能量**。透過所釋放的能量，每個物種再從彼此吸取本身在循環時需要的生長元素。**萬種事物循環時產生的能量，也是物種彼此循環的養分**。火山爆發是地球運作下的法則，火山循環時的爆發力量，改變了空氣、水、植物，甚至是人類，所有物種皆因火山發生循環，也進入到自體循環（指所有物種皆會在大型火山進行運動時產生能量循環，並同時改變自體與彼此間的循環系統）。

體積小的物種變化快速，但對世界的影響幅度是小的；反之，體積大的物種，其變化極為緩慢，對世間影響幅度卻甚大——只有一種狀況超越這樣的法則，那就是靈魂，人的靈魂。人的靈魂非常特別，千萬不要小看一個人。

人類在所有物種的體積當中也算是小的，但他的心卻無法從外觀來判定。人類的心是大的，他可以做出超越自己體積的事情——移山倒海、愚公移山，這麼小的物種卻能做出改變大自然的事情，多麼不可思議啊！

每一個人輪迴來到人世間，由於他是在一個小物種當中，所以依然得在大的運作法則底下遵守小物種必須運作的法則——也就是循環，也就是改變。一個人的財運、婚姻、命運無時無刻都在改變，人必須依循改變這項法則，而不是恆久不變。

／。／。／。／。／。／。／。／

在《靈修人關鍵報告》中，無極瑤池金母從心性解脫概略解釋人與輪迴機制的關係。「不論經過幾世的輪迴轉世，人的心依然光明，汙濁的是紅塵，但玷汙不了球體原有的本質。球體在海中載浮載沉，便是指人們每一世的輪迴中，心有時覺醒有時沉淪；靈魂畢竟不屬於這地球，總有一天我們還是會離開紅塵。

經過無數次輪迴，人們一定會尋覓到離開海洋（紅塵）的方法，離開海洋的那一天，心的光明會照亮一切的眾生。光明球體只是盡自己的本分（業），無須去干涉他人，沉與浮都是業，而沉浮之間有時能透出光，並非它所發的願比較大，而是光本就會射出海洋——這也是它的業。」

轉世將斷輪迴的祕密偽裝在人生每一次際遇中

無極瑤池金母並不使用「輪迴」這個源自印度教與佛教的專有名詞，而以中性的「循環」一詞來說明宇宙運轉的機制。我們對輪迴這個詞已陷入迷思，很容易框在佛教善有善報、惡有惡報、一報還一報及「欲知前世因，今生受者是；欲知來世果，今生做者是」的轉世觀念裡。然而，將今生一切的順逆境統統推給前世、認為此生的榮華富貴或一事無成與前世息息相關，容易讓人產生「今世所做的善行是為了彌補前世過錯」這樣的想法。

靈魂轉化種種不同身分，經淬鍊而進入圓滿

無極瑤池金母在之後談到輪迴對人的意義時會提到：「**在每一次輪迴中，靈魂會去尊重與學習每一個物種在循環時運作的法則，而不是去破壞其他物種、大自然與宇宙的和諧法則。**」P080

無極瑤池金母使用「循環」一詞，是教導我們**每一世的轉世都在學習尊重其他生存在地球上的有機體**。輪迴機制促使我們在每一世中以不同的性別、軀體、身分、性向出現在地球上，你曾經是女生、男生；曾經是他人的兒子、女兒、岳父、岳母、父親、母親；曾經是富甲一方的商人、社會地位低下的奴隸；在性向方面也會以跨性別、同性戀、異性戀等經歷世界的情感課題……。靈魂必然轉化種種不同身分才得以淬鍊而進入圓滿；在歷經百轉千迴的輪迴中，靈魂的意識逐漸體悟世間萬物本是一體的，這才是靈魂輪迴的目的。

無極瑤池金母所說的「所有事物，**小至一顆石頭，都無時無刻在改變**」，隱含著許多靈魂轉世的玄機。首先，**改變是自由、彈性**，一條不曾真正體驗過自由、未曾讓生命保持

靈活彈性的靈魂，它的內心不可能有足夠空間轉身進入轉化——**靈魂轉世的定律：將「我」徹徹底底摧毀，全新的靈魂意識才能再次脫胎換骨轉化與重生**——一些古代僧人實踐短期的苦行、閉關及嚴格遵守戒律，就是要打破對原本「我」的認知與執著。「我」，是指此生對人生、金錢、世俗、性向既定的看法。講輪迴太遙遠了，我們把時間拉近到「眼前」來思考，修行的終極目標就是在滌蕩原本你對「我」的認知，如果你進入修行後在思想與觀念上沒有一絲絲改變，那談何修行呢？

在中國有一個以蓮花化身的神話故事。

玉皇大帝派手下大將李靖下凡鎮守凡間，以防止鬼魔擾亂人間。李靖生有三子，長子木吒，次子金吒，李靖之妻姚氏懷第三胎時足足待產三年六個月，結果生下一顆大肉球。李靖畢竟是一名天將，不畏肉球是否為魔、妖、精，他持劍剖開肉球，一個眉清目秀的男孩呱呱落地，這個男孩就是李哪吒。

李哪吒沒有破母體胎盤而出，而是由父親持劍剖肉球才能誕生，代表他沒有承接母系思想，天性不畏父權主義——以生命來抗衡社會的父權思想，是李哪吒第一次的重生，此次重生依然帶有人性凡體，尚未脫凡入聖體。

在古印度瑜伽的觀點，每一個人都有七個身體（肉身體、乙太體、星光體、心智體、靈性體、宇宙體和涅槃體），體內也有七道開啟靈性的脈輪（chakra，分別是海底輪、生殖輪、太陽神經叢輪、心輪、喉輪、眉心輪、頂輪），每一個生命逢七年必然經歷一次重大的轉折，七是一個人的天命定數——就算李哪吒為仙靈入凡，也無法躲避。

傳説，李哪吒七歲時便有六尺高。那一年，他因為受不了天氣的炎熱而脱去衣物在海邊戲水，並將一身法寶帶到海裡清洗一番，孰料這個小小動作竟在東海造成大海嘯，巨大神力震得東海龍宮崩塌了！東海龍王以為有魔族侵擾，立即派遣千萬蝦兵蟹將前往捉拿李哪吒，但他們完全不是李哪吒的對手，龍王的其中一個太子還被活活抽龍筋至死。東海龍王大怒，聯合其餘三龍宮向李哪吒宣戰，但李哪吒本靈為三頭九眼八臂，一般神靈豈是他的對手。無奈之餘，東海龍王轉向李靖討伐復仇。

李哪吒不畏龍宮一派勢力，卻不願父母因自己之錯而受到連累，於是剖腹割腸、削骨還父、割肉還母。

許多聖人都經過類似「破除肉體」的階段，例如薩波達國王割肉餵鷹往生後修得正果，成為層次非常高的神靈，而薩波達國王正是釋迦牟尼佛修得菩薩道的前身；阿那律尊者在世尊講經開示不慎打瞌睡，世尊呵責教誡，阿那律尊者發願從此日夜目不闔眼，勇猛精進，最後導致失明——削肉體棄凡身是靈性進入轉生的必經過程。

李哪吒魂飛到乾元山金光洞參見師父太乙真人，向真人稟明一切的緣由，真人早知一切詳情，他命人到玉蓮池採蓮花、荷葉、蓮梗等拼湊成人形，施以術法，以借魂法讓李哪吒亡魂注入蓮花人形，剎那間李哪吒再度復活。

這便是李哪吒第二次脫凡入聖的靈性重生。李哪吒借蓮花體重生的故事源自古印度佛教傳說，在佛教中，李哪吒是一名法力高強、護持佛法的天神，也是毘沙門天王的後代；蓮花在許多佛教典故中常被挪用為聖潔、瑞相、吉祥等意。

神話畢竟是神話，它不是真實的歷史。然而，神話以故事詮釋出一個靈魂意象，瞭解神話有助於讓你與靈魂的關係更親密。羅洛・梅（Rollo May）在《哭喊神話》說：「神話組織我們的經驗，將各式各樣的東西放在一塊兒，然後孕育出結果來。」李哪吒的故事是在教導我們：脫去凡身，超越塵世，達到聖人境界，了脫生死，要歷經這一連串的「靈性蛻變」，必須先願意接受一趟艱辛的旅程。

李哪吒不畏父權、顛覆傳統而憑一己之力抗衡群眾（戰東海），他寧可削骨還父、割肉還母也不願臣服社會輿論，代表他掙脫出社會標籤，寧死也不願被玷汙靈性……，這段神話所傳遞的意象，與無極瑤池金母所示的靈魂轉世機制類似：「循環是一種規律，是一種平衡，循環必然發生，它不得不去產生。」

要深層地進入靈性改變，必須徹底打掉你的慣性行為與觀念，臣服生命的一切安排，

這是必要的，也是無庸置疑的。靈魂轉世機制非常慈悲，若我們對今生給予的契機視若無睹，此一個體靈魂轉世的機制就會如常運作，永生永世地帶領我們走向更為靈性的道路，讓我們體悟「臣服、看透、回歸內在」——它給了我們一次又一次認識自己的機會。

不必鑽牛角尖去探知前世的身分

循環是必然發生的結果，每一世的循環都蘊藏著難以理解的際遇，在「輪迴法則」的帶領之下，轉動意識的速度是比較慢的。無極瑤池金母說：「體積小的物種變化快速，但對世界的影響幅度是小的；反之，體積大的物種，其變化極為緩慢，對世間影響幅度卻甚大——只有一種狀況超越這樣的法則，那就是靈魂，人的靈魂。人的靈魂非常特別，**千萬不要小看一個人。**」是誰決定際遇的質量？你要知道，驅動靈魂轉世這一個輪迴大車軸，由我們的靈魂意識所決定——是我們自己決定持續不斷地待在這一間遊樂園。

當你的靈魂意識轉動愈快，便能愈快跳脫紅塵俗世的束縛，李哪吒以超越凡人的意識整合一切生命課題，僅憑一世便驅動完此生所有親情、師徒、權力、身體等生命課題。靈魂意識不會沉酣在輪迴幻術中，除非你真心願意——**覺悟者與沉睡者，是意識上的差異。**小孩不可能對相同的遊樂園永不厭膩，終有一天他會看透遊樂場的把戲，當他閉上眼都能說出遊樂場一草一木與遊玩設施時，便會升起厭離心——這就是靈魂意識邁向解脫的前序曲，也是前面所說的「看穿業力的把戲」P039。學習、看透、體悟是心的本質，也是你的靈魂本質，當厭離心升起的那一刻，遊樂園便對小孩不再有吸引力，那麼，他的心便會失去了對遊樂園的依戀，然後，小孩就離開了——這就是斷輪迴。

你不必費盡心思才能敲開西方極樂淨土的大門，當心回歸內在，靈魂就會優雅而充滿力道地完成今生應該克服的課題，至於不屬於靈魂缺塊的每一件事物，你皆會不著痕跡地輕輕滑過，當此生一切事物不再對你產生牽制力，你就從輪迴的隊伍中脫隊了。阿道斯・理奧納多・赫胥黎（Aldous Leonard Huxley，世界知名思想家、英格蘭作家，晚年對通靈、超心理學與神祕主義感產生興趣）說：「愈偉大、愈有獨創精神的人，愈喜歡孤獨。」當你看穿輪迴機制的運作，**孤獨感是必然，卻不孤單——孤獨是意識覺醒的名字**。

這並不是以庸俗觀點要人們成為世間某一個行業優秀頂尖的人才。優秀是個人夢想的高峰，而偉大是靈魂超越世俗層次，是眾人的英雄。

曾有一位女個案自稱是印度人轉世，今生帶有前世未了的任務，於是前來請示無極瑤池金母，想瞭解更多關於前世的細節與今世的任務。我反問她為何如此肯定前世為印度人，她笑而不答。不過，當時她的信仰為西藏密宗，跟隨一位上師修習多年。

無極瑤池金母對她開示說：「你的前世來自於西藏某處極小部落，那是一個以宗教信仰為中心的部落，佛法是全部落的生活重心。此信仰延續至今生，你今世經濟無虞乃是福報，有朝一日可至西藏，接續未了因緣。」

這段靈性訊息間接否定她前世來自印度的說法，卻印證了她對密宗的虔誠。她的前世並非來自於印度，她對印度教、文化、人文、印度食物、服飾無感，卻在我說出西藏時深感興趣，還表示日後真的很想去西藏走走，她今生的宗教信仰觀念大多來自佛法，而在西藏，密宗本就是混合性的宗教，融合了苯教、印度教和佛教——前世種種難以印證，卻可觀察今世喜好瞭解一二，一個人的前世習慣、喜好、興趣、飲食習慣、信仰等多少會延續至今日。

至於她今世的修行因緣，無極瑤池金母直接指明：「佛學善因緣如同種子一般，種下發了芽並不代表明天便能安然成長，善因緣與惡因緣都是在一點一滴之中產生的。前世雖然身在宗教生活的民族，有一顆虔誠的心，卻缺少了反思、思辨及向內探求的智慧，形式上的膜拜儀式並無法在內心產生智慧。」我於是詢問女個案是否曾再深入思辨佛法，以及是否真正瞭解宗教修行帶入生活修的意涵。她默而不答，許久後才告訴我，無極瑤池金母靈性訊息帶給她的衝擊甚大。

此時，無極瑤池金母要我再次提醒她：「先靜慮，方能生智慧。」一顆不穩定的心如何能從宗教中擷取道理？她點了點頭。這位女個案想瞭解今世的任務，僅是延續前世宗教虔誠心，沒有其他，因而「如何續燃佛法因緣」是她所必須思考的——人生在世，所要達成的絕非某一項的天命、目標，而是從生活中去探索心境上的領悟。

前世是什麼？如同昨日。想要探尋前世對今世的意義，不必鑽牛角尖去探知前世的身分，不論前世是皇親國戚、販夫走卒、達官顯要，都只是靈魂在世間的循環過程，將過往的循環化成今生的養分，向內覺醒並將它帶出生命，便是宇宙帶給靈魂最真摯的禮物。

尊重每一個生命的循環

無極瑤池金母靈性訊息非常輕，輕到你會不經意地忽略了靈性訊息裡的涵義！

「宇宙萬物所有的物種能夠生長，就是因為每個物種都在循環，物種彼此的循環會釋放一股肉眼看不到的強大能量。透過所釋放的能量，每個物種再從彼此吸取本身在循環時需要的生長元素。萬種事物循環時產生的能量，也是物種彼此循環的養分。」浸淫在這段靈性訊息時，內心有一種悸動：生活在人世間，我們是否真正尊重過每一個生命成長的權利？一棵樹、一株草、一條河流、一顆石頭，包含我們周遭的人們，我們彼此的生長都關係著我們的循環質地，這是一件非常美麗的事情。**將人歸於大自然共生圈的一份子**，是無極瑤池金母靈性訊息的意涵——人不可能脫離自然，宇宙輪轉產生的動能牽動了星體、人、植物、礦物、動物。

無極瑤池金母的靈性訊息也透露出，破壞其他物種、大自然、宇宙，甚至自己的循環運作法則，是導致靈魂在此世間不斷延續循環的主因。人類在人世間最長不過百餘年，每一天都在無止境地使用地球的資源，醫療、植物、空氣、水、陽光、愛情、親情、友情……，我們享盡其他物種的生長，豈能不心存感恩？

居住在地球上的所有物種，彼此的想、意念、能量、動能都互相干擾、共生、連結、互滅，有著密切的連帶關係。以火山為例，火山的能量極為巨大，可譬喻為極大的圈圈，它

宇色感知的示意圖

我所感知到的是世間是由無數圓圈圈（能量波動）所構成， 每一次圓圈圈的誕生、放大、縮小也會連帶其他的小圈圈，不論它們距離的近遠，都會互相受到牽連。

的爆發必然牽動其他無數小物種的生存。火山爆發是地球產生了大幅度變動後的現象，而火山爆發同步引發熱能、空氣、地球水含量等變化，進而全地球的人類、植物、動物、礦物等也會產生連鎖性效應的變化。無極瑤池金母說的「物種彼此的循環會釋放一股肉眼看不到的強大能量」就是指這個現象，同時並提醒我們：**沒有任何一個有機體能夠獨立生存於世間之外，地球上每一個有機體都是互生互滅**。人不能自居於萬靈之王，靈魂每一次的輪迴轉世都是在體悟與這世間的共生智慧。

值得思考是，圈圈在自體轉動時必定會與另一個圈圈產生重疊，此重疊處就是物種吸取能量與意識轉動的祕密（無極瑤池金母以示現火花說明）。舉例來說，孩子從乖順期進入叛逆期（意識轉動）時會引爆家庭間的「衝突火花」，這一個「衝突點」是改變、鬆動、位移自己與家庭成員意識的契機——這也就是靈性訊息中所提到的「**萬種事物循環時產生的能量，也是物種彼此循環的養分**」。

再舉一例說明，當一個人走入修行之後，其行為、思考、行事作風勢必有非常明顯的改變。這一連串改變，也將與修行前的生活模式、朋友、家人產生衝突、磨合、爭吵、溝通。這些衝突點不單單改變了修行人，也衝擊到周遭的人事物，而這就是「**物種彼此的循環會釋放一股肉眼看不到的強大能量……每個物種再從彼此吸取本身在循環時需要的生長元素**」。

不要將「生長元素」想成是「長大」，這裡的生長指的是意識的擴大、延伸、變得更具彈性。你不可能永遠不臣服於宇宙的改變機制，你這輩子也不可能不去面對周遭人事物改變時所帶來巨大的能量（一投生就是無奈的開始呀）——這段話另一個較深的涵義是：每一**次的轉世輪迴都不是為了改變任何人而來的，你不可能去改變周遭人事物來順應自己。**因此，一旦遇到了不順心的事物，你必須先要求自己去調整生命的角度，當你自身做了調整，周圍的環境自然隨著你意識調整而進行改變，這就是**「每個物種再從彼此吸取本身在循環時需要的生長元素」**——若淺顯一點來解釋，就是：**生命強迫你的意識變得更有彈性，才能走入圓滿，這就是輪迴。**

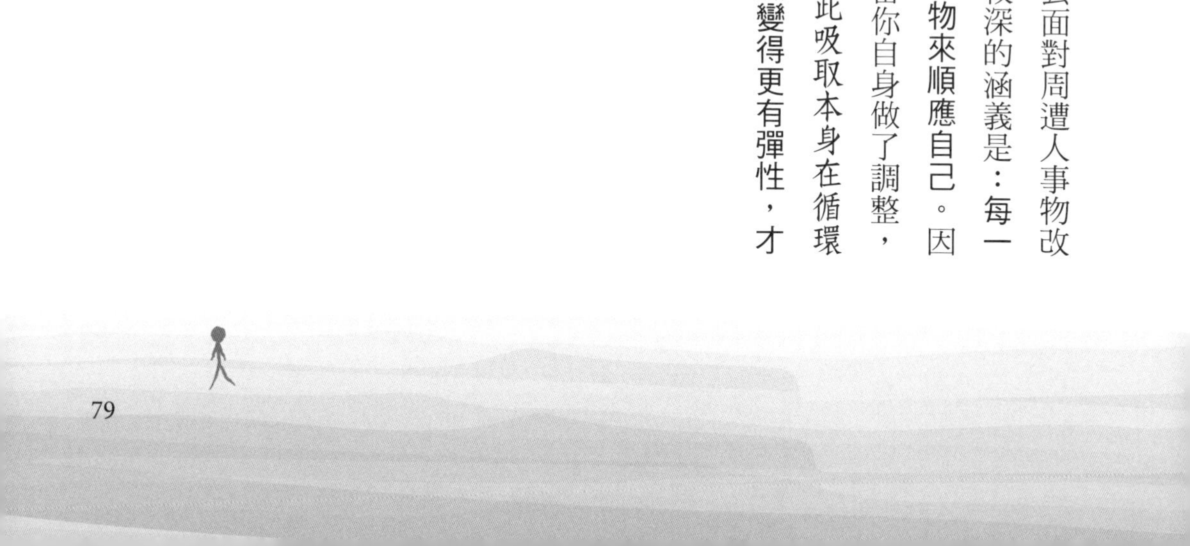

Q9

靈魂為何需要輪迴？有什麼意義嗎？

無極瑤池金母說輪迴

在每一次輪迴中，靈魂會去尊重與學習每一個物種在循環時運作的法則，而不是去破壞其他物種、大自然與宇宙的和諧法則（尊重與自己不同的生命生長形態）。

若有一個人，他透過觀察事物及宇宙的改變，瞭解到自己生存於世間的渺小，他會懂得謙虛。

不過，有一種人，他並不清楚，他並不尊重大自然與宇宙，他企圖運用各種方式去改變世間所有的一切，包含去奪取不屬於他此生循環所需要的元素——他是在破壞其他的物種、大自然、宇宙以及他本身循環的運作法則。

在這件事情發生的當下，他跟被他破壞的對象的沾黏性更大了，他跟這個世界關係更為緊密。他會繼續掉入這個運作循環當中，一直重複，一直重複，一直重複，他必須不斷輪迴——除非他醒覺了，意識到靈魂投入這一個有限壽命的極限，此時他會遵循本身與宇宙的法則，不再干擾、奪取本身生長必要的養分（指較不會破壞自己生命原有樣貌）。

佛法中的「涅槃」是很美的一個詞，其真正的意思是空無，是了無牽掛。

當靈魂因為一次次轉生而圓滿，就不必再輪迴

開悟者會跳脫二元束縛進入一境之地，他們的心沒有彼此，他們的靈性融入宇宙與整個存在而合為一體，而這就是無極瑤池金母靈修法的圓滿、佛法的涅槃，這是解脫，也是自由——二者是相同的經驗，只是換了不同的名詞。

此時，靈魂輪迴的動能不再點燃，裡頭再也沒有你、沒有我、沒有其他事物，失去了繼續循環於世間的力量。

輪迴的助燃劑

那麼，什麼是輪迴助燃劑？強力地執著每一世的身體、情感、物質，就是導致靈魂再次輪迴的助燃劑。

在印度，轉世輪迴的概念是：經歷一次又一次的轉生達到心靈上圓滿完美的境界，此後你就不用再繼續輪迴轉生了。只要你想要繼續在這世間玩下去，你就是不完美的，因為你還是以善惡二分的態度來處理世間的問題。每一尊佛、菩薩都雕刻得非常圓潤慈祥，它是完美的，不再來世間轉世。

與存在合為一體

一般人或許會覺得此種完美次第難以體悟，不知道究竟該如何達到。其實，在無極瑤池金母的靈性訊息中已有解答——滋養我們靈魂的養分來自於其他物種的生長，**勿剝奪其他物種的生存空間，彼此尊重物體生長的環境，並給予極大的尊重與包容。**

如此寬宏的世界觀已經指引我們的靈性走向「與存在合為一體」，有一則關於佛陀和比丘的故事是這樣的：

一名比丘在洞窟中進入禪定，運用神通，想要知道佛陀的眾多弟子間，有多少人如如不動於正念、誰如實觀照呼吸、又有誰渾渾噩噩，誰即將往生離世了……。

佛陀以天眼覺察到此比丘的心念，便入禪定後放毫光現身於洞窟之中，告誡他說：「生死輪迴難究竟。它超過你的智慧，只有圓滿證悟的佛，方能透澈生死輪迴之奧妙。」

這則故事的真實性難以考究，如一名比丘已能進入禪定，自然不去干涉他人因緣，又何必去在意眾比丘間的修行？不過，我們可以從中瞭解到：輪迴以存在之姿出現，我們不斷在這一巨輪間死亡再重生，周而復始。在這龐大的系統中，人類更顯渺小，人不可能對輪迴機制完全透澈，我們只是在輪迴中認許自己的存在，而不是要去瞭解輪迴本身。

命運就是你對生命的觀點

南傳佛教禪師阿姜查曾說：「這世間的事物只不過是我們自己製造的習俗罷了。建立了它們之後，我們迷失其中，並且拒絕去放下，致使我們執著於個人的見解和觀念中。這種執著不曾停息，它是輪迴，無止境地流動，沒有完結。」「只有當一個人不再將輪迴當成生命對立的敵人，才能在今世拼湊累世所遺漏的靈性記憶，人才可能將一世的經驗化成養分，對此生的存在毫無恐懼的肯定——克服死亡的恐懼、肯定此生的存在，發自靈魂的勇氣必能鬆動輪迴機制。

命運有個孿生兄弟，名字為「觀點」，命運就存在於你對生命的觀點中，換句話說，我們一生的種種皆「受困」於思想當中，因此，不用外求要改變命運——只要重新調整看世界的角度，你便能鬆動命運的鎖鍊，如此而已。

靈魂在宇宙間最和諧的機制就是輪迴

每一條靈魂經歷輪迴轉世，必須處理的就是意識的轉化：前世我們以某一種思考方式度過一生，今世要以另一種方式來思考。

輪迴對於一條靈魂的意義——你不只是想像中的你，你不再是原本的你，轉世輪迴在於讓靈魂以不同的姿態呈現，圓滿是它的名字。

註1　引用自《萌法之園》，法耘出版社。

Q10

轉世前，靈魂會先預設好一個終極目的嗎？

無極瑤池金母說輪迴

你將問題鎖定在「目的」，一昧**地專注在目的這一點，就會牽涉出更多不必要的因果**（指不要以為每一個人在每一次的轉世輪迴中都帶有具體的天命或目的）。

每一個人來到人世間，是因為他認知「我必須繼續完成什麼事情」。若有人意識到「我不再需要來到人世間做什麼事情」，他就不會創造出更多的因果關係。

你這一世會做什麼，是因為你覺得必須再來到這個世間做一些事情。當你已經認為轉世時不再有必要做些什麼了，就算再來到世間，不管別人如何去批評你的人生，你也會有一種

「我就只是來，沒有特別想要完成什麼」的認知（此處指絲毫不在意別人的眼光）。

你會希望來到這個人世間，是因為你覺得你必須做什麼——然而，這並不是因為有一個目的。

靈魂轉世不需要有任何的目的與任務，就如你去看一場電影，你應該不會先決定「結局」才去看，不要忘了，這一場電影的情節與你的生活毫無關連——它跟你是沒有關係的。那麼，看完一部電影時，你又何必去評斷這場電影的內容呢？若你以文字、語言來評斷這場與你生命不相干的電影，其實就是將一部電影設定在「評斷的小框框」中——若你預設來到人世間有一個任務，你活的世界也就在這一個小框框裡。

所以，你問我：「人到世間會有目的嗎？」

那是人在心念中自己創造出來的。

這一場電影你必須把它看完，但是你也可以選擇不要進入這個戲院，若你已經選擇了買票進入戲院看一場電影，你應該要去決定的是：你要用什麼樣的心態來完成這一趟的旅程，不要用一個目的。

若你帶了一個目的，你會很累，因為你必須要去完成它；若你帶著的是一種心態、一種態度，就算沒有達成也無所謂。

今世若了結了，你不會再來，因為你已經體驗知道了。但是，若你認為此生一定要完成一個目的，你會很累。

相信嗎？人們來請示無極瑤池金母，除了問感情、工作、財運這些世俗之事，有絕大部分的人都是好奇——今生我到底有沒有一個必須完成的課題。

近年來，受靈修派影響，有太多在宮壇、道場待過的人被灌帶天命、天職等迷幻湯。我不否認有人與生俱來便帶有與眾不同的特質，但承如《靈修人關鍵報告》中所說的，那僅占極少部分，我相信九十九％以上的人**能盡責於此生的生命課題，就稱得上圓滿了**。坦白講，我也好奇過自己此生的目的，尤其是當生活陷入低潮，總免不了希望有一盞明燈指點我：「對，你就照這一條路直直向前走，不要想太多，把它走完就可以，不要想太多。」你內心是否也有過這樣念頭呢？

倘若人生沒有目的，那我們該以何種心態面對此生所遭逢的一切際遇？西方透過的阿卡莎資料庫、前世回溯一探累世的生命藍圖、臺灣人以觀元辰宮和求神賜籤瞭解今世未解之事，都是一種生命所投射的求生本能。換言之，人在尋找不著生命出口、無法忍受此刻生活時，內心就會期盼有個更美好的軌跡可依循，帶領我們走向更美好的康莊大道。

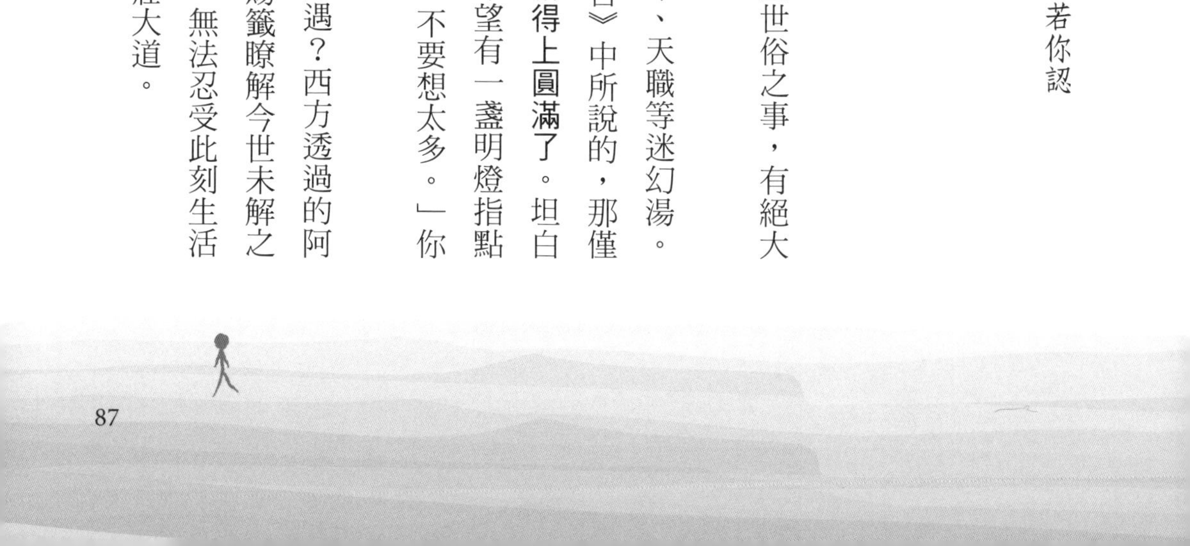

然而，當費盡心思仍然無法改變生命絲毫的時候，混亂會經歷拉扯、沉靜，最終走入平息，而我們會轉頭繼續完成生活該面對的事物，以及重新尋找下一根更大、足以承載生命困頓的浮木。

你將問題鎖定在「目的」，就會牽涉出更多因果

阿卡莎資料庫、前世回溯、元辰宮藏著靈魂未解的祕密，但是，這其實無關乎於它們是否真實存在。

當你的靈魂跳出現實空間，直線窄化的思維會瞬間轉變成三百六十度，靈魂意識會重新對焦、修正、竄改束縛你的舊思維、舊觀念，終其一生難以跨越的業障會短暫瓦解，你的深層意識會自我療癒遍體鱗傷的靈魂，你會變得更堅強，生命的根基也就會更為穩固。

在異度空間所見的事物是事實本身嗎？抑或是自我投射呢？

無極瑤池金母的靈性訊息說：「你將問題鎖定在『目的』，一昧地專注在目的這一點，就會牽涉出更多不必要的因果。」我們的意識會因而吸引更多原本看不見的人事物聚焦在問題上，有時候會讓問題變得更複雜，有時候則會把問題收窄簡約。然而，為了不讓傷痛有機會死灰復燃，我們就這樣繼續不斷地鑽入「人到世間會有目的嗎？」這一條死胡同當中。

宇色感知的示意圖

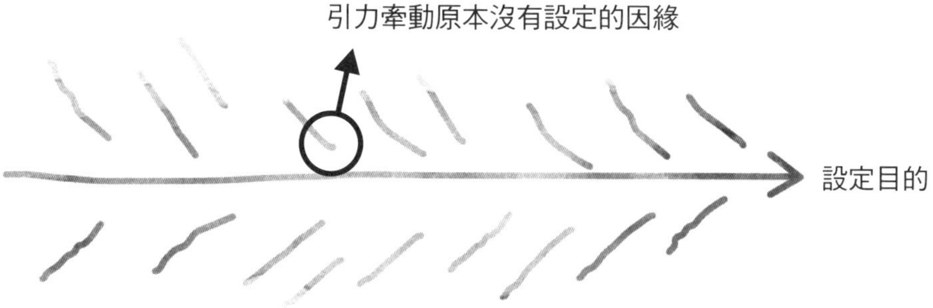

這裡以石頭丟入水裡解釋轉世輪迴的運作法則，石頭（動念）丟入的方向就是「設定目的」，石頭被丟入水裡時，水面會被石頭拉進水裡，那一股拉力就是「引力」，同時也會拉進去雜質、水漂物等（外緣），這就是「引動太多不必要的因緣」——設定目的反而會引動諸多不必要的因緣。無極瑤池金母以此來警惕世人，想要跳脫輪迴得要體悟無為的道理。

終會走向目的，何必頻頻回頭？

不過，無極瑤池金母的這一觀點倒可以幫助我們釐清對生命的焦慮：「若你帶了一個目的，你會很累，因為你必須要去完成它；若你帶著的是一種心態、一種態度，就算沒有達成也無所謂。」

不論你此時此刻的命運如何，不論多糟的事情降臨在你身上，你不妨告訴自己：「這就是我生命的全部。」你將惡運視為挑戰，走向前迎接它，就會發現有一股無形力量驅使你挺過一切。事過境遷後再去回想當時，那一切都已經化成靈魂養分，塑造了此時此刻的你，無法分割。記住，**靈性之光都是從生命的缺口綻放，人一生都在尋找那一道出口，靈魂的覺醒是看見生命缺陷方能翩翩起舞。**

只要能夠專注於每一天，便不會衍生不

宇色感知的示意圖

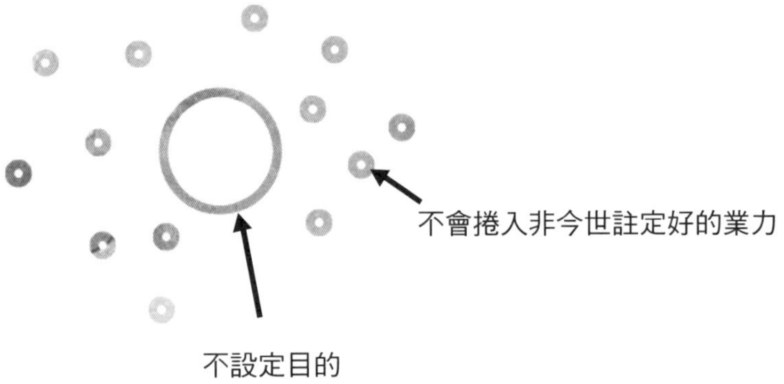

必要的困擾。話雖已至此，我想你可能還是會問：「人真的不需要知道轉世的目的嗎？」

是的，順其自然不去妄求是偉大的，你不可能去改變靈魂投生來人世間的初衷，沒有任何一個人可以改變它，只有尚未認清轉世真相的人，才需要在生命中填充一個叫「目的」的（或可稱為「天命」）迷幻藥安慰自己。

對此，無極瑤池金母還對我說：「不論知道與否，**你都已經站在前往目的的路上，最終，轉世動能必會引導你走向最終。**」請把這句話記在心裡並不斷咀嚼它，你會發自內心地體悟到前所未有的感知，我無法告訴你是什麼，你得親自去嘗試。

無極瑤池金母曾經以性別做譬喻。當你出生為女生或男生的時候，並不會去思考生為男人或女人的目的；從出生那一刻起，這一個附加在性別上的命運便已經註定好、無法改變了，而這樣的性別身分，會吸引此世性別會遭遇的身體轉化、情感糾纏與兩性課題，諸如青春期、更年期、懷孕期、性侵、追求異性、性別認同、職場性別待遇與優劣勢、承擔的責任……等等。在生命中，因為性別而帶來的課題就是靈魂的修行。性別是你生命的全部，你根本不需要去思考「性別」最終會帶領你去何處，你要思考的是如何處理性向與性別——而不是目的。

執著今世的轉世目的，其實是被命運束縛

那麼，不去探究輪迴轉世，會不會茫茫然而虛度一生呢？

我二十出頭歲時便接觸靈修，心思內返元神而不再外馳。靈修有一股神奇力量，遏制外放的心思將希望寄託在命運的拉扯。不過，有一日我還是請示無極瑤池金母關於我今世天命一事。無極瑤池金母如此回答我：**「你已經走在這一條路上，何有此問題？」**

無極瑤池金母僅以幾個字點出我一生的命運。回顧這寥寥數字，我其實很感嘆。人來到人世間，最長八、九十年，短則三、四十年。勞碌了一生，是為何而忙？一生的跌宕起伏，皆在元神之中啊！或許你很好奇無極瑤池金母以哪幾個字點出我一生，其實我此生的轉世祕密早已植入本書當中，將這本書看完，你不僅會了知我一生的命運，神奇的是，你也會知道自己的人生命運——這就是無極瑤池金母靈性訊息神奇之處！

永無止境探究今生的轉世目的，無助於你走出心中的黑暗而迎來光明，這是假性的靈

性解決之道，也是依順命運的權威。你不必費盡心思探究此生目的，那對你此生這個輪迴並無助力。人一生就是繞在心性與觀念打轉，無他。無極瑤池金母說：「你應該要去決定的是：你要用什麼樣的心態來完成這一趟的旅程，不要用一個目的。」因此，你不必四處找方法肯定生命的目的。

最後，請再讀一次無極瑤池金母靈性訊息中的這一句話：「這一場電影的情節與你的**生活毫無關連**——它跟你是沒有關係的。」電影情節，與你無關。不知道，你有沒有發現無極瑤池金母靈性訊息中所暗藏的一個玄機：**是誰牽動了你與生命的連結？**

是誰在看電影？

下戲了，誰又將意識投入電影主角，遲遲未回神呢？

又是誰判定我們與電影裡的真實性呢？

Q11

今世所遭逢的一切，都是「高我」編寫好的劇本？

無極瑤池金母說輪迴

我上次跟你提到，每件事情都是在規律底下發生，不會有例外。不是只有你的命運有運行的規律，小至個人，大到地球，每件事情都有它運行的規律，你轉世來到世間，就必須生存在眾多規律的底下。

植物有它的規律，四季有它的規律，地球有它應該遵循的規律，人自然也有他們的規律。而規律與規律之間依循常規進行運轉時，某件不可預測的事件便會發生。

為什麼會有某件事件發生？

「發生」本身也是循環，這就是業，而且並非單單只有你個人的業。

業與業本身是交疊在一起的，其運作

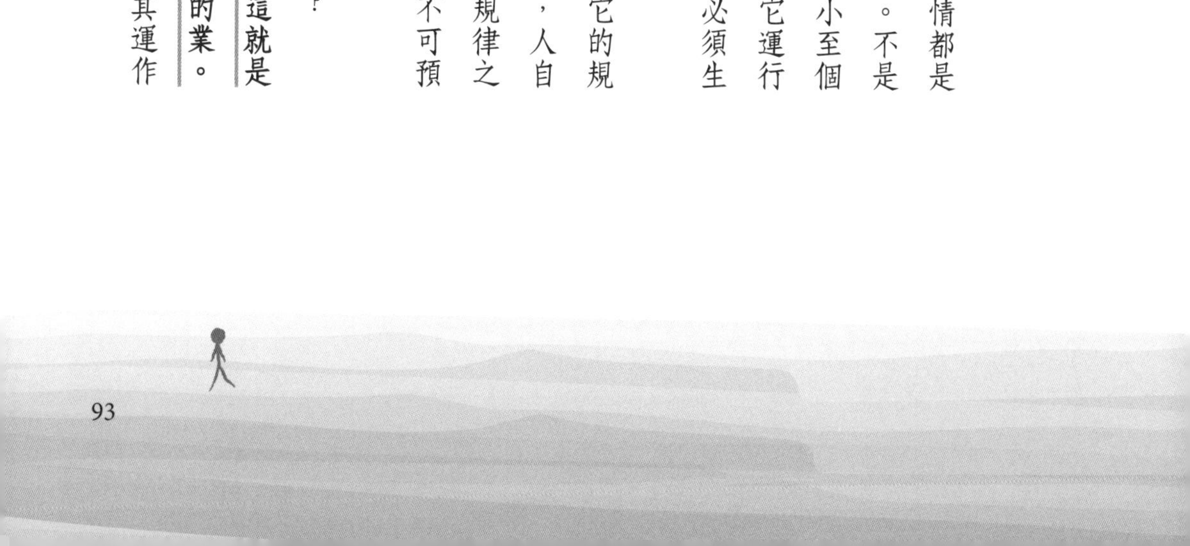

超乎人一生所能想像，是很難簡單透澈的，**沒有任何一個人有辦法對業抽絲剝繭**。在如此大運作底下，所有小運作規律彼此間也會再產生事件，業運作的奧妙，實在令人莫測。

你有想要避過此生所有事件的想法？唯一能選擇的只有心態。若你獨自去看一場電影，你沒有辦法選擇隔壁坐的是誰，沒有辦法選擇在播放電影過程當中會發生什麼事——你只能看完它。所有所有的一切，都不是只有電影本身（人生），別忘了，還有戲院（先天環境）。所以，要在戲院當中用什麼心態去看一部電影，才是你來到人世間真正要去學習的。

若遇到什麼事情，我可以去迴避它嗎？我可以不要這個、不要那個，而要那個能夠讓我成長的選擇？在靈魂轉世中，絕對不會有這種事情發生，不會有這種事情。更不會有我覺得應該要用什麼心態來面對投胎後的人生，所以我選擇了什麼樣的父母、選擇什麼樣的兄弟姊妹、選擇什麼樣的家庭環境、選擇出生以後的環境，包含我的工作、事業，然後才接受投胎這件事情——不會，不會有這種事！

來到這個人世間，有許多事情你是沒有辦法選擇的。當你選擇來到人世間，就只是因為你希望再來做一些什麼事情。而你選擇了再來，就必須面對無數「選擇」牽動之下的事件。

所以，你來到人世間會遇到的事情，背後都相當複雜，事件的發生不會只有單一原因。也因為如此，你所要面對跟學習的是心態——你要用什麼樣的態度來面對生命的一切。

你也曾經疑惑過這個輪迴轉世的問題嗎？這個問題非常有趣。

東方輪迴觀教導我們「欲知前世因，今生受者是；欲知未來果，今生作者是」，今世所遭遇的一切，皆是前世所造的業；今世所造的業，已經在建構下一世的生命雛形。西方的新時代轉世觀點是：今世所發生的一切，均是靈魂意識更純粹且歸於本心的高我所編寫的劇本，此生對父母、兄弟姊妹、親人、另一半、小孩、同事、朋友……與我們有所連結的關係選擇，甚至遭逢病故、喜喪及種種悲歡離合，皆按照生命藍圖的規劃進行，沒有例外。

若輪迴機制是宇宙運行的一部分，那麼，這個龐大的輪迴機制又是如何運作的？是否有更崇高的高靈在我們背後掌控著每一條靈魂轉世的人生命運？

除了東西方對輪迴轉世的詮釋不同之外，無極瑤池金母對這個機制也有不同的解讀。

當你只能「決定」一件事情發生的時候，你要用什麼心態面對它——這才是轉世輪迴真正的課題，而不是在「選擇」本身。

這裡的「決定」，是指我們願意相信世間大眾所接受的遊戲規則。失戀了，你可以選擇瀟灑走一回，也可以選擇與這段情感糾纏不清；工作不順利，有人選擇整日抱怨同事、景氣、主管、公司，有人選擇閉上抱怨的嘴而默默充實能力或另闢戰場。「選擇」是指你都可以去做，只是要看你願不願意去挑戰自己的業力——人生絕對沒有最好與唯一的選擇，只問你選擇後心是否仍然自由。關於選擇、業力等，後文會繼續慢慢說明。

輪迴是靈魂通往完美的路徑

有人問：「靈魂為何一定要有輪迴？」你得先問自己如何定義生命中的輪迴。

每一個人都應該在生活中建構屬於自己的輪迴規則。輪迴的功能，是讓你集中全部意識、心念，將之放入一套生命模板中，進而看透生命的意義。舉例來說：你此生是男生，就不可能用女性的觀點來看待這一副身體；你此生是從未經歷男女婚嫁的單身男女，便無法體會身為媳婦、女婿的感受。

就算你與他人有著絕大部分類似的社會背景，這天底下也絕對不會有兩個一生遭遇一模一樣的人。你只能在你的「身分」底下過完此生，你無法去改變任何一切。印度聖哲拉瑪那尊者說：「為了順應每個人的天命（prarabdha），道的功能即是令每個人遵循他的天命。註定不會發生的事情便不會發生，無論付出多少努力都沒用；而註定會發生的事情絕不會漏掉，無論一個人多麼努力避免它。這是確信不疑的，這樣的智慧也是緘默不語的。」人終其**一生在輪迴中打滾，就只在學習一件事——對待一切事物的態度。個人靈魂終將轉化成宇宙整體性，沒有其他。**

聽起來消極嗎？一點也不。命運的公式是心性加時間，有趣的是，心性與時間均是在自由意識下能夠改變的，比較無奈的是：欲扭轉命運的變因，得耗費相當大的心力。

無極瑤池金母言：「你有想要避過此生所有的事件的想法？唯一能選擇的只有心態。」換言之，此生不可能迴避註定該發生的事情，**好事與壞運都是讓生命得以平衡而發生，絕不會有例外**——其實，你並不如自己想像中的那樣幸福與悲慘。幸與不幸，在於感受，而非事件本身，**你所要學習的是去控制感受，而不是趨吉避凶**。

心態是開啟靈魂緊箍咒的鑰匙，好好看著它，便能釋放業力魔咒。每一次的輪迴，其實都在促使你完成這一道工序——以何種心態面對每一次選擇的轉換機制，這是對此生生命的退出，卻也是一種進入。

尋念頭，業即了

許多年前，一位多年未見面、年近六十的朋友問了我一個問題，前不久他遭逢此生最大的谷底——他在婚姻上出軌了，對修習佛道的他而言，這是百思不得其解的事，「為什麼我有那麼多年對佛道的研習與實修，仍然無法抗拒外遇的誘惑？」於是，他私下請我請示無極瑤池金母，希望能找到一些解答。

無極瑤池金母如此告訴他：「她，是此生註定出現在你生命中的人，外遇隱藏在婚姻底層，並無註定必會發生，是你心中生起外遇的念頭牽動了果的發芽。」

朋友向我坦言，他因為工作而長年離家，與妻子分隔兩地生活，她也十分盡心盡力照顧小孩、維繫家庭，但對於多年在外一人生活的他來說，內心仍需要情感上的平衡，所幸他此生浸濡於佛道中，不應有的念頭才生起便又很快消弭。至於他的外遇對象，確實是在他心生外遇念頭後不久才出現的，兩人關係僅停駐在精神層面，從未有肉體上的出軌。

聽了無極瑤池金母的回答後，向來潔身自愛的他進一步請教：該如何才能在不傷害兩位女性的前提下，斷除讓他困窘的關係？

無極瑤池金母說：「果不深，因不長，尋念頭，業即了。」

他聽後靜默不語，僅表示知了。後來他向妻子坦白，她僅對他曉以大義，並未多加苛責，便讓他自行處理，而「那一位」竟也沒有做任何回應而自行離去，宛如此事從未發生。

朋友事後謝謝我，無極瑤池金母的一席話讓他懸崖勒馬。

和其他動物靈魂不同，人類在做每一件事時知道自己在做此事，只是靈魂意識甦醒程度決定了每一件事在心中停留的長短。此外，當你體認到自己當下行為的那一刻，每一次事件所爆發的力量都會喚醒你的意識走入生命的完整性。

Q12

我們真的能夠編寫人生的劇本嗎？

無極瑤池金母說輪迴

若每一個人都可以寫自己的人生劇本，那麼，這個世界就會變得很複雜了，因為每個人看待世界的觀點其實都不是中立、宏觀的。

你所能選擇的是，在事件發生的時候，學習要用什麼樣的心態去面對，才不會阻擋業正常的運行。

業，就像是一個大齒輪牽動難以數計的小齒輪，你並沒有辦法讓所有的齒輪停止。輪迴是一個運作法則，它不是你一個人的輪迴，它是在全宇宙運作之下的輪迴。業，是由無數個齒輪轉動之下的結果，你沒有辦法決定它該要在何時停止。

此外，你也沒有辦法去設計一個

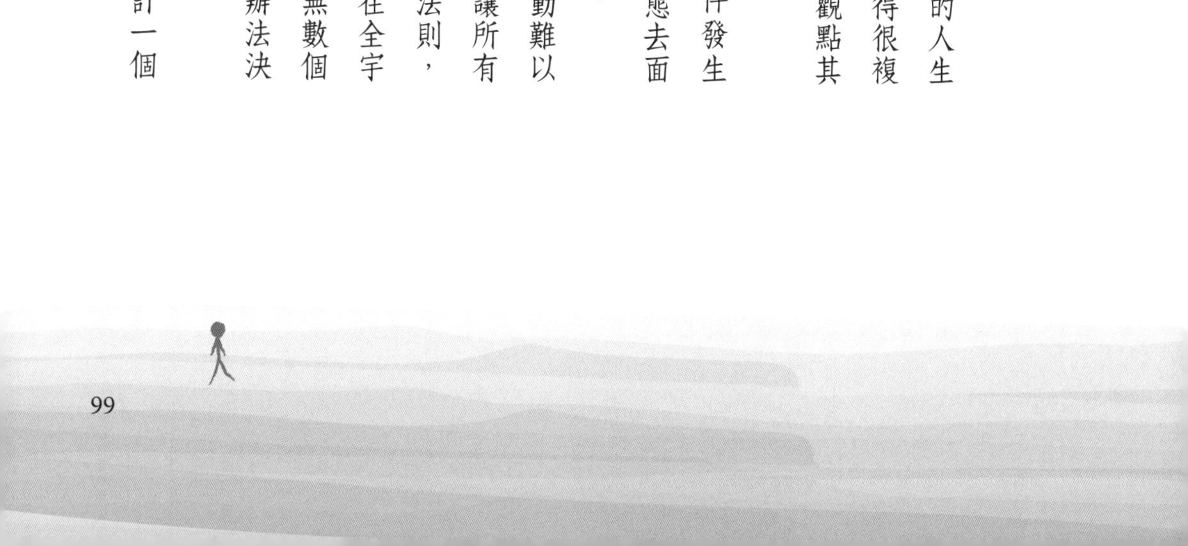

齒輪框在你想放的位置，不可能！所有的齒輪都有自己應該要去運作的角度，是剛剛好的——所有的齒輪都是剛剛好的。當你投入齒輪中，就必須依循它的轉動。

你能夠選擇我要不要投入這個無數齒輪的世界，但你沒有辦法選擇在無數齒輪中置入一個自己想要的個別齒輪，不可能——一旦你放入了，它就必定會亂掉，這種事情不可能發生。你只能在今世選擇「我要不要再來」（有未完成之事），當你進來了，你才能去體驗這個世界的運作。

你必須去領悟世界本來就在進行的規律。你必須學會臣服於宇宙萬物運作法則下的規律。我並非指你沒有辦法寫人生劇本，可以，但劇本不是人生。你能夠編寫的，是在小齒輪中面對這一切的心態，但你沒有辦法選擇想過什麼樣的生活，然後將「我想要的齒輪」框入這個大世界，這是沒有辦法的，也不是輪迴轉世對一條靈魂的意義。

／。／。／。／。／。／。／。／

你或許會好奇這一段我元神意識進入無極瑤池金母靈訊時的感知，請讓我嘗試為你解釋一下。

彈珠檯是不可逆轉的靈魂業力框架

你小時候一定在夜市玩過彈珠檯吧？彈珠從軌道噴射進入佈滿無數鐵釘的檯面，最終落入不同的孔洞。對生命執迷不悟的靈魂，其實就如霸占彈珠檯死都不肯「回家」（解脫）的小孩；太將彈珠檯當真（對生命實現未真正看透）的靈魂，會對彈珠落下的結果表現出極大的情緒起伏。彈珠檯是不可逆轉的靈魂業力框架，這是由累世的心性與業力所註定的，無法逆轉：會成為總統的，絕對不會有販夫走卒的人生；註定以遊民身分看盡人生的靈魂，就不會進入上流社會。佈滿彈珠檯檯面的鐵釘，就是此生面臨的所有遭遇。前面無極瑤池金母有說過：「小至個人，大到地球，每件事情都有它運行的規律，你轉世來到世間，就必須生存在眾多規律的底下。」P093 **我們必須尊重世界的運作，而尊重的另一個名字就是臣服——唯有臣服，才能看透生命與世界。**

世間不會有人、也沒有辦法去精準預測每一顆彈珠（靈魂）碰觸每一根鐵釘時會滾向左或偏向右，這不就是人生令人玩味之處嗎？印度聖經《薄伽梵歌》說：「你的職責就是行動，永遠不必考慮結果；不要為結果而行動，也不要固執地不行動。」這也是無極瑤池金母所說的**「業與業本身是交疊在一起的，其運作超乎人一生所能想像，是很難簡單透澈的，沒有任何一個人有辦法對業抽絲剝繭」**P093~094。你只能決定「抉擇」而不能決定「結果」，愚昧之人害怕結果，睿智之人靜心接受。

不論是彈珠檯或齒輪玩具，無極瑤池金母都是在譬喻：**靈魂必須在看似不可改變的框架中找出自由性——這才是輪迴的目的。**

現在，讓我們將畫面拉回來。為什麼彈珠檯遊戲不再吸引如今的你？為什麼現在的你會認為對玩彈珠檯較真的小朋友幼稚——那就只是一場遊戲罷了，不是嗎？這是因為你已經完全看透彈珠檯（人生）的把戲，不過就是彈出、滾動、落下——出生、變動、死亡——沒有其他了！不管它進入哪一道孔道，皆無所謂了，那就只是一場遊戲！

試問：誰決定彈出彈珠的拉簧？誰可以終止這一場遊戲？何時你才會真正看清楚它只是一場無傷大雅的遊戲？

在這裡說明一下，無極瑤池金母給我的只是一種感知，並非是畫面，我只是盡量運用你我共同的畫面來詮釋。

每個物種都在遵循輪迴的運作法則，沒有例外

無極瑤池金母說：「所有的齒輪都有自己應該要去運作的角度，是剛剛好的——所有的齒輪都是剛剛好的。當你投入齒輪中，就必須依循它的轉動。」這一段靈訊讓我聯想到一部日本電影《祖谷物語》，導演是蔦哲一朗，這部電影講述的是人、大自然、田園、鄉村城市化之間魔幻的複雜關係。

臣服與調整

收養女主角春菜的老爺爺，一生依循祖谷四季變化地過日子，對生活周遭皆默語以待。老爺爺晚年罹患了怪病，背上佈滿如小片森林般的苔蘚，精神渙散，奄奄一息。一日，他趁清晨狂風大雪、春菜仍熟睡之際，獨自一人隱沒於山林，神祕的失蹤了——老爺爺一生無名，暗喻靈魂未被社會汙染與標籤化；默語是大自然最美麗的聲音；苔蘚是人體分解於大地的象徵。

祖谷瀰漫著原始、古樸與垂垂老矣的氣息。厭惡城市離群而居的工藤、獨居山林的婆婆鎮日縫製一個又一個如人般大小的布娃娃以填補孤寂的歲月、春菜一心想離開祖谷往大都市發展的同學琴美……，然後，一條新開闢的隧道貫穿了村落與都市，拯救了小鎮的沒落，卻也同時破壞了寧靜；新橋連通了人、城市與大自然的關係，追求便利的同時，也扼殺了大自然的樸實風貌。

電影最終，男主角工藤與山林荒野共生共存，女主角春菜從城市回到村莊，琴美最終仍被祖谷召回接手飯店祖業、結婚生子……。

這部電影闡述著人與大自然共生圈的概念，人與自然、城市與村落、重生與死亡、老年與小孩……，沒有什麼可以獨自生存於世間，都是彼此相互仰賴而生存的——前面無極瑤池金母已提過：「萬種事物循環時產生的能量，也是物種彼此循環的養分。」P067 在這裡，無極瑤池金母進一步教導說：「你必須要學會臣服於宇宙萬物運作法則之下的規律。」真有靈魂能夠獨立於大自然的運作法則之外？又有誰能獨攬世間資源？此生，我們要去學習面對的是：**臣服世界不可逆的運作法則，隨時隨地靈活調整我們看待自己、他人、世界的角度**，這是轉世為人最需要去學習，也是唯一的靈性法則。

《西遊記》給我們的靈性啟發

據我所知，中國《西遊記》裡的冥契經驗，可能是解析這一個觀念最好的答案。《西遊記》是可以媲美歐美《魔戒》、《哈利波特》的中國古代神魔史詩小說，它的原型故事取自於唐朝僧人玄奘隻身赴印度學習佛教教義。

《西遊記》講述了唐三藏與徒弟孫悟空、豬八戒和沙悟淨等師徒四人前往西天取經的故事。

第一個徒弟孫悟空是由遠古靈石孕育而成，經千萬年吸收日月精華而成精，也因聰明絕頂、神通廣大而傲慢，一日大鬧天宮後慘遭佛祖收服；第二個徒弟是曾為天蓬元帥的豬八戒，因調戲仙女與貪吃好色而被貶下凡，協助唐三藏以削去一生的惡行；第三個是曾為捲簾大將的沙悟淨，他沉默寡言、勤奮可靠、任勞任怨，所有的重擔皆由他一身扛起，是最容易被人忽視的一位徒弟。

在看《西遊記》時，你一定有一個疑問，孫悟空有「一觔斗便能行十萬八千里路」的觔斗雲，為何當他以此術法飛行千萬里替唐三藏至印度取經時會被觀世音菩薩阻擋？為何他不直接載唐三藏前往每一個必經之處，反而讓唐三藏跋山涉水的前行？這必須從神話故事中隱寓的原型去講解。

・孫悟空的原型隱寓

大徒弟孫悟空隱喻一個人大腦敏捷的思想與意識：快速、不穩定、浮躁、理性的，其危機意識與對新環境的適應力最高，是最能夠應付生活大小事的心性，也是最不可能沉著下來好好面對自己的一種習氣。

每當唐三藏靜心念觀世音菩薩所傳下的緊箍咒——定心真言，孫悟空便會感到劇烈頭痛，這其實顯示出——心性最害怕的利器就是寧靜。大腦必須生活在外界事物當中，如同細菌在缺氧的環境會走入自我毀壞一樣，大腦思維必須有做事才能夠感覺到安心，一刻也靜不下來。

大腦思維是完全排斥中性、中道、中庸的；思維活在兩個極端世界，非愛即恨、非友即敵——思維調色盤不是黑就是白，絕對沒有灰色地帶，它天不怕、地不怕，完全沒有天敵，唯一的敵人是無為（老子）、空性（佛）與慈悲靜觀世人的寧靜（觀世音菩薩）——跳脫二元心性的境界完全抵觸了大腦思維，這就是孫悟空的本性。

・豬八戒的原型隱寓

許多人都不喜愛二徒弟豬八戒這個角色，他貪小便宜、好吃懶做、短視、喜邀功、喜浸於財色染缸裡，但是他卻最貼近人性。豬八戒所有的個性完完全全突顯了你我最基本的需求；色、食、貪、喜邀功、好比較、懶得思考，全是一個人最容易被觀察到的心性——與其說是豬八戒代表的是一種習氣，不如說他代表了你我的個性。

反觀來說，幽深城府、算計他人（除了對孫悟空之外）、陰險、深謀遠慮，絕對與豬八戒八竿子打不著。唐三藏替他取名「八戒」，就是要他戒除當時犯下天規的八大戒律。

・沙悟淨的原型隱寓

永遠默默陪伴師父、甚至被人譏為牆頭草的沙悟淨，是我們最先降臨來到世間的有機體——每一個人身體的代表。在故事中，他常常無法與孫悟空對話，孫悟空做任何決定，他都無法附和它，而必須先遵循二師兄的決定——孫悟空常常說到口乾舌燥，卻總是比不過豬八戒的一句話，這就是在說：色身它不具思考能力，孫悟空敏捷的思考力沙悟淨怎能比擬？色身最好的朋友是欲望，這也就是沙悟淨會與二師兄豬八戒那麼接近的原因。

你無法與身體成為好朋友，它最好的朋友是吃美食、貪懶——惰性永遠綁住色身。你不可能與身體當好朋友，你得用意志力去降服身體；你必須當身體的主人，而不能與他做好朋友。身體不完全是不好的，它是此生靈魂、靈性、心理的載具，就像故事中沙悟淨總是揹負一行人的行李重擔，孫悟空兩手空空，豬八戒偶爾會幫忙分攤一部分（絕大部分他都忙於應付隨時升起的習氣）——沙悟淨總是盡心盡力保護師父、行李與龍馬，這是身體的本質。身體就這樣默默承受一切人性，絲毫不敢忤逆它們，然而，在通往朝聖解脫的路上，不可能缺少身體。

・身心靈的淨化與合一

抵達西竺完成取經，孫悟空被封為鬥戰勝佛，暗指降服心性與大腦是邁向解脫之道。

豬八戒被封為淨壇使者，情欲總是伴隨我們左右，成道成佛並非成為無情無欲的眾生（如此豈不是與木頭一般），但你必須終其一生時時刻刻觀照情欲，覺察它，聆聽它，它是不可能從我們的靈魂中拔除消失的。因此，豬八戒僅封為使者，而非佛道。

沙悟淨晉升為金身羅漢，身體不可能隨我們靈魂成佛成道，但你可以降服它。金身意喻身體最高極界。

最後，唐三藏封為旃檀功德佛，代表完全地淨化與整合身心靈合一，將孫悟空、豬八戒與沙悟淨完全整合為一，進入到無為無相之境。

這些人物的安排，正是《西遊記》所暗藏的優美精神，也是它真正要教導我們去學習的。自始至終，唐三藏都無意去改變任何一位徒弟的本性，他接納世間萬物的本質，而他唯一能夠改變的，是自己的心。面對情色、恐怖、威脅時，他用靜觀與等待來面對；同樣地，

宇色感知的示意圖

你選擇進入一場輪迴轉世，就像一顆跳入無數齒輪的小圓球，你無法中止齒輪的轉動（宇宙規循法則）。那麼，你會轉到何處？你會被拋往哪裡？你無法做決定，你只能在每一個齒輪夾縫間生存，學習順應自然與安住你的心。

你或許會想不透為何如此，再回頭好好思考本篇瑤金池母給的靈性訊息，你就會瞭解——居住在地球上的所有物種，彼此的想、意念、能量、動能互相干擾、共生、連結、互滅的連帶關係 P076 。你，是活在世間每一個物質意念的生滅之下。

他也在取經的路上陪伴每一位徒弟心性上的轉變。唐三藏深知世間有太多不可改變的事情，想要逆轉事物的本質，其實便是苦的源頭。

「你必須要學會臣服於宇宙萬物運作法則之下的規律。」無極瑤池金母靈性訊息所教導我們的是臣服，**而臣服就是看穿與接受生命一切不可改變的事情**。這並不是要你消極放棄一切念頭，而是告訴你：此生的劇本並非完全由人所能決定，它的背後有太多的成因與集體業力，因此，你必須努力去學習**「在小齒輪中面對這一切的心態」**。

Q13

既然輪迴是靈魂淨化之路，為什麼我們在今世卻感受到痛苦？

無極瑤池金母說輪迴

每一個人都必須要找到自己真正的歸屬，歸屬是一個法則，就如同花草找到了它的歸屬，當它落地生根的時候會發芽，會依照它應該有的樣貌成長。

這就是歸屬，這就是法則。

人為什麼會痛苦？是因為找不到落地生根的地方。

土是什麼？它讓你茁壯。就如同人一樣，你曾看過一個人從來沒有碰過地面而腳茁壯的嗎？沒有。

當元神覺醒的時候，靈修人會知道哪塊土地正是我想要的地方，他就開始按照他的方式成長，所以，走靈修的人，他的行為很有力道，他看待事物是不一樣的，因為他是有力量。他必須要回到他自己的心裡面去，知道他自己為什麼要做這件事情、為什麼要做那件事情（對生命中每一個選擇，都非常清楚知道為何而做）。

若每一個人都可以找到自己的運作法則，找到自己那塊天地，那他的生命就會找到一個平衡。

佛陀曾說：「眾生皆苦。」人世間無處不苦，婚姻、感情、事業不順皆是苦，還要面對身體的生老病死，更是苦。

小時候常聽老一輩的說：「做人相當不值得，從出生開始就一直做到闔眼那一刻。」老一輩輕輕一句話，道盡你我的心聲。

尼采說：「一個人知道自己為什麼而活，就可以忍受任何一種生活。」解決苦的方法不在於無止境去解決所有的問題。是誰創造出無止境的問題？是誰將現象看成問題？**人生時乖運蹇與否的根源，是人身**，人的身體是所有命運的總結。未轉世投入肉體的靈魂，並沒有好命與壞命——你從來沒有聽過靈魂想要求好命。然而，當靈魂轉世為人，此生諸善惡運便因業力類聚而來。

看見苦，是解脫苦的因，「如何做」才是修行的開始

所有生命故事都有苦。你若一直尋找幸福來掩蓋眼前的苦，那只是將苦挪移到他處。

一名女性剛結束一段短暫且不愉快的婚姻，獨自養育小孩，又陷入另一段情感糾葛。她對現況與未來感到莫名恐懼與不安，便前來諮詢，她提出的所有問題都環繞著苦：

「我未來會孤苦無依嗎？」

「離開目前的工作和環境，是否會找不到工作？」

「我的財運會不會更好？」

「我該不該斷掉這段感情？」

「我可以和他當乾兄妹延續情誼嗎？」

……

她就這樣蔓延了數十種人生不同的苦，而面對這樣無止境的問題，我向神明請示的標準問法是：「她到底怎麼了？」

當天我請示的是九龍太子[1]，祂的靈性訊息相當簡要：「你累世曾有三世轉世男身為和尚。不過，你出家並非看破紅塵，而是為了躲避人群。你的心不懂變通又偏執，對世事無常感到無可奈何，而你以為出家能夠躲過心性。三世為和尚仍然看不透情愛糾葛，又因為對於情愛沉溺甚深，曾有一世轉為青樓女子，在秦樓楚館看盡男歡女愛，晚年孤獨淒涼。」成為

神職人員與頓入空門不一定必然走入心性解脫，它只是外在身分的改變，至於靈魂是否接應宗教法流而改變下一世命運，則是另外一回事。

三世看似為破紅塵而出家，一世是看盡人生醜態的青樓女子，為什麼仍然無法從情感中解脫？

九龍太子靈性訊息是這樣說的：「你經歷了幾世極端的身分，為何對情感仍捨不了、斷不清？出家是因為你要躲避紅塵，三世皆為出家人，往生後，阿彌陀佛的願力要你好好看顧初心——出家不是想要安逸而逃避，應該要是看透。淪為青樓女子一生看盡情歡醜態，卻沉溺其中而未能看穿轉世於青樓的涵義。此世，你仍無法坦然面對未來的恐懼，你害怕人群，也沒有自信，依舊無法捨下情感。你的心如何安置？」

她聽了不安地搓了搓手。

出家眾、神職人員、青樓女子，並無品德高低，皆是為了圓滿所轉化的身分。前世為佛家弟子不用太開心，誰知當時是抱持何種心態入佛門？上輩子是出入青樓為歌妓、舞妓，那又如何？一朵蓮花的聖潔，是從汙泥中所展現出來的。經典上說：「男子少修五百世。」若今世身為男身卻未能珍惜，豈不是白白糟蹋，她曾經三世（非指連續三世，而是在無數劫轉世中曾有三世）為男兒身，也出入佛門——數次轉為男身入佛門，如此殊勝的宗教因緣，放在今世，若非佛門大師，也應該不會是凡夫俗子，應能對人世間的男女情愛有所了悟才對，豈料，她仍然未能走出情感這一關。

用自問自答正視受苦的心

上輩子與今世並無絕對關係，不用對前世身分念念不忘，追究它無助於今世靈性的解脫。人生來此世間，最難不是求榮華富貴，是看透苦的根源。是誰過不去心的磨難？是誰說要繼續「玩」下去？換個角度想，這些無奈與瓶頸，哪一項不是為了磨我們的心性而來？

人常活在自我侷限的觀點當中，而在輪迴中，人在每一次投入新身分的同時，也是在淨化靈魂，**如同嬰兒痛苦地脫離母親產道，輪迴也是通過苦難以解放靈魂舊思維的桎梏**。輪迴時，不只有色身性別的轉變，每一次的轉世，都必將拋除、脫落前世一部分的性格，輪迴後的生命歷程，要憑靈魂淨化所需的經驗而定。

該如何從輪迴中面對生命的苦？我從靈修得到的體悟是，要不斷反覆問自己：「為什麼我捉著它不放？」是誰不放手？是誰在受苦？尼采說：「當你凝視深淵時，深淵也在凝視著你。」自問自答，正視受苦的心。讓苦與心保持在彈性空間，內在神性會趁機從縫隙流洩出力量，那一股發自內心的洞見會帶你的雙眼轉向更廣闊的視野。

註1 宇色與九龍太子的宿世因緣，請參閱《我在人間與靈界對話》，柿子文化出版。

Q14

跳脫轉世輪迴一定要信仰宗教嗎？宗教對靈魂覺醒有幫助嗎？

無極瑤池金母說輪迴

世界上所有宗教皆有一個共同的特質，都有一名主事者、創辦人。走入宗教，你的心、你的行為模式會與信仰的宗教很相似，你會說佛教徒他們的特質很像，耶穌的門徒特質和耶穌很像……，所以世界上每一個宗教都很難跟不同的宗教找到雷同性。

靈修（泛指身心靈的修行，不牽涉宗教信仰與神祇）是特別的，它必須是跨越宗教的。

臺灣的啟靈靈修派也不是要你成為我（指無極瑤池金母）。你以為走臺灣的啟靈靈修派就只有會靈嗎？若一個人因為走靈修派而快樂，那是因為他已經跨越了所有宗教的包袱。你

以為靈修派是獨一無二的嗎？它也是現今修行法的一部分，是此世代運行下的產物。不只是靈修派，此世代的靈修（泛指靈性修行）在此世界盛行的主因，來自近代人們看見了宗教醜陋面——它們完全曝曬於太陽底下而被世人所看見，因此很多人不再相信穿著宗教外衣的神職人員。

每個人都是藉由鏡子看見自己。那麼，如果鏡子不見了呢？鏡子不見了，我們就只能透過別人看見自己，我們開始去比較，為什麼別人有的，而我卻沒有——相信你也是（指缺少觀照力而相互競爭）。

此外，在這個世代與未來，許多宗教既有的觀念會被顛覆，你以前沒有看過的宗教醜陋面都會被曝曬在太陽底下被世人所看見，人們從此刻開始去思考宗教的意義，這也是靈修盛行的原因（靈修盛行與崛起，是為了回到內在）。但宗教創始人並沒有去定義世界，是後來的人們刻意將它定義出來了，因為人們不到創始人的心靈層次。

人們信仰宗教，他們的行為與思考模式會與宗教非常相像，而世界的差異就會更加壁壘分明。

若每個靈修人走入了真正的靈修，會讓每個人跨越宗教界線，淡化隔閡——全世界盛行的新時代思想與無極瑤池金母靈修，就是在此新世代運作之下很自然產生的新力量。因為不再有隔閡，你的生命從此不再以他人

（指某些宗教領袖、神職人員等）為範本，此生才能夠找回自己真正的力量。此即靈修真正的意義，每個人此生可以找到他心中的歸屬與信仰——我所指的信仰，是指不再依附任何一個團體——於是他的心會沉澱下來。

但是，並非每個人都具有這樣的力量。

宗教是人所創立，它帶著某一種目的與利益存在

很多人從小就對「宗教」一詞耳濡目染，卻可能從來沒有認真思考過宗教與自己的生命有如何密切的關係。「民族誌之父」布朗尼斯勞・馬凌諾斯基（Bronislaw Kasper Malinowski）在《巫術、科學與宗教》中說到：「世界上沒有無宗教、無巫術的民族，不論該民族是多麼的原始，宗教和人類歷史始終息息相關、密不可分。」

住在宗教裡的神，祂們的形象依人們的欲望所形塑，人們需要財富豐盛、情感幸福、事業順利、往生淨土與天堂，祂們的形象與精神就必須、也必定會被有心人創造出來。

住在宗教裡的神，人們勢必只能從宗教找到祂們，信仰則超越宗教界線，你必須從心裡去與祂相遇，宗教一定有信仰，但信仰卻不一定要有一個住在宗教裡的神祇。神可以放在

信仰與宗教裡頭，宗教與神緊密綁在一起，你無須分割，當神從宗教除去，宗教再也不是宗教；信仰可以有宗教裡的神，**當信仰深根植於你的內心，神，功成身退**。

天堂與地獄存在宗教建築裡，抑或你個人信仰是否有天堂與地獄的位子，決定在你自己。神話美學大師喬瑟夫・坎伯（Joseph Campbell）曾說：「天堂與地獄是心理定義。你內心如何去衡量生命與靈魂，信仰就如實地存在。」

正是因為人性對萬物有著「求不得」的苦，才會求助宗教以獲得心靈的慰藉。然而，信仰並不能代替你解決苦，它就像佛陀、耶穌指引一群迷途人走出一條解脫之路——**只是陪伴在我們身邊，無法取代你應該付出的努力。**

宗教的神是一群人創造來安撫你求不得的苦，走過經驗發自內心的神是信仰，祂帶領你走出解脫——神不存在於十字架、寺廟，而是你存在於哪裡，就是祂顯現之處。

人的內心需要有自己的信仰之神

「宗教的神是大眾的神，信仰是私人的神。」你印象中廟裡的觀世音菩薩、三太子、佛祖，與其他人心中的樣貌大同小異，不會因為寺廟的華麗、樸素與否而有所差別。心中信仰神的樣貌完全依照你個人的神祕經驗而存在，並不同於宗教裡面的神。對於神與人的關係，九天母娘解釋道：「因為你們存在，而我們存在。」神話美學大師坎伯在《坎伯生活美學》說：「若其他人都不存在了，上帝能夠存在嗎？不可能。這就是為什麼神祇總是渴望崇拜者。」人、神之間保持某一種諧和狀態，人的意識創造生活所需要的具象化力量——神；當生命走入窮途末路、萬念俱灰之際，神帶給人們走向內在的祥和，足以撼動宿命定業。

一神論的神是世界的全部，對上帝在情感上有具體的描述，一神論的宇宙觀是唯一而無其他，也較難包容不同宗教的聲音，歷史上許多國際戰爭——十字軍東征、聖戰等——多引發在一神教的信仰中。多神論的神則是宇宙不同的化身，人間每一尊神都是宇宙所投射的一部分，觀世音慈悲、關公有中國傳統的忠義、文殊菩薩是智慧化身、佛陀是解脫化身（佛陀有十種稱號，分別有著十種不同的涵義與精神）……，較保持彼此的尊重與存在。一神教與多神教對宇宙的存在各自表述，然而，**不論是一神論與多神論的神，都居住在你內心的光，你選擇祂們進入你的靈魂，就是在勾勒隱潛於內在的神性**。我們心裡一直都需要住著屬於自己的神，同時將心打開接納其他的神，不要評斷其他宗教，萬事萬物皆為神。

人們必須學習跨越宗教，回到心，才能包容彼此的世界觀，若能夠感知到宇宙萬物皆具有神性，已經跳脫了一神與多神，連呼吸間都能與世間合而為一——任何時間。

靈修，是為了引導你走回內心的歸屬

人類現今生活的世界出現最大的問題是，我們的宗教觀、世界觀與價值觀是依循在統治者的功利之下，以及神職人員對末日啟示錄（西方宗教對世界末日與大災難預言，以及救世主彌賽亞的降臨）過度的詮釋，導致你我的靈性意識缺少活力而變得狹隘。

修行有助於喚醒你回到內在去思考此生轉世輪迴意義的不可思議力量。承如無極瑤池金母稍早所言：「每個人都必須要找到自己真正的歸屬，歸屬是一個法則。」P110 此處祂又說：「它也是現今世代修行法的一部分，是此世代運行下的產物。」

換言之，回到內在歸屬是靈魂意識覺醒唯一路徑，回到內心找出自己的歸屬是跳脫輪迴的鑰匙。若你能開始用這種跳脫世俗對宗教信仰的思維來思考無極瑤池金母這段靈性訊息背後要轉達的真理——**宗教造成世界的隔閡，每個宗教對世界都有不同的詮釋**，瞭解信仰與宗教兩者的差別，你會明白靈修並不屬於任何宗教，即便你認為靈修應該是道教、佛教或基督教，都不能否定它對人性的超越。宗教界線隔閡了人與人認識彼此的機會，在你還來不及認識一個陌生國度之前，宗教利剪就已經把彼此的心分開，也斷開了不同種族和信仰之下人與人的連結。

靈修盛行來自於宗教醜陋面曝曬於太陽底下

元神覺醒後的靈修之路使靈性與神性合一，而非被宗教的束縛綁住。收攝外馳的心思而重返內在，一旦洞曉心之外的世界是輪迴，內在寂靜是涅槃，方能超越宗教的鴻溝。

在無極瑤池金母靈性訊息當中，最值得思考的宗教議題是：「靈修在此世界盛行的主因，來自於近代人們看見了宗教醜陋面——它們完全曝曬於太陽底下而被世人所看見，因此很多人不再相信穿著宗教外衣的神職人員。」當傳統宗教失去了它千年的光環之後，我們的心又該何去何從？

無極瑤池金母曾對我揭露宗教未來之事：「人們對宗教不再信任，素人神職人員會**大量崛起。**」未來自認有通靈能力的人會比你想像的更多，許多未皈依宗教的人會從事宗教之事，這是一個時代推移下必然發生的趨勢。其實不用等未來，在臉書、YOUTUBE打上通靈、靈媒兩個字，至少就會跑出上百位這樣屬性的人。近年來東西方宗教陰暗面不斷被攤在報章媒體，神職人員擁有多位私生子、性侵、戀童、吸毒、非法性行為、盜用公款等等，其實這並非這幾年才出現，只是一直存在於一般人無法窺探到的宗教底層罷了。

無極瑤池金母的靈性訊息想要提醒世人的，並不是去厭惡那一些本來就存在宗教中的黑暗面，更不是教導世人去判斷通靈人所接收到的，究竟是聖靈訊息或內心小我聲音的幻化，祂教導我們的是，**「當你回歸到最小的地方去思考，你才能夠走出世界。」**P123 回歸到最小的地方思考，世界會愈走愈寬廣。**不要一直活在宗教所創造的世界，要從宗教擷取力量走向生活，讓自己活得像一個人。**

曾有讀者寫E-MAIL詢問我：「你可以問問母娘，現今政治、國際、經濟這麼亂，是不是背後有魔在操弄？」我無法回覆他，他的心顯然浸泡在宗教神話的大染缸太久，忘了應該要爬出來呼吸外頭的新鮮空氣。

潛藏在宗教裡的意識覺醒幫手

宗教信仰中的神話故事、圖騰、每尊神祇所代表的精神、儀式、經典、咒語等這些潛藏在宗教裡面不明顯的元素，都有助於靈魂的意識覺醒：神話故事助人快速認清外在與內在世界的連結（神話與靈性的關連 P072），宗教裡的圖騰是每條靈魂裡的中心思想與核心，經典是教導戒律的準則，咒語是淨化與連結腦部頻率波以進入異度空間的利器。

世界上與神交通的儀式都會將雙手放置在胸前，不論是合掌或十指交握，胸前是心輪的位置，是愛、寬恕、憐憫、慈悲的力量，也是內在神性居住之處——在印度，人們相信在合掌、垂頭、閉眼之際，能喚醒內在神性與外在神的合一。你並不會認為這有任何宗教意涵，它是人與人、人與神連結最自然且偉大的儀式。宗教教導你認識世界與宇宙，最終讓你成為一名完整的人。我很相信一件事：一個人在年輕時就有堅定與正信信仰，他步入老年時，雙眼會充滿睿智的光，那是從靈魂綻發的光，即是神性。

信仰使內在本性契合世界運行的法則，點燃內在的神性，接引宇宙和諧的能量脈動。回歸身心的一致性與平衡，宇宙規循的平衡會降臨於生命，靈魂會找到解脫輪迴之路——這也是廿一世紀身心靈運動與靈修崛起與盛行的主因。

Q15

如何修行靈性才能解脫？

無極瑤池金母說輪迴

若有一條靈此生的意識已經真正地覺醒，就會像在一片土地當中，知道自己應該在哪一塊土地生長，**你不可能每塊土地都想要擁有，你只能找到適合自己的地方。**

靈修的第一步，就是不可以模仿他人，人要「像自己」（每一步皆由衷），讓自己在一片屬於私我的天地間思考。你必須要知道，**當你回歸到最小的地方去思考，你才能夠走出世界。**為什麼這麼多人他走不出去心的世界、走不出去更大的世界？因為他都在逃避此生應該負擔的責任，若每個人都走靈修（泛指以回歸內在的靈性修行），就如水一樣最終會平衡。

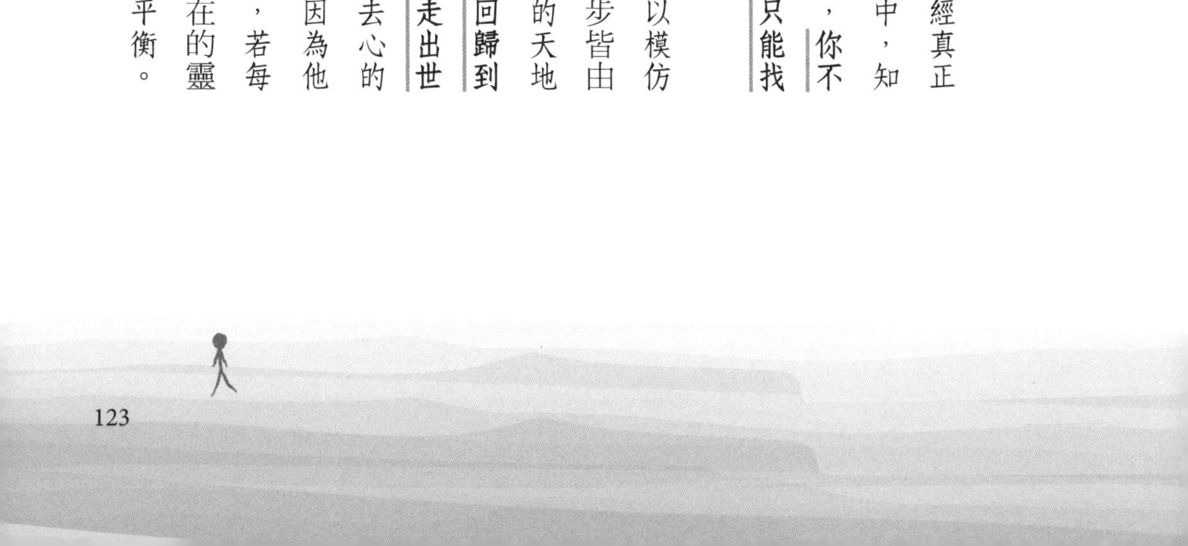

一個人想要靈魂真正地覺醒，先要在一個能夠觸發因緣的環境。若一個人是生在基督教、天主教的環境當中，他啟靈了，因為**後天觀念與宗教包袱**，也會限制他日後啟靈的狀況，最後這一條因緣就滅了。

反過來說，若這個人的心性本就對這種事沒有心存太多成見，雖在天主教跟基督教的環境中長大，後天養成卻反而成為他的靈修養分，他還是可以在原先的宗教環境中靈魂覺醒。每個人的後天靈修養成，絕大部分跟自己的心性有關係。所以，你覺得靈修人心性的養成不重要嗎？

宗教力量有多大呢？它並沒有人的心性那麼大，人的心性可以改變一切，人的心性足以扭曲一切，宗教是在你們每一個人共同意識下的結果（也就是集體意識），靈修是要喚醒每一個人的良知、靈修是要喚醒每一個人的心。

／。／。／。／。／。／。／。／

在西方的神話故事中，勇者、騎士都免不了有拯救公主、屠殺惡龍、尋找聖杯的橋段，這一些故事皆有一個共同的特徵——

獨立完成自己的使命。

走自己的路——每一個人此生的任務

在加拉哈德（Galahad）爵士故事中，加拉哈德與眾多圓桌騎士一同去尋找傳說中具有某種神奇的力量的聖杯。在前往的路上，眾多圓桌騎士一致認為，凡是路徑已是前人之路，聖杯所藏匿之處必是祕密幽祕之境，況且集體行動極度不名譽，非勇者風範，所以，他們憑直覺勇敢前行未經人走過的森林祕境。

每一個人所走之路，都是未經開墾的蠻荒之地，經歷了獨一無二且被後人所傳誦千年的魔幻事跡，每一位騎士看似在尋覓聖杯，也無意間啟迪封存的潛能意識。

這是我個人相當喜歡的一段神話故事。

路，是自己走出來的，假使每一個人都走前人踏平之路，認為走這樣的路最安全且必能抵達目的地，那就喪失了轉世來此的意義。

沒有最好的修行，只有最適合自己的修行

「沒有最好的修行，只有最適合自己的修行。」這句話想必大家耳熟能詳。現在，將這一句話套在無極瑤池金母後面將提到的一段靈性訊息：「若一棵樹已經註定生長成一棵

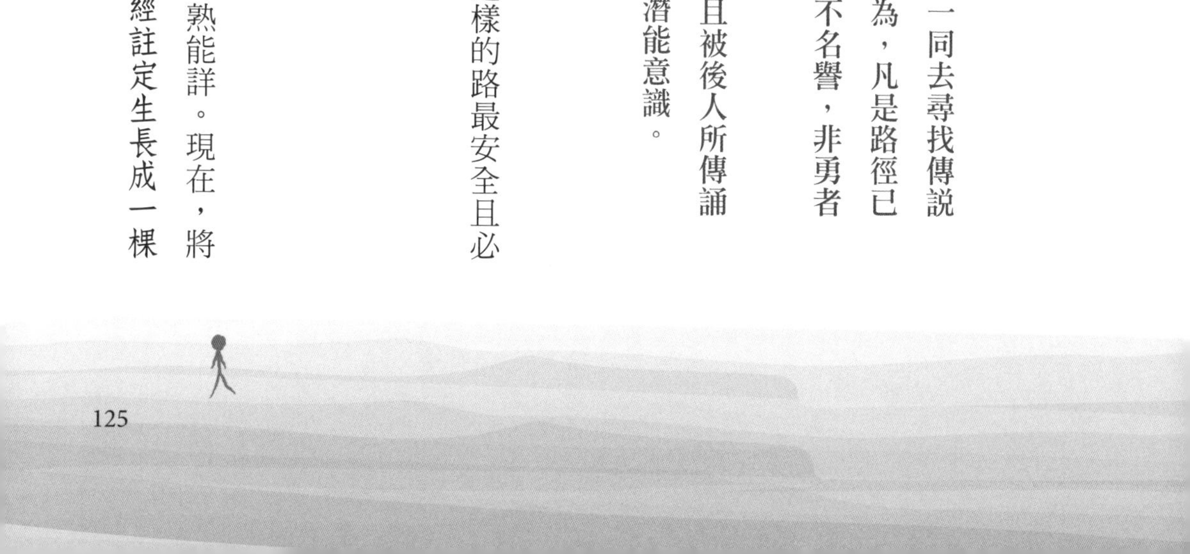

大樹，你不需要去改變它最原始的種子，它日後在後天環境底下必定生長成註定的樣貌。當一顆種子註定沒有辦法養成一棵雄偉大樹，它就必須改變種子。」P128

有什麼想法嗎？

說穿了，你是否有一顆勇猛心去降伏自己？

多年來，我協助無數個案、靈修人帶著人生疑問尋求無極瑤池金母解惑，絕大多數的人都非常認同母娘的教誨，不過，轉個身，靈性訊息高掛牆上，人生還是照舊過。靈修並不難，就是洞察心、洞察自己，這是通往元神合一的路，當你開始學會觀照心，了悟對治自心不同的修練法，元神意識便逐漸與後天意識合一。合一是光明進入黑暗，斬除魔鬼邪祟是斬殺心的黑暗，元神覺醒能深層攝住心，元神可以告訴你更多、更多未洞見的心。

靈修，不要四處詢問同樣在尋找缺失最後一塊拼圖的人說：「我的人生怎麼了？」把心靜下來，回到內心去，或許它已經在裡面等你很久了。

Q16

啟靈，對跳脫轉世輪迴真的有這麼重要嗎？

無極瑤池金母說輪迴

啟靈，是為了練氣，這不僅只放在養生。

你的心臟是這個色身成長第一個有氣的臟腑。氣，促成色身生長出其他臟腑、四肢、氣脈與經脈，心臟就如同人身上的一顆種子。所有植物的葉子、根、莖都是從這一顆種子長出來的，外觀看起來它是一棵樹，實際上它不過就是最原始種子所長出來的東西。

若要說一個人的心性，一個人的累世業力、習氣、乃至於今世所作所為，最核心還是回到他的那顆心，就是氣。

所以，針對你剛才提到的問題，

透過啟靈改變他的氣脈，其實就是去改變那顆種子的基因，基因、個性、業力改變了，他的修行才能夠有所不同。要不然，他也只是帶著原本的樣貌出現。

是否每個人都必須經歷修練氣、氣脈這道過程？若他心性必須如此，就應去修練，若他因緣無須，自然就不必去練。若一棵樹已經註定生長成一棵大樹，你不需要去改變它最原始的種子，它日後在後天環境底下必定生長成註定的樣貌。當一顆種子註定沒有辦法養成一棵雄偉大樹，它就必須改變種子。

靈修必須回到因緣，若他此生已經註定要成為一名真正的修行人走入解脫，他不須要練氣，未來他也是可以成為那個樣子。若他的心很浮躁、很搖擺，已經註定沒有辦法長成一棵雄偉的樹，那麼他必須要有覺知，必須要有力量去改變他自己這顆種子，也就是他的氣脈、他的心臟。

／。／。／。／。／。／。／。／

從前幾篇讀過無極瑤池金母靈性訊息解釋的靈修，希望你有比較瞭解靈修的輪廓。針對我所提出的任何問題，無極瑤池金母很少單刀直入的回答，祂的靈性訊息總是充滿譬喻，嬌艷的花、柔弱的草、浩瀚的海洋……，皆藏著宇宙運行規循與存有睿智——譬喻會讓人們感覺生命的一切充滿了法的存在。

無極瑤池金母最常使用的語詞是「若……」。若是一種假設，很柔和又婉轉，讓我與祂之間有著一個彈性空間。

靈修，從遠古神話編織生命的意義

「靈修怎麼修？」

「以前跑過靈山，但是現在不在道院修行，家中有佛堂，如何自己在家靈修？」

「修行的定課，一定要以念經書為主嗎？」

「冤親債主及超渡祖先會影響修行嗎？」

「曾聽說家中沒供奉神像就不能在家靜坐念經，否則會有外靈干擾，真的嗎？」

看似千奇百怪的靈修疑問，核心的問題是——我該怎麼走靈修？

一般來說，靈修必須扣緊一個環節思考：**靈修有讓你更加瞭解自己的心嗎？你的心是否更有力量處理生命問題？**

只要偏離這一個主題，你離靈修核心就愈來愈遠。無極瑤池金母提過：「這就是靈修真正的意義，每個人此生可以找到他心中的歸屬與信仰。」P117

對於讀者詢問一些關於靈修未經證實的傳言，我甚少正面回答。傳言畢竟是未經體悟之事，相信與否是你的選擇，你相信多少，自然它就對你影響有幾分。你在靈修下多少的苦心，外界不必要的干擾就會相對減少。

人是很難真正處理自己的動物，我們可能終其一生都在面對心的課題。心的變化有許多可能性，但我們只有一生，沒有太多機會去不斷選擇，我們以何種態度面對生命的每一次選擇，便決定了我們對待靈魂的方式。

當你能真正成為心的主人，你就成熟了。「**當一顆種子註定沒有辦法養成一棵雄偉大樹，它就必須改變種子。**」幸福不要外求，若你不滿意現在的生活，而想要改變任何一件事，就需要先從那一顆種子開始，種子是動機、心性，也是觀念。

進入氣不可思議之境的祕訣來自呼吸

我尚未告訴過你們，我心目中最有趣的一個靈修經驗。

許多年前的一個晚上，我對「靈修到底在做什麼？」百思不得其解，幾乎花了一整個晚上都在思考它。時間來到了半夜十二點，此時一個念頭閃過：「何不與它搏鬥一番？」此念頭就像開啟水庫閘門般，一股無來由的氣勢使我奮不顧身投入會靈中。

我想，那是發願的力量。

不稍半刻，呼吸急遽地轉變，瞬間元神意識進入與仙佛會靈之境。突然，我的雙手手背張開一顆如牛眼般的大眼，背脊脊椎一節一節直冒氣，兩邊額角與前庭各鑽出二十多公分的三支角。我就只是直挺挺站著，直盯雙手手背上的一對眼睛，連呼吸都不見了！此刻，元神完全融入靈魂之中，心性由那一晚開始進入轉化。

我可以直接告訴你們，進入不可思議之境的祕訣來自「呼吸」。我觀看過上千位靈修人在靈動，能夠真正從會靈中得到益處的人少之又少。

最令我感到興奮的，並不是進入那個境界，是那一次真實不虛的實證經驗——深刻體驗束縛靈魂的業力被燃燒殆盡的愉悅，真知「轉化與合一真的會解脫累世的心性」。那一夜起，我對靈修與母娘生出無可動搖的信任。

我的實修經驗明確地告訴我：「靈修不練氣，到老一場空。」詭異的是，臺灣許多新興的靈修宮壇、道場不去談經絡養生，當然更不會去教導氣對元神覺醒的重要性，以及氣與轉化元神之間的關係。

需不需要修行得看因緣

無極瑤池金母說：「若他此生已經註定要成為一名真正的修行人走入解脫，他不須要練氣，未來他也是可以成為那個樣子。」

這是一段帶著濃厚玄機的訊息。你日後的樣貌無人可以斷言，靈魂意識的覺醒路徑沒有唯一，更無法複製他人的經歷，你只能勇敢走自己的路。舉我對瑜伽及七脈輪的體證來說，臺灣、印度兩條完全不同的修練法在我體內匯集且完全融合，但我並不認為每個修練瑜伽的人都能進入靈修之境，靈修人也並非人人都有宿世因緣能從瑜伽中獲益，這是我累世修習而來的因緣，你也有我無法學習與取代的靈魂覺醒修練，只待你自己去發掘。

對我來說，瑜伽修練的呼吸調息法、氣脈、經絡伸展、冥想與體位法等一切鍛鍊身心的技巧，恰恰是靈修煅身法的基礎入門。近年來，我在教導瑜伽時特別專注在呼吸與靜坐冥想，並非我特別熱愛古印度的瑜伽，是因為我深刻地瞭解到：熟稔瑜伽的基礎技巧，有助於調養一個人的身心能量，以進入和諧狀態。

其實，不只是古印度的瑜伽，西藏密宗的法本皆藏有關於中脈、精脈、血脈、明點，對於一名密宗修練者有極其重要的關係（想對「古印度瑜伽拙火、靈修元神、西藏密宗明點」修行議題有深入瞭解，可參閱《靈修訓體與瑜伽的精彩對話》，書中有我氣脈實修經驗的詳細說明）。

Q17

為什麼有人修行多年靈魂意識依然沒有覺醒？喚醒此生的靈魂意識需要有因緣嗎？

無極瑤池金母說輪迴

習氣太重。習氣就如同一把利剪，當種子要發芽時，它（習氣）已經剪下去。為什麼有許多人的修行沒有辦法繼續走下去、沒有辦法靈魂覺醒？是因為習氣，習氣會斷掉許多的因緣。

靈魂的意識覺醒不需要花費太多力氣，它很輕，就如種子一樣，只要輕輕落在地上，不需要去栽種，它便會發芽。若一個人走靈修多年，意識無法覺醒，要反省的是自己的個性，這也是靈修的第一步。若你連反省的能力都沒有，這個種子不會發芽。你要先斷你的習氣，再來談後天養成，後天所有的因緣都還是建立在——反

省習氣，反省你自己的習氣。習氣不好，就算你決定走修行，這一條修行路會很乾、根也會扎得很淺。

不論你有沒有喚醒靈魂意識的因緣，在此世代底下，都有緣分接觸宗教與靈修（泛指身心靈相關課程、資訊），但是能不能夠讓你的元神覺醒，有絕大部分是來自作為，還有你是否願意繼續深入宗教與靈修——這個又牽涉到你背後的習氣。

你們常說「因緣」，若你知道，我們必須要讓它有一個環境才會發生某一件事情——**因緣，是讓它有這個環境讓它有所發生**——那麼，是不是要進行任何的學習與修行，說穿了，就是你必須要有促成因緣的環境。

若你生長在某個環境當中，就算毫無作為，你在耳濡目染之下總能夠知道這個環境底下會發生的事情，但是，你要不要在這個環境裡有所作為，則是你自己決定的。從另外一個角度來看，並不是事情應該有它的發展，所以它必須在這個時候發生，當因緣開始產生一些新的變化，就會產生新的現象，當這個新的變化產生時，你就會開始去接觸——就像我前面講的，在適合的環境底下你會耳濡目染。

任何一個沒有靜坐冥想的人，當他想專注在一件事情上的時候，會很容易被其他念頭打亂——一顆沒有受過訓練的心，遇到事情時很難沉靜下來。

靜心，是喚醒靈魂意識的唯一一把鑰匙，這把鑰匙一直都在你手上，只是你從未去認真尋找過。想要靜心來喚醒靈魂的意識覺醒，並不需要花費大把金錢去上課程，更不需要遠赴喜馬拉雅山山洞或印度某靈修道場。

靈魂意識覺醒能讓陽光進入心的黑暗，領你走出輪迴迷陣

「靈魂的意識覺醒不需要花費太多力氣，它很輕，就如種子一樣，只要輕輕落在地上，不需要去栽種，它便會發芽。」人在生活中要學會慢步調走完這一生，每一步都要很慢很慢，不要急就章而虛度每一天，這會白白浪費我們來到人世間體驗生命的機會。

一個無法以靜心擁抱自我、走入內在意識的人，不算是完整的人；一個未對內心了了分明的修行，此世的輪迴就不算是真正的開始。每一種走入靜心的修行，都必須鼓起很大的勇氣——就像是勇士上戰場一樣。不過，這一股力量卻能幫助你看見自己的心。

無極瑤池金母先前還說：「若他心性必須如此，就應去修練，若他因緣無須，自然就不必去練。」P128 祂並不是要你沒有因緣時就放棄喚醒靈魂意識的機會，它的終極核心是——尋找屬於自己的一條修行路。

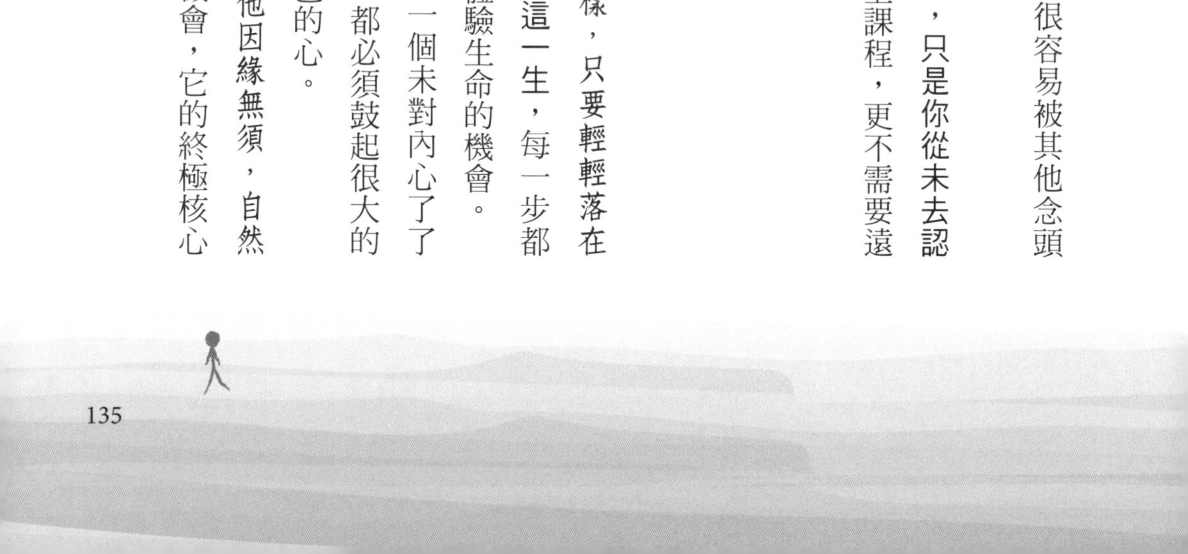

有人可能會問，為什麼喚醒靈魂意識對輪迴轉世如此重要？

讓我先引用《光的生活藝術》中的一段話來做說明：「……沒有意識的話，這個世界及它所包含的一切真的會消失無蹤，而且也沒有能夠經驗的事物，因為我們無法分別實相的存在與我們對它的經驗。」我們可以將靈魂比喻成一顆種子，當你不斷地鬆動土與擾動種子，種子便不可能有發芽的一天，而靜坐冥想將心沉靜下來，就是讓種子安穩地種入土裡，讓它有發芽長成一棵大樹的一天。

靜心具有不可思議的神奇力量，它會使意識從水平一百八十度進化到三百六十度垂直立體：水平是單一思考、片段思考、短暫記憶、情緒波動；垂直立體的思維是深度、寧靜、喚醒與通達。進到靜心當中，你會驚嘆意識層竟能夠如此寬廣地移動；一個未曾走入靜心的人，無法經歷意識被喚醒的狂喜。一條從俗世出走的靈魂，其意識自由地悠遊在世間平面與垂直間——**解脫，是心靈不受約束，意識層非常具有彈性**。他不會受困在某個心結與事件當中太久，他的生命絕對不會只有單一（唯一）選擇。當靈魂意識被喚醒，一切的無明恐懼與俗世包袱皆不再存在。生命從一百八十度平面延展到垂直進而三百六十度，生命的彈性會成為圓形的生命球體，這就是無極瑤池金母的靈修精神——圓滿。

內是靜，外是動，一旦離開內心平靜的中軸線，意識便再度進入世俗的把戲。當你抵達內心，聚焦在寧靜，靜止不動這一點具有強大徹底掃除一切混亂的力量，你將完全回歸到心純一的狀態。

欲望、習氣不滅，再多修行也無助於意識甦醒

我們該如何喚醒靈魂意識，早日回歸此生應有的軌道？「習氣就如同一把利剪，當種子要發芽時，它（習氣）已經剪下去。為什麼有許多人的修行沒有辦法繼續走下去、沒有辦法靈魂覺醒？是因為習氣，習氣會斷掉許多的因緣。」如果要以大家耳熟能詳的話語來詮釋這段說明，就是——消業。宗教圈裡常聽到「消業」這個詞，但它帶有一絲絲犯罪、罪人的氣息，我覺得用「覺醒」這個優美的詞來解釋這段話更適合——喚醒靈魂意識的方法來自覺醒。

雖然有些跳躍，但我想先請大家看看韋特塔羅牌中大祕儀的審判牌（Judgement）。一群裸身男女及孩童從棺木爬出，聆聽天使加百列的審判，每一個人都展開雙臂接受宇宙的召喚。

棺木是生命最終的歸處，代表一切紛擾走入寂靜，一場輪迴也正式宣告落幕。當往生者從棺木爬出

那一刻，並不是肉體死而復生，是靈性從大腦蛻變的轉化與解脫，正如耶穌的復活暗喻靈性昇華與意識覺醒，從凡人肉體進入殊勝的神之領域。

審判牌是由冥王星所掌管的牌，冥王星讓人們聯想到希臘神話中統治冥界的黑帝斯（Hades），黑帝斯喜於黑暗卻公正無私，祂用嚴以律人的態度將冥界管理妥當——將掌管死亡的黑帝斯放入這張審判牌，是在暗示每一條靈魂甦醒都是公平的，**沒有任何一條靈魂不具有覺醒的能力**。棺木過濾掉人內心的恐懼、快樂、開心、憤怒……，這一切都隨著肉體死去而置留於人間。唯有褪去心理雜質，才能聆聽到天使加百列對你靈性的呼喊，當這張大祕儀審判牌出現在牌陣中，便暗示一個人全新的意識將破繭而出，進入生命另一個階段[1]。

古印度瑜伽認為，思想是一切業力的根本，是你的思想造就了一切的行為，促使你永生永世不斷跳入輪迴的轉世遊戲中。喚醒的意義就是為了讓思想轉化到一個高品質的層次，去造就出高貴的靈魂品格。一個負面思想的大腦，勢必造就惡劣的習氣；當思想端正且充滿悅性能量，也將同時淨化惡習，靈魂在今世不受壽命長度的侷限而瞬間跳脫輪迴，永生永世不墮轉世的遊戲中。

意識覺醒具有不可思議的力量

此外，無極瑤池金母「靈魂的意識覺醒不需要花費太多力氣，它很輕，就如種子一樣，**只要輕輕落在地上，不需要去栽種，它便會發芽**」這段話還告訴我們：喚醒意識覺醒必須從寂靜而來。

有太多人想要擁有特殊能力、神通、通靈或一段與眾不同的生命歷程，然而，這一切都是靈魂意識覺醒之下的境界——喚醒靈魂本就具足的力量，你必須臣服生命的起伏波動，靜靜地待著。

記住：**靈魂的意識覺醒不需要花費太多的力氣**。

喚醒與重生是相同的意思，前者是從混沌中清醒，後者是從舊蛻變至新，再次回歸生命的軌道。

每一個人再次轉世來到人世間，並非都是純淨無暇，累世的習氣總是如影隨形，當意識覺醒，便能滌淨心靈，自我檢視生命中的每一時刻。

靈魂意識混沌的人其實並不少見，從靈修的角度來說，一個靈魂意識尚未清醒的人，對生命是毫無目標的，生活很容易受到媒體、言語等影響，較沒有思辨力與中心思想，最可明顯觀察到的就是雙眼無神。

莎士比亞有一句名言：「眼睛是靈魂之窗。」這句話的確有其道理，意識覺醒的人雙眼會充滿光亮與神彩——意識甦醒將伴隨著光一起帶入靈魂當中，靈魂之光會從雙眼投射出來；當一個人的雙眼黯淡無光時，是靈魂被厚厚一層難以揮去的習氣給遮蔽了，導致生命缺乏力量。

透過修行，心靈那一層沙會被擦拭掉；靈魂意識甦醒之後，雙眼會變得非常明亮，慈悲、和諧、自信會嶄露出來。

靈修是帶著你全部的意識、力量回到心

修行的目標，就是喚醒靈魂意識並與之結合。修行不脫離心、理論與身體，有人必須從心入門，有人則是以理論入心通，有人心的塵障甚厚，必須從身體入門再清除心障——不同的心性自然有不同的對治法。有一些人修氣脈而通頂輪具大智慧，也有人走靈修是靠念經、拜佛、持咒，有一些修行人是從生活中端正行為。

修行具有神奇的意識凝聚力量，足以將各種分離、失衡、脫離軌道的意識再次交匯在一起。當你嘗試向內聚焦、耕耘心中那一塊方寸之地，心會沉靜下來而清明，一切的恐懼、混沌得以釐清。

靈魂的覺醒會照亮你對事物的理解，使你知道自己的樣貌與圓滿。當你愈靠近生命的中心點，極其奇妙的靜心感會慢慢從靈魂深處流洩而出，寧靜的力量蔓延至細胞、血液、骨骼，再深入一點，對生命敏銳的感知力會同步昇華。

當沒有批判、沒有思考、沒有讚賞，連心最外層的恐懼與喜悅都不見了，那就只剩觀照了。當觀照生起，你的意識會從小我向外無限延伸。它從阿賴耶識（也可以稱為一切意識

的種子識）裡射出一道光明，像一道流星劃過天際，一掃大腦對生命恐懼的負面思維，這就是無極瑤池金母所言「當你回歸到最小的地方去思考時，你才能夠走出世界」P123 的意思。

因緣，是讓它有這個環境讓它有所發生

以意識與仙佛交流都是在達到心理轉化，關鍵在於神祇改變思考的慣性。

若干年前我曾經請示過靈修派另一位母娘——九天母娘一個問題：「人的命運是註定好的嗎？」

九天母娘在我腦海示現一塊攤放在桌上的布，「命運若是一塊布，如何得知此布的大小（暗喻一個人的命運是否有終極邊界）？」

「只要得知布的四周大小便可以得知了。」

九天母娘接著問：「如果這一塊布是蓋在另一塊更大的布上，你又如何得知另一塊布的存在？」

「走出去，走出原本小小的那一塊布便能得知外面的那片有多大[2]。」

九天母娘以布指出人的命運，努力想要去探知布（命運）的大小是靈魂的本能，生而為人，就是有向生命無限探尋的本能。

人年輕的時候，對未來總是懷抱著無知又無限的憧憬，正如雨果所說：「讓自己的內心藏著一條巨龍，既是一種苦刑，也是一種樂趣。」誰年輕時不曾有過胸懷巨龍待一飛衝天的壯志？然而，我們又如何探知命運的邊際呢？

你或許曾經去批過八字、算過流年、排過紫微斗數，從命理來說，八字四柱足以顯示此生是否能與榮華富貴沾上邊、老運亨通、一生逍遙快樂，要是前世積累的福報不夠，難免一生多失意，諸事不順，衰事不斷。然而，九天母娘卻這樣說：「永遠不可能知道那一塊布到底有多大，永遠不可能，身為人，唯一能做的是：不要停止對自己命運的好奇與探究生命的廣度。」

人的一生命運深如海，難測高深。我們或許能算盡一生跌宕起伏，卻無法算出一個人的自由意識。

人永遠不可能探知命運的廣度，唯有跳脫即定的框架，才能反觀此生的命運。當你看到「永遠不可能知道那一塊布到底有多大」這句話時，你會想要隨順因緣，或是每日永不停歇地去追逐夢想？

九天母娘想要教導我們的是：人難有其智慧窺探此生的命運，你卻能掌握當下的心過好每一天，而**用心去過每一天，就已經在無限擴大命運的極限**，終有一日，必能跳出命運既有的框框，邁入更大的生命。

請永遠不要停下生命的腳步，這也是無極瑤池金母傳下「因緣，是讓它有這個環境讓它有所發生」這段靈訊的重點。這句美妙話語的不可思議之處，在於它提點了我們：此生永遠都要去創造一個喚醒靈魂意識甦醒的環境，這裡的環境並不是指現實的空間環境，而是指你內在心靈的神聖空間；假使能在內在創造如此一個空間，便能夠轉動意識鬆動膠著的慣性行為。

跳脫過往看世界的框架

你一定常從某些人嘴裡聽到「一切順緣」、「算了，我等以後因緣成熟再說」這類的話。不過，你知道嗎？「因緣」這兩個字，並非你所想像般的那樣消極、無奈、毫無作為，那只是存在負面思考的人嘴裡，企圖掩飾自己不想面對與他們對生命不夠積極的藉口。

順緣跟你想的不一樣！「順」不是放棄、消極、停滯；相反地，順緣是積極向前、永不停止探知解脫生命的真理與答案。緣是因緣，無極瑤池金母表示，**人必須先靠自己的力量營造出一個讓因緣足以發芽的環境，如此才能「喚醒意識的緣」**。

太多人將「順緣」與「算了，就只能這樣，反正不是我的」畫上等號，但「順緣」其實是充滿力量與積極的話語，我必須先挪用印度《瑜伽經》中的一段話，你才能更加清楚順緣真正的意思：「我不受任何活動的影響，也不追求活動的結果，瞭解這一層真理之人，必不再受其行為報應的束縛。」

這幾年，來請示無極瑤池金母、詢問課程、參加講座的人非常多，但當他們聽到一名靈乩、靈修人、靈媒必須經歷的實修境界是一般人能力所未能及的時候，雙眼往往就會流露出「算了，順緣吧，等因緣來再說」的神態——或許這是臺灣人常有的心態，本身不想努力，就將一切的問題推給緣分來處理。

因緣是靠自己後天培養出來的，絕非靜靜等待什麼事都不做就會來敲門——這點我始終深信不疑。讓我來分享一則佛陀的故事——

一日，佛陀正向眾弟子說法談緣分。

中途，佛陀沉思，默而不語，過了一小段時間，才轉向跟阿難說：「去向五哩不遠處，跟一位在井邊洗衣的老婦人取水來。」

阿難正要轉身離去，此時世尊不忘提醒他：「不論老婦以什麼態度對你，皆以和善待之。」

阿難點頭後離去。

阿難離開不久，便見著一位老婦蹲在井邊洗衣。

阿難隨側佛陀身旁甚久，深知佛陀有此神通（指佛陀「雖未實際看到，卻事先知道有位老婦在井邊洗衣」這件事），也了知佛陀必有其用意。他於是先向老婦合掌作揖，之後便向她取水。

不料，老婦見著是一名陌生的出家人就無來由地怒道：「此口井是村裡面賴以為生的水源，怎能給你？」

佛陀在印度恆河南面不停地四處行腳，主要是為了讓出家人對環境、人、食物不要產生依賴，有時難免會走到偏僻落後的村落，有絕大部分的村民對出家人的托缽取水行為有諸多誤解，再加上二千多前的印度種姓制度更為分明嚴謹，或許老婦將阿難視為低下種姓的首陀羅（奴隸）或賤民，這樣的態度從現今來看是無禮，位移當時的時空背景並不為過。

無論阿難如何哀求，老婦堅持不予他一滴水，阿難只能空手而回。阿難回到了佛陀講經說法之處，向佛陀回報方才所經歷的一切。世尊聽後不語，轉頭請另一位弟子舍利弗前去向老婦取水。

舍利弗誕生在印度婆羅門高種姓家庭，父親為婆羅門教富有盛名的論師。八歲時，舍利弗已通曉經論典籍，據說舍利弗眉清目秀、風標俏倬、雙手過膝，其才智過人，《般若波羅蜜多心經》中所指的舍利子即是舍利弗。

舍利弗循著阿難走過的路，又來到五哩外的村莊。途中，舍利弗並無將阿難方才所述的一切放在心中，一心不離正念，不遠就見一名老婦蹲在井邊處洗衣。舍利弗依出家人之禮儀向老婦人合掌並向她取水。

此老婦對於舍利弗的請求並無拒絕，反而開心地為他打一桶水，態度與方才阿難口述的判若兩人。此時，跟隨佛陀修習八正道多年的舍利弗，雖無法猜測出此件事因緣為何，但隱約瞭解佛陀觀機逗教的智慧。舍利弗提著一整桶水回去，並將方才經歷向佛陀與在場弟子娓娓道來……。

是什麼樣的因緣，使得兩名弟子前去取水而換來老婦不同的態度呢？

此時，佛陀開口了：「無可計數之劫前，此老婦淪至畜牲道為老鼠，一日牠曝屍於路邊，恰巧阿難與舍利弗亦與牠轉生同一世。當時阿難路過，見鼠屍，在無意識之下心生嫌惡之念，舍利弗隨後見此，心起慈憫，不忍鼠屍在烈日豔陽之下曝曬，便掬起牠放置他處，以土埋葬。」

佛陀進一步解釋道：「雖歷經久遠劫，三人早已不復知此事，卻因心念植入心識，幾經流轉輪迴再次相會，不可數之劫之因緣在此世造就了不同因緣。」

在印度，轉世輪迴的概念是這樣的：因緣之事雖然不可強求，但並不能指對待所有的事情都消極面對，雖然阿難多劫前在無意之下與老婦結下惡緣，也不能代表今世不能再以善因來化解。

生命的一切本就不能單一完美，**完美包含了善與惡，此生我們每一個選擇與行動皆在善惡之間翻滾流動，我們意念無時無刻皆在世間結善緣與惡緣。**放棄此生想要追尋的夢，是不完美的。執著一切想要的事物，也是一種不完美。不執著當下與未來的處境，接受好與不好，這就是完美。

最後，獻上《薄伽梵歌》第四章〈智慧瑜伽〉的智慧之語：「誰能在活動中看見不活動，在不活動中體悟活動，此人便是智慧之人。儘管他在此生從事各式各樣的活動，依然處於超脫的境界之中。」

註1 對塔羅牌有興趣的讀者可以參閱我的塔羅牌著作：《成為專業塔羅師，你該深入的占卜密技》。

註2 如欲對仙佛所指導的命運與心性修為有進一步瞭解，請參閱：《靈驗！我在人間看見拜拜背後的祕密》、《靈驗2‧我在人間發現拜拜真正的力量》。

Part 3

死後的世界

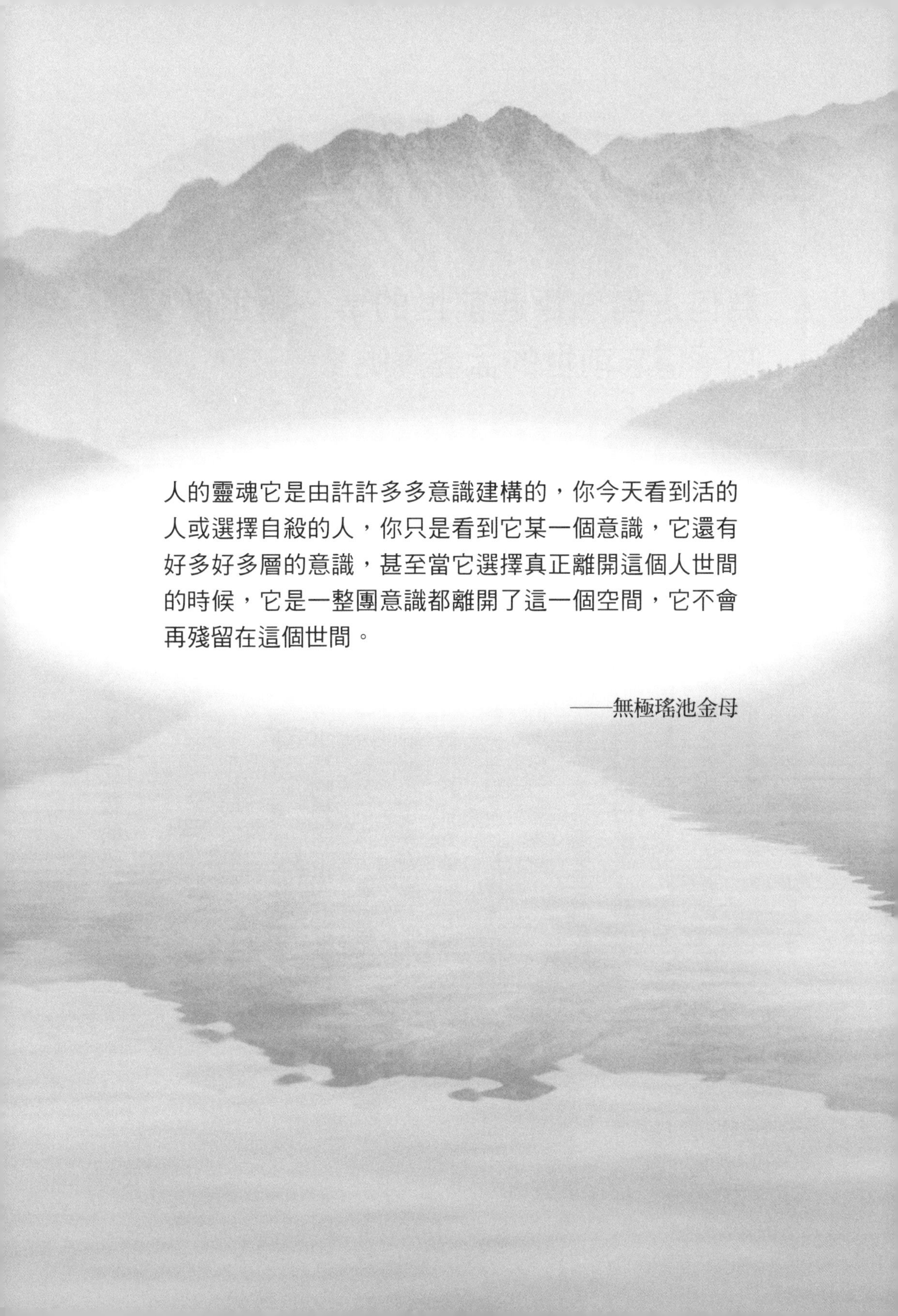

人的靈魂它是由許許多多意識建構的，你今天看到活的人或選擇自殺的人，你只是看到它某一個意識，它還有好多好多層的意識，甚至當它選擇真正離開這個人世間的時候，它是一整團意識都離開了這一個空間，它不會再殘留在這個世間。

——無極瑤池金母

Q18

為何人無法憶起前世的事？轉世前要喝下遺忘前世的孟婆湯嗎？

無極瑤池金母說死後的世界

靈魂的記憶不是連續性的，就如同你做夢，不可能整個晚上都在做夢。沒有一個事物、東西是連續不變的（指世間萬事萬物皆由不同的振動頻率所組成），就如同你在看一個物品，你沒辦法盯著它永遠不停[1]——你沒有辦法一直盯著它不變，你沒有辦法一直看著一個物品，沒辦法，你最終一定要閉上你的眼睛。

世界上所有的東西都是由間斷所組成的（這裡的間斷指頻率波動），靈魂是如此，靈魂的記憶也如此。

人為什麼需要做夢？透過夢，你才能夠反省此生更多的事情[2]。

當你在睡夢中，看起來似乎是在

休息，但你的內在有許多東西會在夢中出現。夢是個反覆的過程，就如同不斷將水互相倒入兩個空杯子裡，彼此不斷的混淆、不斷的混淆，在這個混淆交替的過程中，會激起更多新元素（指清醒時的思考與夢中的反思不斷交替作用）。靈魂轉世來人世間，就如水一樣，會被攪得非常混亂（指人在世俗間會經歷許多事情並產生多重複雜的心境），他最終必須經過沉澱與休息（指死亡與夢）。雜質被過濾後，就會產生一個新的狀態。

回答你的其中一個問題：「轉世前要喝下遺忘前世的孟婆湯嗎？」沒有，沒有孟婆的存在，沒有孟婆湯這樣的東西存在。遠古的人不瞭解輪迴轉世的運作法則，他們必須以具體化的事物來描述死後的世界。

你問：「若有前世，為何人無法憶起前世的事？」因為無法憶起前世的事情是轉世輪迴的一個法則。靈魂在轉世時是需要休養的，就如同人活在人世間必須入睡，而且休養過程中必須淘汰許多事物——對靈魂沒有意義的事物。這就如一個物品被淬鍊之後，有許多雜質被淘汰，而保留下來的物質是最精華的；最精華的物質一定最少，而這最少的物質又會再產生新的物質。我所說的這個現象，就是你們好奇的靈魂轉世過程。

你要知道，每一條靈魂轉世來到人世間，轉世時一定是保留最好的。那最不好的東西又是什麼？並不是習氣，而是此生後天的養成。

每一條靈魂來到人世間，世間會清洗每一條靈魂不好的雜質，在清洗過程中，或許會勾起靈魂深層的記憶、能力，但人的惰性、不好的東西在靈魂轉世的輪迴過程中會一部分、一部分地被清理。

能夠轉世成為人是非常珍貴的一件事情。因為當你轉世為人時，已經被清洗掉不好的雜質了（無極瑤池金母是在提醒我們：此身難得，切勿輕易錯過），而此生你所見、所聽、所做的每一件事情，該如何去判斷靈魂要保留哪一些，這是你們做人應該要學習與覺知的地方（呼應前文「靈魂轉世的課題是提升意識」P058）。

世間萬物都不是連續不變的。

中國老祖宗所傳下的陰陽觀早已充分解釋人逝世後的靈魂現象——

太極圖中，陽為人清醒時的狀態，陰是人死亡或睡眠時的意識削弱狀態。陽中帶陰，每個人雖然清醒地處理世俗日常事件，卻非人人都具有敏銳的覺察心能夠仔細觀察、審視自己的當下每一刻；陰中有陽，當我們意識進入夢鄉，意識也非完全沉睡地失去意識，依然保有一絲醒覺，當生理時鐘響起，我們才得以從睡神希普諾斯（Hypnos）手上回到人間。

睡覺是動物最本能的能力，休養、睡覺都是動物保持穩定的一種本能。

睡眠與死亡都在清掃靈魂雜質以回歸本質

一個人活在人世間必須學習進入另一個境界，它具有沉澱、清洗及轉化靈魂意識的神奇魔力，它處於意識清醒與混沌之間，它是一個寂靜境界，它就是打坐時的正念冥想狀態。

進入寂靜的世界

當人的意識經過縝密且嚴謹的專注練習，在冥想時會進入另一空間汲取靈性養分，並且得到充沛的養息。意識較清明者能以靜坐獲取更多靈感訊息，得以解決生命中的疑惑——這是真實不虛的。

人在清醒時用意識探索生命的一切，經過訓練的心進入夢鄉與冥想靜坐，得以窺探靈界的奧妙。榮格說過：「夢是靈魂最祕密深處隱藏的一扇小門，它所敞開朝向的宇宙無邊黑暗地帶，乃是在自我意識之前便存在許久的靈力，而且不論自我意識怎樣延伸其範圍，此靈力仍然存在。」[3]許多大企業家、藝術創作家、思想家、哲學家，到了人生頂峰後會開始靜坐冥想。**靜坐冥想看似與現實世界一點關連也沒有，但很多人都清楚地體會到，從冥想的意識中離開回到有形世界時，在思想上會獲得某一種意想不到的靈感。**我每天清晨都有打坐的定課，當能夠絲毫不帶入任何念頭進入冥想，往往可以從中獲得更多想法，有時是寫作直覺，有時是神明靈性訊息、靈修修練法及生活方向等。

釋放與清理

為什麼我們無法憶起前世的一切？世界是由無數高高低低的能量振幅所產生，不論你將它稱為分子、量子或任何名字，都不會改變這個特質——變動。當人帶著身體入睡，就是進入到身體機能短暫休養的狀態，腦袋會釋放掉一些記憶、情緒、念頭等——睡眠這項人人視為身體「常態性」機能的反應，隱藏著靈魂從靈界獲取靈思的本能。**冥想、靜心、睡眠等等，都是一種淡化自我意識轉入潛意識的重要過程**，你怎能輕忽它呢？

多年前，一位女靈修人前來請示無極瑤池金母，表示自己渴望早點離開人世間、重返眾仙佛的懷抱，她此生過得極不快樂，尤其在婚姻方面。於是我從另一個靈魂轉世的觀點點醒她：「現在你的心不快樂，往生後的世界又怎麼會是快樂的？」每一條靈魂投生人世間，都要歷經淬鍊才得以轉化。**往生之後是投生地獄或天堂，完全取決於你今生此刻對生命的定義**——你對生命、人性、自我的看法，決定了地獄與天堂在你靈魂深處的比重。當一個人無畏於生命種種挑戰，以平靜面對生命一切順逆轉折，死後必然不會墜入充斥妖魔鬼怪的恐怖境界。

不必過度擔心死後的世界。從靈魂軌跡上來看，這一趟靈魂轉世的輪迴旅程我們已經反覆進出無數次，只要跟隨心的直覺前行，搬移阻礙靈性成長的自我批評，我們便已經逐漸清掃對死後世界的恐懼。

當我們一心想讓身邊人快樂時，應該先讓自己快樂。一旦某天我們領悟到尊重每一個人的業力生長，從那一刻起，我們將會從群眾生活走入內在的獨處，不再牽掛與執念所有身心之事，那麼，衡量靈魂進入天堂與地獄的審判之秤必會傾向羽毛[4]。

靈魂轉世需要休養

每一個夜晚都無法入睡的，只有兩種人，一種是精神、靈性、身體天賦異稟的人，其餘是身體與心理已經嚴重失衡的人。

尼古拉・特斯拉（Nikola Tesla）[5]曾有一陣子寄居在友人家中，一晚，友人的妻子半夜起來望向窗外，驚見特斯拉獨自一人矗立在庭園中若有所思，起初她並未放在心上，隔了數日，半夜她起床，又看見特斯拉在庭園中慢步走動。要知道，特斯拉是百年前的人，當時並沒有完善的電力與手機，他不可能在庭園滑手機、看臉書——跟現今許多半夜不睡覺的人不同。隔日，友人妻子禁不住滿心好奇，便問特斯拉半夜在庭園做什麼？畢竟她已經兩次看見他這樣了。特斯拉一臉的不以為意：「我從來不睡覺，我在思考事情。」

這並不是唯一的例子，世界上有許多中國、印度當代的修行大師都不需要長時間的睡眠。睡覺是補充元氣與精神最直接的方式，絕對比吞下一堆保健品、藥品、補充飲品好，不過，只要將每一天所需要消耗的精氣神降到最低，確實不一定要透過長時間的睡眠來回填精氣神的能量。

我曾經參加過三次長期密集的內觀、瑜伽課程，分別是南傳佛教雨安居、內觀中心十日內觀與泰國希瓦南達瑜伽師資營[6]，也曾在家中進行多次的短時間靈修閉關修練，都經歷過不知不覺間每日飲食攝取量大幅下降，不到十點便感到睡意，凌晨三、四點就自動清醒的現象。幾年下來反覆自我觀察，只要在日常生活中減少不必要的情緒波動，例如焦慮、擔憂、恐懼、過度地追求感官享受，並且降低不必要的交談和應酬，有時不必要長期的密集課程也可以轉化身心，達到不需要太多睡眠時間也能精神飽滿的狀況。

當你在日常生活中消耗太多體力，同時煩惱過甚而削弱精氣神，又無法正常進入睡眠讓靈魂補充應有的能量，它就必須從你的身體獲得應有的補償。不僅如此，睡眠還提供我們目前全世界各大藥廠都無法製作出來的藥物——解憂神藥。

無極瑤池金母說：「靈魂轉世是需要休養的……休養過程中必須淘汰許多事物——對靈魂沒有意義的事物。這就如一個物品被淬鍊之後，有許多雜質被淘汰，而保留下來的物質是最精華的。」這段話是正確而充滿睿智的真理。一個一摸到床就立馬呼呼大睡的人，雖然不一定有精瘦的身材，但至少精神狀況是好的，心性上比較不會鑽牛角尖，對生活中諸多事情較容易知足；常常徹夜難眠和有睡眠障礙的人，身體關閉了依循太陽與月亮起落的睡眠功能，靈魂就必須從身體吸收精氣神所需的能量，正因為如此，這類人身形上通常偏瘦，氣色較無光彩，雙眼無神，食物的營養僅能提供給身體能量，卻無法供給靈魂強大的精神力。

睡眠有助於開啟直覺力與靈通力

人天生本就對空間與事物有一定的敏銳度，靈乩更是如此。走靈修與修練瑜伽後，我對身心的細微改變相當敏銳——對空間場域有一份超乎常人的感知力。很多人或許不知道，一個良好舒適的空間就像是發電機，你站在裡面，就會有源源不絕的充電感；反之，你會感覺特別莫名不安與激進。

常有一些在臺中宇色靈性美學工坊上課的學員表示，工坊的空間總讓人不禁想放慢腳步和呼吸。甚至有人分享到，他曾在其他地方上瑜伽課，由於很多課程都使用同一間教室，課程與課程難免會接得非常緊湊，常常瑜伽練到進入尾聲還來不及「大休息」，教室外就有不少學員在等待上課，導致重要的「大休息」草草結束，絲毫感受不到練習瑜伽後的放鬆愉悅，反而全身更加緊繃與痠痛。**空間的品質對身心轉化相當重要**，近年來一直有單位邀約開設瑜伽課程，至今仍未點頭答應，主因就是對空間的要求。工坊內一花一草、一桌一椅、空間佈置均經過我挑選，同時又是我私人修練無極瑤池金母靈修法的場域，對靈魂淨化的能力起了相當的作用。

我曾經在某個單位舉辦過座談會，場地工作人員恰巧是我長年的讀者。講座前，他帶著微笑、迫不及待地與我討論書中的內容。雖然他臉上堆滿笑容，我卻從中看見更多對生命的無可奈何，於是我望著他雙眼說：「沒關係，一切都過去了，你已經很努力，你沒有對不起任何人。」他當下立刻淚崩，多年從未向外人表露的心境被深深地觸擊。

當你夠敏感，便能夠感受到空間與人的氣場——不論是悲傷、愉悅、快樂、憤怒，感覺到身外之境的能量從你身上流過，前提是：**你的靈魂深處必須保有一個空間，足以感知其他事物的能量**。近年來，開啟直覺力與靈通力的方法到處流傳，卻從來不曾有人告訴你，**睡眠在喚醒感知能力上扮演了舉足輕重的角色**。一個身體精氣神貧乏的人，打坐時很難拒絕周公來訪，一個長年無法深入夢鄉的人，豈能從潛意識裡探知此生的奧妙。

珍惜睡眠和冥想的靈魂休養機會

不要將人生最終的畢業典禮當成若干年後的遙遠之事，無極瑤池金母說：「當你轉世為人時，已經被清洗掉不好的雜質了，而此生你所見、所聽、所做的每一件事情，該**如何去判斷靈魂要保留哪一些，這是你們做人應該要學習與覺知的地方**。」為什麼要特別提睡眠呢？睡眠、死亡與冥想都是相同的意義，是完全沒有分別的，當一個人每天愁眉苦臉地過活，鎮日埋怨這個人、抱怨那個人，他的夢鄉就會常常上演忿忿不平的情節，而無法上映喜悅與快樂的畫面。

不只是睡覺，以不悅、焦慮、擔憂的心識進入冥想與幽冥世界，豈能獲得寧靜？這有違宇宙運作常理，無極瑤金母說：「當你轉世為人時，已經被清洗掉不好的雜質了。」能夠帶著微笑入睡而不帶一絲絲擔憂，從夢鄉離開回到現實生活時才能過濾深刻印記在心頭上的創傷與悲痛。當你開始檢視自己每日的言行舉止，絲毫不浪費在不必要的人事物上，靜坐時你的意識會為你掃除心頭不必要的干擾，專注力將帶領靈魂進入更深層的寂靜。

睡眠是短暫的死亡，它會過濾掉每一日的憂懼與不安，清醒後，你不再被昨日種種情緒所綑綁；冥想是進入片刻的死亡寧靜，唯有如此，你才能從中獲取靈性的智慧；死亡洗滌了沾黏在靈魂上的雜質，重生時，一條嶄新的靈魂再次體驗生命。珍惜每一天的睡眠、訓練一顆冥想中保持覺知的心，你已經不再被死神黑帝斯所操弄。

註1 據科學研究，人一天大約眨眼超過一萬九千二百次以上。

註2 夢具有整理現實未盡之事的功能，透過夢，人的靈魂可以從中得到補償。

註3 引自《坎伯生活美學》，立緒出版。

註4 埃及神話中，阿努比斯手上握有審判之秤，負責靈魂進入靈界時的稱量工作，靈魂的心臟重於天秤上的羽毛者，就必須下地獄接受審判，反之心臟輕於羽毛的靈魂會進入天堂。

註5 二十世紀少有的實驗通才，在機電工程、無線電工程等方面都有專利成就。他在一百多年前所達到的科學成就，許多至今仍無人能敵。有興趣者可參閱《被消失的科學神人・特斯拉親筆自傳》。

註6 這一些故事都分別寫入「我在人間」系列當中，有興趣的朋友請自行參閱。

Q19

為什麼有一些靈魂轉世後可以憶起前世的事？是轉世過程中靈魂發生了什麼嗎？

無極瑤池金母說死後的世界

事情不會是絕對的。你覺得人的靈魂是直線向前行，還是靈魂的意識具有多方擴散的能力？

當一個人離開人世間，你覺得他在這個世間已經消失了，但是在另外一個空間裡面他會清醒。這就如睡眠一樣，你覺得一個人在你面前睡著了，他沒有活在這一個當下，事實上，他進入了夢中的另外一個空間、另外一個世界。

你要知道，人的意識不是線性的（線性指過去、現在、未來，而人的靈魂意識可以從線性轉為全空間），它不是一條線。為什麼你們會說菩薩能聞聲救苦？因為祂不是線性的，祂是在一個空間當中的全部，一種空間的全部。所有神明都是，我無法用你能理解的方式說明那是什麼狀況[1]。

你是否曾經到一個地方去，而覺得這地方很舒服？一定有，但你可以說出舒服在哪裡嗎？沒有辦法，它就是一個這樣的狀態。靈魂（意識）本身也是，它是一個狀態。所以，你好奇為什麼有的人可以記起上輩子的事、有的人能預言未來的事情，這是因為人的靈魂本來就不是線性的，它是一個空間裡面的一種狀態，是可以進入全空間裡面的。然而，必須要去思考的是，當一個靈魂意識進入到一個實體（指靈魂轉世進入肉體，或是一個人活在一個環境裡）時，他的空間感會愈來愈明確，靈魂會慢慢失去進入全空間的能力，沒有辦法再去感知到全空間狀態的能力。

你問為什麼有些人能夠記起上輩子的事情？那就是他的空間感不會太強烈。若一個人活在人世間，意識一直保持在相同的感受當中，而不是固執地認為每一件事就是我要的、這個就是我的，他不會認為世間本來就是這樣子……，他的空間感只要不要那麼強烈，先不說下輩子，在這輩子裡面他的意識層會非常高，因為他不是活在單一物體裡面，他不是用他這個小小的身體來看待這個世界，他是用一種狀態來感知這個世界，那是一種非常不一樣的意識境界。

（一個人能記起前世的事情，是他在世時的意識就不是活在單一個空間思考事情，他常會放大思考層面，思索的事情常是穿梭在不同的空間與時間，這種意識思考型的人在離開人世間後反而更容易感受到上輩子發生的事情，甚至前世特別專精的能力也得以在這輩子喚醒。因為空間不是只有當下；過去、現在與未來，意識本來就是在同一個空間裡發生。）

你覺得神明祂是現在的神明、未來的神明或過去的神明？當你看到神明的時候，你覺得為什麼祂可以知道所有的一切？為什麼有些神明可以感知一切？你要知道，靈格愈高的神明，祂愈沒有空間感（三維度）的存在，祂不會覺得祂就只是活在現在的神明，祂是在一種狀態[2]。

這就如夢境一樣，夢不能用電影來解釋，若你要我跟你說夢像什麼，我會說夢比較像是一個許許多多幻燈片重疊的狀態，這是你能夠理解的。夢中，你看到的是一張幻燈片，但背後還有好多張幻燈片（幻燈片包含了今世與累世所有的片段），夢是許多張幻燈片重疊而成；夢醒，你記起某一個夢，那只是眾多幻燈片中其中一片——並非指所有幻燈片不存在，只是你沒看見而已。為什麼有些人覺得他清醒後會很累？因為他不是只看到一張幻燈片，而是感知到許多張幻燈片，如果人的意識沒有辦法消化，清醒後他反而會更累，這就是當中的一個原因。

有些小孩可以記得前世的事，是因為現在跟過去本來就是重疊的——它是由許多張幻燈片所組成的，他看到了某一張不是現在的幻燈片，所以他會說：「喔，我記得前世的事情。」但那是真實的嗎？不見得，它可能只是某一世或他夢境裡面的一張幻燈片，所以，**去探索前世發生的事情對人的靈魂轉世並沒有意義**。若你沒有辦法活在感知裡、若你沒有辦法跳出空間去思考事情，就算知道這麼多前世的事情、就算看到這麼多張幻燈片，對你也是沒有幫助的。

一個人記起前世的事很特別嗎？一點都不特別！為什麼這樣講？因為他還是活在這一個虛幻的世界裡，他依然沒有辦法解脫啊！你必須要思考的事情是：不要留戀在幻燈片裡（輪迴前的人生），要全部跳脫，甚至連一張幻燈片都不要留。這個人他憶起前世的事情，但是有一天他一定會遺忘，因為幻燈片離你愈遠，它就愈小張、愈薄弱，你覺得幻燈片很清晰的，是離你這輩子最近的，最終，那一些幻燈片會被你今世的記憶沖洗掉，最後你便只會記起這輩子所發生的事。

小時候能夠記起前世事情的，並不只有那一些特殊的小孩，有許多人在小時候做夢時就可以夢到前世，只是他以為那是夢境，而不覺得那是前世——小孩不知道何謂前世，但知道那是一個夢境。為什麼有些人可以記起前世所發生的事情？因為意識空間本來就不是過去、現在跟未來，它是在一個狀態裡面（包含了全部），當你意識層愈不清楚、愈薄弱時——就像小孩、嬰兒——它會完完全全地重疊，把所有的事情都重疊在一個空間裡，小孩與嬰兒搞不清楚什麼是現實、過去與虛幻，他不清楚的。你覺得這樣的人會比較快樂嗎？不會，他不會快樂。

夢如虛幻，虛幻如人生，希望你們要去瞭解的是：**人生不要活得太現實，但也不要被幻境拉走**，人必須要保持一種清明狀態——當下，我在過一種生活，但我並未被現實中的一切綁住，我只是在過一種生活而已。面對情愛時，更要如此。有些靈魂為何會不斷輪迴？其實並不是執取於物質事物，而是情愛，情愛才是讓一條靈魂沒有辦法跳脫輪迴真正的因素。

人可以沒有愛嗎？若一個人沒有愛，他就不會再來到人世間輪迴。是愛，讓一條靈魂不斷地來到人世間。我並非要你不要去愛一個人，我現在講的是，一個真正愛別人的、一個真正有大愛的、一個意識層存有感知的人的愛，是不會感覺到苦的[3]，你看他是在愛世間的人，事實上並不是如此，他心中已經跳脫世俗的愛，他就只是在一個狀態裡做一件事情。

若一個人太執著愛，為了愛而去做一件事，其他什麼事都做不了，會非常的苦，愛其實是非常非常痛苦的。我要告訴你的是，**想要跳脫輪迴框**

架，不要只是成為悲天憫人的人，悲天憫人是人的意識層，神明本身不會是悲天憫人的，因為悲天憫人的神明無法進入到另一個層次。

要把你的意識層打開，不要僅活在一個空間裡面。

轉世為人，意識不要僅僅活在一個空間裡面。

在閱讀這一段靈性訊息時，也許你會與我有相同的感覺，整個意識隨著無極瑤池金母的靈性訊息流動。無極瑤池金母靈性訊息裡面沒有太多艱澀難懂的字眼，每一個字都是你認同、每一個形容詞你都能夠理解，將它串連在一起會輕輕敲開你的心房。

記起前世又如何？

在請示無極瑤池金母為何有人能記起前世時，我腦海裡浮現東西方許多能夠憶起前世的人，例如美國男孩克里斯蒂安・霍特（Christian Haupt）自稱是已逝「洋基鐵馬」的盧・賈里格（Lou Gehrig，一九〇三年～一九四一年）所轉世，又如美國路易斯安那州一對夫婦的獨生子詹姆斯・萊寧傑（James Leininger），是二戰殉職的美軍飛行員所投胎轉世……

只要你在網路上搜尋「前世今生」這個詞，就會有許許多多經過嚴格科學印證、有相當高機率記起前世的真人真事。有趣的是，這些人絕大部分不是神職人員，更沒有深入研究宗教與靈修。我個人的看法是，意識要從單一面向轉化成全方面，並不一定要經過宗教洗禮，透過音樂、藝術、建築、設計等等去體悟，也能轉動單一生活的意識層。

在不斷修持元神之下，仙佛菩薩會在因緣成熟時為我們打開前世記憶盒，走靈修多年、已經憶起無數世的我，將前世視為自己修行心性的考驗。無極瑤池金母教我這樣處理前世的課題——

一年，無極老母娘[4]祝壽懺儀當日清晨，我做了一個異常清晰的夢。

在夢境中，我與某位友人來到一處清幽的山林，眼前乍現一間破舊、低矮、陰暗的屋舍，不知為何，我與友人竟不感到恐懼地彎身走進去。屋內一扇窗都沒有，昏暗中逐漸現出一位俊雅且眉清目秀的密宗喇嘛上師，旁邊站立著一位與他年紀相仿的年輕在家男弟子。一見到我，弟子便開口問道：「你認得前面這位上師嗎？」

他話剛落下，我就忍不住哭了出來。我不斷向上師叩頭，除了表示認得，還說明與上師的深厚宿世因緣。隨後，那名弟子不知從何處掏出兩枚古銀幣：「哪一枚銀幣的圖像隱藏著你與上師的前世因緣？」我毫不猶豫地指了指左邊的那一枚說：「這裡面載明了我與上師的前世因緣。」他笑笑道：「是，你確實與上師有著這麼一段修法因緣。」

那名弟子語畢，上師伸手觸摸我的頭，有意將我累世的修法能力與財富歸還予我。不知為何，我內心竟然毫無喜悅，邊哭邊搖頭，對此百般不願意，我拚命拒絕，向上師與那名弟子表示自己需要再想想。

那名弟子進一步追問：「為何不願意？你認得上師與你的因緣，便應該承繼你與上師的因緣，為何拒絕？要知道，有無數人想要上世能力與財富的傳承，以及上世曾經擁有過的身分地位。此時你拒絕了，日後就不會再有機會。」

我沒有回應他的問話，我內心相當了解什麼才是自己真正想要的。

此時，夢境裡的畫面再度翻轉，我身著華麗僧袍坐在約四層樓高的加冕寶座上，眼下萬頭攢動，黑鴉鴉一片，上萬人對我不停地朝拜與獻禮。我對眼前的一切視若無睹，只頻頻望向坐在我身旁的上師——雖然無法接受這樣強迫式的安排，但我無力抵抗。

夢醒後，我內心依然感到撕裂般的疼痛。在夢裡，我完全感受不到宗教裡財富、權力帶來的喜悅與榮耀，反而是永無止境的霸凌與恐嚇。

我相信，世上有許多人會礙於各種因素不得不向宗教低頭。我向無極瑤池金母請示夢境的涵義，祂慈示說：**「修行不必羨慕他人，一切因緣已註定，腳踏實地才是真，前世如夢已過去。」**我接著問：「既已顯示前世因緣，需要去接續密宗脈緣嗎？」無極瑤池金母一語點出我在夢中的心聲：**「既然生身臺灣，又何必回頭？轉世在臺灣，一切因緣就在臺灣。往後幾年，必會再遇見宗教助你修持的有緣師。」**在夢中，我不想承繼上世的財富、通靈力、宗教地位與身分，我了了分明地聽見內心的聲音，絲毫不想要離開這一塊孕育我靈修法的臺灣、親人、朋友，也不想平白無故接收非當下努力而來的禮物，我想要靠自己的努力獲得應有的一切。在這一場前世夢境中，我清楚照見自己內心的聲音，也仿佛經歷了無極瑤池金母與眾神祇的靈性考驗。

此前世之夢是真或假？不如先反問自己：探究前世有多少的依據？意義何在？誠如無極瑤池金母破解前世今生的慈示：**「夢如虛幻，虛幻如人生，希望你們要去瞭解的是：人生不要活得太現實，但也不要被幻境拉走，人必須要保持一種清明的狀態——當下，我在過一種生活，但我並未被現實中的一切綁住，我只是在過一種生活而已。」**

人生不要固執，太過於執著某一種生命向度，只會讓自己不斷地重蹈覆轍相同的生命故事，固執的人就是在靈魂上深深刻上一道印記，人永遠就順著這一道印記不斷輪迴轉世。要擁有這樣的體悟，並不一定要進入某一個宗教領域接受它們的洗禮——太過浸濡在宗教的人，也是一種偏執。人，不一定要將生活與宗教緊緊綁在一起，但可以從宗教裡擷取合宜的智慧，從生活中去實踐它。

「你覺得人的靈魂是直線向前行，還是靈魂的意識具有多方擴散的能力？」無極瑤池金母這個提問很有趣，人的意識可以三百六十度思考，可以穿越過去與未來，具有如此多元思維的人較不容易感覺生命是苦的，因為他會以不同的思維與角度來看待生活的挑戰。

在無極瑤池金母所開示的內容中，有一段話千萬不要輕易讓它流過——**「當一個人離開人世間，你覺得他在這個世間已經消失了，但是在另外一個空間裡面他會清醒。」**

若有興趣，大家不妨去參閱一下《我在人間的靈界事件簿》，裡面清楚記載著我的元神出竅後所看見的靈界模式，和無極瑤池金母靈性訊息所言一樣——在這世間消失的意識，必會從另一世間清醒。

人生真的就只是一場夢。孰是實？孰是虛？太過當真與執著的人，就在輪迴遊戲中不停地打滾。因此，無極瑤池金母才提醒我們：**「人生不要活得太現實。」人之所以會苦，是因為他只能用一種態度來處理生活**，就像有些人他非常在意錢，為了錢可以與親戚、朋友翻臉或與人結怨，這就是以一種態度來面對生活。我並不是說錢不重要，而是我們是否可以用不同的面向來處理錢與自己的關係？

再舉一個例子說明，有些人非常在意「我的」，例如我養的小孩、我的狗，只要有任何人侵犯、干擾了「我的」，整個人就會像刺蝟般的把得罪他的人刺得遍體鱗傷。一位朋友曾告訴我一個真人真事。一回，他在打高爾夫球時目睹一位女士很不客氣地對球僮說：「你知道那球具有多貴嗎？弄壞了你也賠不起。」在另一次的聚會中，他一位友人的兒子在美國讀到很高的學歷，學成後告訴父親說想去做餐車，他朋友現場就說：「白養了！」

以上的思維與生命態度並沒有對錯，前一位女士以物質、名貴當成她生命的全部，後者望子成龍、望女成鳳。把場面拉回到我們自身，要去思考的是：面對一樣的問題，換成自己，會如何處理呢？當一件不順心的事情發生時，我們能夠跳脫原有的思考角度與處事方式嗎？這值得你現在就好好思考。

具有彈性的靈魂

雖然人的意識並非僵固而一成不變的，而是可以靈活地穿越時空思考，不過，並不是每一個人都有這樣的能力。許多人在遇到事情的時候很難換位思考，他沒有辦法離開當下的角色、身分、位置，而是一直用相同的思維模式來處理一件事情，這樣的人活在世間會非常辛苦——**缺少彈性的靈魂很難應付生命的種種挑戰**。

有一次，早上十點在臺中教室有一個課程。七點左右，我便開始進行每日練瑜伽的例行定課，練不到幾分鐘，家中年老的狗狗起床了，需要有人將牠抱去廁所尿尿。離開廁所之後，想到有一堆衣服堆了一週沒有洗，便將衣服丟入洗衣機，然後再回到廁所將狗狗抱到客廳讓牠自己行動。然後，我開始施行每週會做幾回的鹽水灌腸，結束後衣服也洗好了，曬完衣服，就到了該出門的時間。

出發後快抵達教室前，剛好遇上紅燈，看見左前方地上仰躺著一隻死去的松鼠，我擔心牠會被車子輾成肉餅，見紅燈的倒數還剩二十五秒左右，便不疾不徐地下車，將松鼠搬到一旁的樹叢並用乾草將牠蓋上。再騎上機車時，紅燈還剩五秒。

這天早上，所有發生的事情都不在我原訂的計畫中，當你的意識寬廣無限，便足以應付每一天突如其來的無常。**一世是輪迴，一天也是輪迴**。無極瑤池金母靈性訊息在談到輪迴的意義時說：**「當你投入齒輪中，就必須依循它的轉動。」**當你選擇投胎，就得接受世間所有的運作，其實，當你睜開眼迎接一天的開始時，就必須接受每一件事、每一個人的生命轉動，你不是唯一獨立運作的，只有自私的人才會一直活在唯我獨尊的思維中。每一天，我們都只能選擇在事情來時要以何種態度來處理和面對——人生就是如此，當一個人的意識是進入全感知層面，便不受時間與空間的侷限，他絕對不會僅用一種方式來處理事情。而當一個人的靈魂可以悠遊在時間與空間當中，他的生命是具有彈性的。

如何讓生命有彈性？

在接收這段靈性訊息的同時，我內心升起另一個疑問：「我們該如何做，才能讓思維不用單一方式在思考呢？」無極瑤池金母當下給我的感知是：「**把世界走大，不要一成不變，不要用一成不變的方式過生活。**」關於把世界走大與跳脫輪迴轉世的關係，在〈輪迴是靈魂轉世，或承載記憶的阿賴耶識投入到新肉體再產生新靈魂？若是記憶轉世，是否也會捲入非靈魂原有的記憶一併輪迴？〉P239 將有更詳細說明。

其實，讓意識賦予靈活彈性並不難，端看我們是否願意去做。舉個例子來說明，你是否曾經買或借了一本書，卻遲遲沒能將它仔細讀完？那就趁一個人閒暇無事的午後找間咖啡廳坐下，將它讀完。你曾經想要去感受某一國家的風情嗎？那就不要去想機票、住宿和錢的事情，立刻上網去買一張半年後的來回機票，等機票到手不得不出國時，你被生活磨到只剩

單一思考路線的意識就會開始鬆動。你是否曾經獨自一人去看場舞臺劇或音樂劇？找一個不被電話、簡訊、LINE打擾的晚上聆聽一場演奏會——去做一件平常根本連想都沒想過、卻必須一個人完成的事情吧！**獨處的時候，你才能夠與靈魂有更深入的對話空間。**

每天都要問自己一句話：「我是在過生命，還是在過生活？」這是完全不同的兩種思維，前者是享受生活，是盡情地探索、開發生命一切的可能性，後者只是虛度生命，看似生活在非常忙碌中，其實只是一而再再而三地過著一成不變的生活。

私愛能夠裝載的有限，所以會苦

「是愛，讓一條靈魂一直不斷地來到人世間……一個真正有大愛的、一個意識層存有感知的人的愛，是不會感覺到苦的，你看他是在愛世間的人，事實上並不是如此，他心中已經跳脫世俗的愛，他就只是在一個狀態裡做一件事情。」猜看看在這段靈性訊息中我想到了誰？是德蘭修女（Mother Teresa，又譯德蕾莎修女）。我對這位被已故教宗若望保祿二世（John Paul II）宣布為真福、二〇一六年被天主教教宗方濟各封為「貧民聖人」的德蘭修女非常好奇：為什麼她可以對許多殘病、犯大罪的人施予相同的愛？為什麼她能夠毫無嫌惡地擁抱滿身滲出膿血的人？她背後的力量是什麼？是愛嗎？

以上這段靈性訊息已有一部分回答了我這些疑問。那麼，情愛是如何造成再次輪迴的力量？德蘭修女的愛又該如何解釋？無極瑤池金母如此回覆：「她已經進入感知中，而不是停留在人世間的愛。愛是痛苦的，當你所愛的人離開後，你必須承受苦的到來，人的意識層次是沒有辦法反覆承受愛與苦，那是人承受不了的。**唯有進入感知，心中才能有更多無限的空間放入每一個人。**」

是不是很美？私愛能夠裝載的仍然有限，背後有太多的苦在其中，你愛小孩、父母、另一半、寵物……，你可以愛所有身邊的人，當他們從你生命中離去時，愛會轉變成苦，愛**包含了苦痛，失去了愛就必須迎接痛苦。**無極瑤池金母「**情愛才是讓一條靈魂沒有辦法跳脫輪迴真正的因素**」這段靈性訊息，潛藏著太多值得我們深思的道理。

註1 靈性訊息在這裡停留了許久，無極瑤池金母嘗試以我能夠理解的方式來解釋何謂「空間的全部」。

註2 這一段很難用文字來表達，你或許可以解釋成「存有狀況」。

註3 聆聽到這一段靈性訊息時，德蘭修女的景象閃過我的腦海。

註4 又稱無極天母、無極聖祖、玄玄上人，掌管今生靈修人元神甦醒重要地位，是許多靈修人必拜的無極神祇。關於祂與我之間的靈修故事請參閱《我在人間》系列的之前著作。

Q20

這一世死亡後，靈魂會馬上進入下一世嗎？

無極瑤池金母說死後的世界

不會，並不是每一個人在死亡之後都會進入輪迴，要看那個人的心是不是很急著再投入輪迴當中。

你說每個人死後是不是會馬上進入到下一世？

若有一個人他逝世時內心充滿遺憾與急迫性，覺得此生尚未活夠、不甘願這一生就只是這樣，若這樣一顆逝世前的心非常急，這念頭會促使他必須再來輪迴，投生到下一世的速度就會非常快；若有人他意識到我不再屬於這一個大齒輪的一份子，或許就不會再繼續進入到這一個輪迴中。

輪迴是什麼？若你認為你是所有齒輪當中的一份子，是所有齒輪當中的一個小齒輪，輪迴就會像是一個大磁鐵，而你將被它吸進來。然後，你就必須跟隨眾多齒輪繼續轉動。

促使你進入輪迴的力量是什麼？

是你覺得「必須要」。因為你覺得這個世界需要你，你必須再來這個世界，靈魂就必須繼續在這個充滿大大小小無數個齒輪的法則裡。但是，

沒有任何一個人被這個世間「必須要」，沒有，這世間沒有必須要任何一個人，是你自己認為自己被需要。

此外，並非每個人都認為自己被這個世界所需要，若他仍在世時已經了了分明看見這個運作底下的規則。當齒輪轉動時，他的心是平靜地觀看它轉動。那麼，若有一天他選擇離開人世間，他就不會再回來了。為什麼會如此？因為他在活著的時候，就已經意識到我不是這個齒輪底下的一份子了，所以這一條靈魂就不會再回來。

世間在運作時會產生許多吸引人之處，讓你捨不得離開。所有的人創造了這個世界上許多美好的事情，許多人在這個無數個宇宙運作法則之下體驗到許多事情。在這世間，你會非常享受與喜歡你內心想要看見的事物，它最後會變成對世界的沾黏，因而使你繼續回到這個人世間。

若心已經真正對世間了脫，你可以不要再來輪迴。因為你已經知道並

且看透每件事情背後運作的法則，世界萬物只是在規律運作之下生存著。若人還看不見它的規律，它便會再回來。若有人在很小的時候就體悟到生命的不可掌握性，就算他在日後婚姻、事業、家庭上都選擇了跟大家一樣的路走，他也不一定會再進入輪迴——因為他只是表面在做大家要做的事情，但他的心態不同了。

你必須瞭解：輪迴是一種法則，它是由無數個物體構成之下運作的法則，生存在世間的所有物種必須一直轉動，沒有例外，沒有任何人有辦法抵擋萬物的轉動。就算你沒有選擇婚姻，你仍然必須去承受其他生命的轉動。所以，不管你有沒有選擇婚姻，你還是可以用一種生命的體驗覺醒、看透、領悟生命當中無數個齒輪運作之下的法則。

不再輪迴，是因為他已經看透世間的運作規則，所以他不會再回來。看透是「夠了」、「這樣子可以了」，只要內心有一絲絲的喜歡、想要，他就會繼續回到這一個人世間，讓這個世間滿足他內心的想要，直到他真的看透這世間的規律。若他的心已經停止，活著的時候臣服世間一切的運作法則，在臨終那一刻，他的輪迴也就在那一刻停止，不再轉動。

你會在此岸停留多久，完全要看你的靈魂意識覺醒程度。

若你現在永遠有操煩不完的事：小孩沒有你在旁邊盯，成績會一落千丈；公司少了你工作進度會嚴重出問題；每天死命督促老公、小孩每一件事，生怕有一天家被他們毀掉，擔心家庭、公司沒有你會塌下來……，這一連串的擔心就是無極瑤池金母所說的「是你自己認為自己被需要」，當你整日心繫他人身上而陷入無止境的不安，下一世的輪迴大門就永遠為你打開。我並非要你當一個不負責任的人，這絕對不是無極瑤池金母開示的涵義。

試著再回頭看看前面無極瑤池金母所說的話：「在每一次輪迴中，靈魂會去尊重與學習每一個物種在循環時運作的法則，而不是去破壞其他物種、大自然與宇宙的和諧法則……不過，有一種人，他並不清楚，他並不尊重大自然與宇宙，他企圖運用各種方式去改變世間所有的一切，包含去奪取不屬於他此生循環所需要的元素——他是在破壞其他的物種、大自然、宇宙以及他本身循環的運作法則。在這件事情發生的當下，他跟被他破壞的對象的沾黏性更大了，他跟這個世界關係更為緊密。他會繼續掉入這個運作循環當中，一直重複，一直重複，一直重複，他必須不斷的輪迴——除非他醒覺了，意識到靈魂投入這一個有限壽命的極限，此時他會遵循本身與宇宙的法則，不再干擾、奪取本身生長必要的養分。」P080

破壞並非單單指對土地、大自然、動物的毀壞，也指對他人生命的干擾與過度影響，更包含對自己生命的態度。若你否定自己與他人的生命自由，便是破壞了生命原有的樣貌，這便是干擾；若對於某一個人、一件事、一個物品，你開始學會尊重與肯定，你在世間的存在就更有彈性，靈魂與世間的沾黏便會愈少，而輪迴對你的靈魂來說，將會是一個經歷，而非永待之地——輪迴的存在就是如此的奧妙！

韓國有一部電影《春夏秋冬又一春》，是以北傳佛教的寺廟為背景。老僧與小沙彌同在一間平日無人前來朝拜的寺廟中。

。**春天救贖**——小沙彌調皮地虐待小動物，將石頭綁到小魚、小蛇身上，老僧在一旁觀察到小沙彌的作為，依樣畫葫蘆懲罰他，讓他在背上綁上石頭去埋葬小動物。一日，小沙彌用石頭丟擲小動物，老僧便趁小沙彌不注意，偷偷躲在遠處將石頭丟向他。老僧帶領小沙彌認識：生命沒有太多長篇大論，要以同理心對待生命的一切，包含其他物種。

。**夏天情欲**——小沙彌長大成僧人，寺院裡來了一位養病且年紀相仿的少女，前世的宿業發芽，僧人動搖凡心，趁老僧不注意，與少女發生關係。老僧對此淡然於心，沒有多語，悄悄將少女送走，僧人追隨她離開孤寺。

。**秋天退省**——某日，警察來盤查一名年輕的殺妻通緝犯，正是多年前出走的僧人。多年在世俗打滾的他，悄然褪去了青澀，因嫉妒而錯殺妻子，此妻便是多年前來到寺中養病的少女，他躲回到孤寺，老僧知曉後，沒有多做苛責，依據此緣點化他。

待警察離去，老僧夜晚命他在寺廟中篆刻佛經，淨化多年的暴戾之氣。天亮後，警察再次前來盤查，僧人不做反抗地隨警察離去。

。**冬天釋然**——出獄後，僧人已是中年，歲月在他身上刻劃了一道道的傷痕。他回到寺中時，老僧已圓寂多年，他隨著老僧的教導在寺廟度過餘年。一晚大雪紛飛，一名女子將嬰兒遺棄在寺前，他收養了棄嬰，繼續過著一如往常的生活，似乎也淡然接受命運的安排。春夏秋冬依照它應有的軌道運作，棄嬰長大成了小沙彌，他也成為老僧。小沙彌就像他小時候那樣對小動物做出頑皮的舉動，經歷人生情愛糾纏、已看破世俗的他，內心波平如鏡，他依循老僧「同理心」的方法教育著小沙彌。

這部電影用了一小時多的時間闡述了全世界所有人的一生，觀看當下有一種感傷：人生有太多事情無法逃避，看似精彩中帶著混亂，但其實我們終其一生都只是在一個小小的框框裡忙碌。我們以為自己跑得夠遠，但就如同孫悟空翻了幾圈筋斛雲想擺脫如來佛的掌心那樣，最後哪也沒有去。《春夏秋冬又一春》裡的小沙彌一心想跳脫他與佛寺的因緣，但從頭繞了一大圈，歷經了情感、工作、人情的種種考驗後，還是回到寺廟遵循著老僧人的路。這幾年走靈修，我對於人有一股說不上來的敏銳度，看著一個人的臉、聽一個人說話，就能感知到束縛他此生的業力有多重。

我很喜歡這部透出佛法輪迴光芒的故事，每條靈魂都編碼著專屬自己的輪迴故事，如同故事裡少有人參拜的古寺，一個密閉不對外的私我空間，在這空間裡孕育有無數的物種、情欲、心緒與生命課題。修行的目的，便是清醒地深入私我領域，在內在私密空間領悟生命的意義。如同小沙彌經歷了一切後回到寺廟去參悟世間運作法則與生命意義，**輪迴的奧妙在於你既身在輪迴中卻仍可靜觀它**：在輪迴大轉輪中，你必然承受它無常變化、愛恨糾纏、貪愛執取，這是輪迴無聲的教誨，**在輪迴運轉之下，你無時無刻在接受它的教導**。

古人說人生如夢一場，輪迴亦是一場夢，是你生命意識的顯現，但你隨時可以選擇退省回到心中，這就是古印度哲學——「將心放在身外是輪迴，回歸內心是捨離。」**不要急著離開世間，也不要停留在輪迴遊戲中太久，就讓生命隨它應有的軌跡前行**。我愈來愈能體會佛陀說的一句話：「每一個人都是未來佛，每一個人都具有神性。」生命教導我們細細品味人生的酸甜苦辣，經歷一次又一次的輪迴，方能綻放神性，淬鍊靈魂而證悟成未來佛。

往生後的幽冥世界就是你此時此刻的意識世界

人往生後會馬上投胎嗎？

不同的宗教對此有不同的看法，而無極瑤池金母是如此回答的：「不會，並不是每一個人在死亡之後都會進入輪迴，**要看那個人的心是不是很急著再投入輪迴當中**。」這段話可能會讓你誤解：是否我內心不想再投胎轉世，逝世後便不會進入下一場輪迴遊戲當中？原來，我是可以自己決定要不要投胎的？如果不再投胎轉世，那靈魂又會到哪裡去？不要著急，請繼續看下去，你會有不同的看法。

一位個案前來請示無極瑤池金母，他的父親在不久前離世，死前沒有留下隻字片語，想知道毫無預警之下逝世的父親此刻魂歸何處？無極瑤池金母道：「你爸爸有一個先天特質——安逸，他習慣待在同一個空間（環境）後，便不會想要有絲毫變動，連一點點的念頭都沒有。輪迴的轉動力量不能去改變一個人的心，除非你願意。然而，你父親並不是沒有覺知，只是不知也不曾動過改變生命的念頭。由於這一份與生俱來安逸的心（意識），離世後，意識會帶領他進入相同的安逸、不變的空間，以一種比較簡單的話來譬喻，就是休息，他沒有繼續輪迴，而是暫停輪迴。他出生在哪裡，在那安逸地度過一生，他往生後到另一空間，他依然安穩在那裡，什麼地方也沒有去，就是這樣繼續待著，待在他往生那一刻的意識空間中。」

何時再輪迴？有些事情連神明也說不準，畢竟宇宙法則之奧妙遠大於神、人的世界。

個案的父親一生中從未主動拿錢購買任何一樣物品，所有開銷均由他母親負責；他父親生前沒有朋友，每天談話的對象就是家人；他自知天生沒有其他人的才華睿智，在工作上盡責地上班、下班，從未遲到也從未早退過，做的事比別人多也不抱怨；家族中有任何與情感、金錢相關的糾紛事件，他從未正面去處理與面對，他年輕時最常說的話就是：「事情就這樣了，我又能怎辦？」他並非一名扛不起責任的父親，他很負責地照顧好家中的所有成員，他比任何人都愛孩子，唯一的缺點是安逸，對於每一次家庭環境的改變都是接受而無怨言。因此，無極瑤池金母才會說：「他並不是沒有覺知，只是不知也不曾動過改變生命的念頭。**由於這一份安逸的心，離世後，意識會帶領他進入相同的安逸、不變的空間。**」這位父親的往生是特別、優雅的，沒有病痛與外傷，在往生那一刻也未有一絲難過、悲傷、開心與愉悅，就如他生前靜靜過完每一天那樣安靜般地離開人世。

請記住，往生的世界全由你的意識來決定，**你現在以何種態度來面對生命，這一份心已經在建構死後的世界。**我在聆聽這一段無極瑤池金母的訊息時，深深領悟到一個道理，輪迴的大門永遠是為一群心急、浮躁、激進的人而開的，反過來說，當一個人學會以樂活、慢步調過著每一天，不事事與人力爭到底，也從未想要占他人的便宜，往生後就算無法進入涅槃的極樂世界（假設真有那個世界），**他的意識早已在另一個世界創造出淨化靈魂的空間，讓他得以用更高層次的意識投生在下一世。**

若對這一個觀念不是很清楚，請回到章節〈為何我們無法憶起前世的事情？轉世前要喝下遺忘前世的孟婆湯嗎？〉P150 再細細想一想無極瑤池金母的靈訊。

情感豐富也是令你再度來到人世間的力量

一位朋友詢問無極瑤池金母，她是否離世後不再來人世間輪迴，並得到肯定的答案。

她不解地問道：「為何我能夠下一世不再輪迴？」

無極瑤池金母回答：「這是註定好的結果。有一些人會再來輪迴，是在前一世就決定好的（決定不是選擇，是態度 P095~096 ，之後也會再提及此概念 P280 ），有一些人是來經歷人世間的一切，你就是如此，你只是問我一個已經註定好的問題。」

她又繼續問她的母親是否也同樣如此，無極瑤池金母語重心長表示：「難，她尚需多世的輪迴。」

為何會如此？無極瑤池金母道：「她心頭有太多未了之事，金錢、子女以及她在世父母，有太多擔憂與不捨，擔憂與不捨是對世間的牽掛，牽掛就會讓她繼續回到人世間，輪迴會讓每一個人圓滿心中的未了之事。她還必須經歷多世的輪迴，才能看透世間本就是一場經歷，不要太當真。」

我這位朋友的母親是一位非常傳統的家長，老是擔心下個月的錢從哪裡來、煩惱尚未婚嫁的小孩老了會沒人照顧；她不只三不五時就關心小孩何時要結婚，在小孩的教養這方面，也有根深柢固的觀念深深綑綁住她，她還認為父母必須為每一個小孩留一棟房子。這樣的傳統觀念無關乎對錯，不過，誠如無極瑤池金母所說的：「擔憂不僅是再次輪迴世間的動力，也是與子女連結最深的業力。」你知道嗎？臺灣許多的傳統思想中便隱藏著再次轉世輪迴的詛咒。這一些密語深深影響著你我，而你每一天都會聽到。這樣的詛咒大約可分為兩類：第一類是集體共業，第二類是自我的業力。

集體的共業最常出現的咒語是——

- 不孝有三，無後為大——導致女人承受生不出小孩的錯。
- 死後沒有人拜會變成孤魂野鬼——一定要生男生才行的壓力。
- 生男丁才會旺夫家——這可害慘了不少女性朋友。
- 女人不結婚，死後不能入宗祠——婚姻再不好，也不能離婚。
- 望子成龍，望女成鳳——苦了小孩，從小承受莫大的壓力。
- 一定要為祖宗光耀門楣——祖先或許並不想讓後代這麼累。
- 沒看到小孩結婚生子，死也不願閉眼——頂客和不婚族必須揹負更大的家庭責任。
- 照顧小孩是我一輩子的責任——孩子或許並不想父母如此辛苦。

另一種自我業力的詛咒，也很常在你我的生活中聽到——

- 我就是這樣的人，怎樣？——不願意面對生命無常的課題。
- 只要看不順眼就要說出來——批判只是讓心離苦更近。
- 不要叫我去做我不喜歡的事——過於中心思想，很難看見世界的美。
- 連我父母都捨不得罵我了——一輩子活在家庭保護的舒適圈。

・就是見不得別人好——同樣也看不見自己的好。
・一切都是我的錯、都是我不好——無法承擔更大的責任。
・別人過得好是他命好——看不見別人的努力與辛苦。

詛咒的束縛是什麼？誰束縛了你的靈魂？為什麼你會不自覺的從自己的嘴巴溜出這些詛咒？一旦能夠有意識地洞察這些束縛性詛咒，你會中止煩惱的慣性行為與口業，因為我們太習慣讓「本來就是如此的」傳統觀念綁住了我們，我們將這一切視為常態。

第一類詛咒是無極瑤池金母所說的**「因為你覺得這個世界需要你，你必須再來這個世界」**；在家庭中自攬過多責任，也是自認為被世界需要的業力。第二類詛咒則是無極瑤池金母所言的**「覺得此生尚未活夠、不甘願這一生就只這樣」**。

自我詛咒的業力束縛（不管第一類或第二類）均是從父母的心性、處事態度與家庭傳統觀念延續而來並「發揚光大」的，但你可以現在就放掉它們——只要你願意。願意放下，即**「當齒輪轉動時，他的心是平靜地觀看它轉動」**。**放下，不是棄而不顧**，放下具有相當的退省力量，會帶領你跳脫原有的生活慣性，此時你才會進入到無極瑤池金母所言的**「意識到我不是這個齒輪底下的一份子了，所以這一條靈魂就不會再回來」**。

尋求對生命的解脫是靈魂的本性，你根本不需要外求，你的心本就是自由的，只是經歷一次又一次沒有醒悟的輪迴而讓自己束縛了。這一些老一輩一代傳一代的傳統觀念就像標籤一樣貼在你我的靈魂上，左右著我們再次輪迴。我並不是指些觀念錯誤，只是隨著時代的演變、世界的平行化，是否該重新審視這些傳統觀念呢？

生命要很認真，但不要太當真

輪迴的神聖，來自其具有轉化靈魂的力量。把輪迴想像成一個大型遊樂場，是助你捨離世間的好方法。在這個遊樂場中，每個人都可以盡情享受每一種設施、在過程中結識不同領域的朋友。遊樂場與輪迴的相似處，在於你離開時不能帶走任何一件物品——唯一能帶離開的，是深深刻劃在你心中的記憶。只不過，遊樂場在你記憶中留下的大都是美好的，而輪迴留給你的則交織著喜悅、悲哀。離開龐大的輪迴遊樂園需要時間，想要縮短時間跳脫輪迴，需要一顆看透世間把戲的心，正如——「看山是山，看山不是山，看山還是山。」靈修是我修練靈性的私密場域，靈修教會我如何在夢境裡轉化現實生活與心境。

有一陣子，大旯犽（音為ㄌㄚˊ ㄧㄚˊ）常常出現在夢境中（牠是我此生最害怕的節肢動物之一），幾度夢見牠跳到我身上而從床上驚醒。自我剖析夢境後，應是那一陣子有太多煩心之事困擾著我。一次，再度夢見我身處佈滿如手掌般大的旯犽的房間裡，眼前密密麻麻的旯犽們令我驚恐到全身不敢亂動。我還來不及思考，一隻大旯犽活生生地彈跳到我身上，我的身體嚇到從夢境中彈跳了起來。

我坐在床上，一直苦思不解大旯犽為何屢屢出現在夢境。於是我躺了回去，轉化元神意識進入夢境，去尋找那一隻大旯犽的蹤跡，在那意識狀態有一感知與我對話：「夢與醒皆非真，世間存於心中的那一份感知，冥界非真、醒來的世界也非真。」我反問大旯犽，為何你常常出現在我的夢境中？「恐懼，躲藏的恐懼浮現。」每個人在現實生活都有難以突破的人、事、物，當心從混沌轉為清明，躲在心隙縫裡的暗面物便會爬出，我又該如何去處理你？「對世間所有看不順的事情、恐懼的事，與引發你心頭煩躁的事情，知道、聽見、看見就好，對人世間一切的榮辱皆視為外物，切勿放在心上。」

與大旯犽的這段對話，教導了我：人生要輕輕過，每一件事情輕輕地滑過心頭，不著痕跡。那天在夢中與大旯犽對話之後，我對許多事情皆視為平常，過了就好，人生過得去就好，我珍惜每一天的獨處時光，自此之後我再也不曾夢見大旯犽了。

想跳脫輪迴，你必須先將生命視為一場遊戲，**要很認真地去過每一天，但千萬不要把人生太過當真**。這幾年為近千位人通靈問事，也舉辦過無數場仙佛聖誕懺儀、法會，有許許多多人來到宇色靈性美學工坊，是為了希望更有錢、生活過得更好，但也有極少數人是為了能夠領悟解脫之道。世間本就依照它應有的軌跡運轉著，每一件事都只存在於當下那一刻，你當真了，就永遠停留在自己的世界。輕鬆等待世間事，你的靈魂就會很輕，輕到離世那一刻後不再回來人世間。你喜歡做什麼？你的重心在哪裡？你每一日將心思放在哪裡？它就是你未來再來人世間的藍圖與天賦。

利用私我空間好好退省

要從生活脫離角色並沒有想像中簡單，尤其是身處在入戲太深的人群當中，更是難上加難。如同與一群關在孤島多年失去求生意志的人相處，你整日高喊要想辦法離開這座無人島，但身邊所有人都告訴你不要做白日夢，再熱忱的心也會被澆滅。要從輪迴幻境中喚醒意識並不容易，每日晚上的夢卻是最容易著手的場域，葛雷格里・白特森（Gregory Bateson）說道：「以理性為目的，而未能輔以藝術、宗教、夢境等現象，必定是病態的，是生命的破壞。」[1]「真正走入靈性修練的人必定會經歷夢的考驗；走入靈修或轉化靈性的契機出現時，一些不可思議的魔幻故事便會不斷出現在夢境。

在夢中，我們會位移不同的角色立場，從第一人稱變第二人稱，再轉第三人稱——透過實修，意識在夢境不斷位移角色與思考位置，主要目的是鬆動人的本位思考，**意識能以不同立場看待事情，才能進入宇宙的圓滿與一體性**。輪迴透過一世一世不同的角色處理相同的事情：生活中必定有突破不了的關卡，而導致靈性無法成長的關卡，就是我們再次輪迴的原因。生活裡造成心境起伏甚大的事物，在夢中會實相化出各式各樣的物種。解除現實中難以突破的關卡很難，但處理聚焦在夢中的某一物種卻簡單多了。現實中，你必須耗費相當多精力一一突破，這不是一般未經心的修練者所能達到，而在夢中，你只要保持覺知，便能夠一網打盡——不要小看夢。

能保持一顆意識覺醒的心入夢，就是冥想。

若你的生命不那麼有趣，不愉快的經驗占滿你靈魂大部分，不覺得此生有值得好玩之事，最好的改善方法，就是找一個私密不被打擾的空間進入冥想。在這個私我空間，你可以移開凡俗的標籤，你完完全全可以打掉重練自己的生活態度；所有的責任都被拋棄，你可以盡情聽喜歡的音樂、穿喜歡的衣服、放開心胸吟唱喜歡的歌、閱讀非主流的書……。將你脫離原有軌跡的生命放置到這個私人空間重新處理，久之，你會對生命產生新的有趣觀點。

每一天，我都會抽出一小時左右的時間待在禪房，不一定做宗教修行，有時候甚至什麼都不做，就只是靜靜待上好一會兒；有時也會凝望無極瑤池金母的海報；最常做的就是觀察呼吸……，這一些沒有為而為的行為，就是退省，從世俗的世界退回心中寂靜的涅槃。

要做到讓生活短暫有趣的方法很多，如何去做並不重要，當你在短暫時刻不再擔負責任與恐懼，剩下的就是純粹的遊戲，一場準備跳脫輪迴機制的遊戲。

我認為，每一個人都應該在生活中學會打造這樣一個私人空間。

註1 摘錄自《哭喊神話》，羅洛・梅，立緒出版。

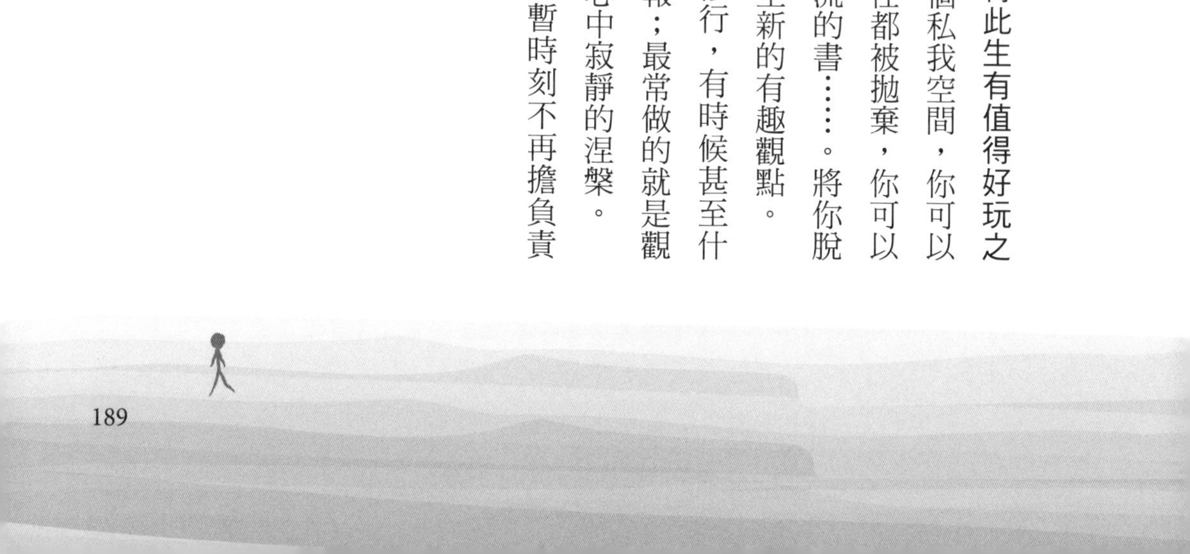

Q21

自殺者真的無法轉世，永生永世在往生處重演自殺嗎？為什麼在一個自殺場所很容易看到自殺者的魂魄？今世走入自殺不得善終是註定的嗎？需要為自殺者做超渡儀式嗎？

無極瑤池金母說死後的世界

你覺得自殺的人很苦？真正造成苦的原因是什麼？你覺得是他肉體苦，還是因為選擇自殺的人在人世間得不到的苦？你覺得自殺的人的苦在哪裡？

你會說這個人他被車子撞了（指選擇被車撞死的自殺方式），他一定很痛，但你可知道自殺的人是不會有痛的？為什麼呢？因為若真的有痛，他不會選擇自殺，活在世間的痛比他身體還痛，他才選擇自殺。所以，你千萬不要以為人自殺會非常非常痛，他在意的不是身體的痛，他在意的是他的心痛。

自殺的人有這個特質，他覺得他會恨。許多人會選擇自殺，是他的意識放在為什麼他活在人世間那麼痛苦，那個痛苦不是只有肉體痛苦，而是心的痛苦，肉體的痛苦並沒有令他感到真正的痛苦——人是可以跳脫肉體的痛苦的，但一個人要跳脫心的苦是非常非常困難的。所以，你千萬不要以為一個人選擇自殺最後一定會沉溺在身體的苦痛中，其實不會，若這個人他沉溺在身體的苦痛，他就不會選擇自殺，就是因為他心裡的苦大於肉體的苦，所以才選擇自殺這條路。

你看許多自殺的人——下次若有機會，我會讓你（指宇色）看到自殺者的狀況——你會發現他們的臉都不是快樂的，那個不是快樂的人的臉。他們不是因為自殺所造成的肉體痛苦而不快樂，他們是心苦。所以，你問我說，自殺的人是不是一直沉溺在死的那一刻，不斷的循環、不斷的循環，**其實他循環的地方並不是他肉體的苦，他循環的是他對世間的恨，跟他對世界的那種沒辦法割捨的地方。**

你知道嗎？若有一個人他是恨你的，相對的他是忘不掉你的，若這個人他忘得掉你，他不會恨你。因為恨必須要抓著，若這個人他已經放了，他不會是真的恨你。所以，你說這個人自殺後為什麼意識一直不斷在一個地方循環，不斷循環的原因是他苦——心裡的苦。

那麼，心裡的苦要什麼時候才能夠慢慢釋懷呢？這沒有一定，但還是要回到那句話——時間跟空間本來就不是線性的。所以，並沒有規定說要幾天後才離開這個人世間，絕對沒有這個時間問題存在，因為若這個人他選擇自殺了，他的意識會慢慢地薄弱；就如做夢一樣，這個人他剛睡的時候，他很清楚知道他剛睡覺，可以很清楚知道四周的景色，可以知道他在哪裡，這個空間感存在的，可是若這個人真的進入到非常深層的睡眠時，意識都不見了，請問：「他在哪裡？」

你問一個人自殺了是否需要去超渡他。你不需要去做這件事情——你超渡他，也只是在干擾他，那就如一個人都準備要睡覺了，你卻一直在告訴他：「你要趕快睡著，你要趕快睡著，你不要再想現實的事情了。」他會睡著嗎？他不會睡著，因為他會被你干擾，所以，若這個人他已經選擇自殺，他告訴你：「我好苦喔，你可以救我嗎？」那只是因為他還沒有真正進入到那個意識慢慢消融的狀態，所以他還記得。此時，有太多的人會去做一件事情——想超渡他。他干擾他，他說我這樣做是對你好，其實那是不需要的，因為意識層薄弱時，那個自殺的人自然就會消失。

這又回到另一個關鍵——人的轉世，並不是因為靈魂的轉世，那是一個意識的轉世。所以，有時候空間是會重疊的，你可以看到這個人他還在自殺的地方，他看起來哪裡都沒有去，他一直待在原來的空間，但是他另一意識層早就投胎了——鬼，只是你看到的一個殘影，並非真的他。

所以，看到鬼為什麼要害怕？你覺得他是鬼，事實上他什麼都不是，他只是就像一個人在睡夢當中，意識還有點清明，但過了一段時間後，他就慢慢淡掉了。有些人會問：為什麼會在某一個人自殺的地點看到那人不斷不斷的自殺？這就如一個人他才剛入睡，你在跟他講話時，他還是可以跟你對話的。為什麼？因為他的意識層還與你在相同的空間，意識還是保持一定的清明，所以他還沒辦法進入到睡夢當中。

我想要跟你說的是，若這個人他選擇自殺了，你可以做一些你覺得你很開心的事情，可以做一些你覺得對他好的事情，但請勿一直去干擾他，因為當一個人意識慢慢薄弱，他自然就會消失；當他在這個世界消失，他哪裡都沒有去，他還會再回到這個人世間，他會再回來當一個人。

我說過了，人的靈魂是由許許多多意識建構的，你今天看到活的人或選擇自殺的人，你只是看到它某一個意識，它還有好多好多層意識，甚至當它選擇真正離開這個人世間時，它是一整團意識都離開了這個空間，它不會再殘留在這世間。所以，你問我說為什麼有些人他活在這個人世間會很痛苦，因為他只活在這一個意識層當中（無極瑤池金母一直在重複，心很苦的人是一直用一種態度在過活，也就是頑固不通），讓他不苦的方法很簡單，就是多去看你這個世界不同樣貌的人事物。活在同一世界卻能不斷轉化不同的思維，他的意識層愈打開，他的心就愈覺得不苦了。

所以，又回到一開始我想告訴你的——人的意識在這個人世間要學會的是打開，不要用一個方式過生活。要活在一個全然感知的意識，你死的時候就不會苦了，所以千萬不要以為只有選擇自殺的人會不斷循環在這一個死亡的過程當中。不是！若一個人他僅只用一種方式在過他的生命，他死了還是會殘留在這個世界，會困在他死的那個狀態與環境裡面，就如同選擇自殺的靈魂——**永生永世在往生處重演的，不一定只有自殺者。**

我第一次與自殺者的靈魂進行意識上的接觸，是一位深受憂鬱症之苦長達十多年的母親。她與丈夫離婚多年，獨自扶養女兒，待女兒經濟獨立後，她一人獨居多年。因為憂鬱症併發失眠等其他精神疾患，她女兒下班後和假日總是會抽空陪伴她。一夜，暴雨不停，陰雨不停的天氣容易讓憂鬱症發作，女兒在母親未接電話後馬上警覺到事情不對，但當她趕到母親居住的公寓時仍然為時已晚，母親跳樓自殺了。

女兒來找我詢問她母親現在好不好，我闔眼請示無極瑤池金母後不久，腦海彷彿鑽入另一個幽暗空間，感知到一條飄浮在空中的靈魂，沒有表情、沒有恐懼、沒有一絲絲情感，談不上是否有怨恨，就只是懸浮在空中。我不確定是否為她的母親，僅告訴她方才感知到的畫面，她不禁掩面大哭。她此時才告訴我她母親是跳樓輕生的，當她趕到母親居住的公寓時，印入眼簾的便是躺在大馬路上的母親和滿地的鮮血。

她問我後續該如何處理，該為自殺者做的超渡她都有做，為何母親仍然盤旋於往生之處久久不去呢？

無極瑤池金母的答覆，超乎一般人處理自殺者的儀軌：「去她房間，拿出你母親最愛的衣服，告訴她你有多愛她，你希望她如何快樂。」

她驚呼：「僅只要如此？」

無極瑤池金母說：「親情的愛就是對自殺者最好的超渡。」

你能為自殺者做的事

或許你會以為自殺者的靈魂本就會駐足在自殺處，而我透過這個案例想要分享的是，造成個案母親靈魂意識殘留在自殺處的，並非完全是自殺的行為，而是她的憂鬱症。無極瑤池金母說：「其實他循環的地方並不是他肉體的苦，他循環的是他對世間的恨，跟他對世界的那種沒辦法割捨的地方。」我們以為只有自殺者才會留戀人世間，他們以殘忍的方式結束此生，導致他們的苦一直讓他們在世間——其實讓自殺者徘徊不去的，並非自殺的行為，而是意念、我們的心。就如同許多人走不過情關、錢關、事業關而選擇自殺，造成他們意識繼續在人世間徘徊的，是他們對種種關卡的心結，所以需要化解的是他們的意念、需要超拔的是他們對世間糾結的心，而非自殺的行為。

或許你會對無極瑤池金母教導個案超渡她母親的方式感到好奇與不可思議，為何僅只要向往生者傳遞心中的愛，就能夠讓她母親安然離開人世間？我再舉一個真實的案例。

面容憔悴的中年人A君帶著彷彿是她女兒年紀的B女前來問事。一問之下才知道，B女是A君女兒的同學。前不久，A君的女兒在B女家中做完功課後獨自一人騎腳踏車回山上的家，但一直到傍晚，他們都沒有看見女兒的身影，最後接到警察的電話通知，等他們趕到醫院，只看見女兒失去意識的躺在病床上。

因為女兒沒有明顯的外傷，靠車道的腳踏車有一小條藍色的擦痕，他們的猜測是，在狹小的山路間，女兒的腳踏車被一輛快速奔馳的車子擦撞到，導致她連車帶人一塊兒撞到山壁而失去意識。山路沒有監視器，沒有更有力的證據支撐他們的推理，出事原因僅憑人為猜測，A君的女兒就這樣不明不白地在住院後不久離開人世。

B女是A君女兒的好朋友，帶她前來是因為B女也希望瞭解A君女兒過得好不好。

我對A君女兒真正的死因並不知情，在請示無極瑤池金母時，一股壓迫感襲捲而來，而這一股莫名力道出自脖子。詢問過後，A君告訴我，他女兒是在插管多日後離開人世間的。後來，無極瑤池金母表示，A君女兒生前愛漂亮，也不捨家人朝夕思念她，她唯一的心念是希望他們能帶著她最愛的相簿與衣服去靈骨塔見她並燒化，她對世間就能了無牽掛，另一方面，在世家人也能了結心中的遺憾。

在外人眼中如此簡單的作為，但對深愛女兒的A君而言卻是最痛的方式，他不捨女兒的衣物被燒化，因為這動作宛如將女兒擲入火堆當中，而照片是他思念女兒唯一的途徑，若連照片都沒了，女兒的身影豈非僅只能留於回憶！

「我不認識你女兒，但我相信你女兒一定是一個堅強又有主見的女生，她已經坦然接受離世的事實，真正放不下的是你。」我告訴A君說，「你女兒以這種方式來圓最後的遺憾，或許背後的涵義是在化解你心中對逝女的痛。」

望著A君離去的背影，滿滿喪女的痛與對女兒的思念。自殺者與世間的連結來自情，而在世親人與自殺者的連繫也在那一份情中，足以穿越時間與空間，這部分在《靈驗！我在人間看見拜拜背後的祕密》、《靈驗2・我在人間發現拜拜真正的力量》有更多討論。

訓練鬆動本位的意識脫離現實的苦

將畫面從自殺者身上拉回到我們自身，現在死亡尚未來臨，你是否已學習以瀟灑的人

生態度來處理世間的一切，能在生命終了前一刻對世間的一切都不留遺憾與怨恨呢？請仔細回想一下，在靈魂輪迴轉世這一個命題當中，無極瑤池金母不斷對我們耳提面命的重點是什麼？在這一段靈性訊息中，無極瑤池金母又再次提及了：「人的意識在這個人世間要學會的是打開，不要用一個方式過你要的生命。要活在一個感知的意識，你死的時候就不會苦了。」

打開三百六十度的感知力、喚醒靈魂意識，是每一個人轉世來到人世間都必須學習與面對的事。若我們能夠學習靈活思維、極具彈性且多元的生活方式，生命就不會一直膠著在短時間內改變不了的事情上，較清明的靈魂意識會帶領我們繞過眼前執著的事情，向更高層次的人生繼續前行。

無極瑤池金母說：「**千萬不要以為只有自殺的人會不斷循環在這一個死亡的過程當中。**」這句話也在點醒我們兩件事：

首先，有太多人雖然活在人世間，卻行屍走肉似的生活；看起來是活生生的一個人，內心卻對未來與當下無感，眼前的生命是一片茫然——這樣的人並非少數。

第二，假使我們現在的生命態度是**一直努力執取身外之事，在意那些我們得不到的事物，那麼我們的意識與正準備踏上自殺一途的人並無二樣，**當有一天死亡降臨，我們會像自殺者的靈魂那樣留連於世間。這不是很令人悲嘆嗎？為什麼活在此時此刻卻不能自主決定生命的自在性？那該如何做呢？無極瑤池金母的教導是：「**讓他不苦的方法很簡單，就是多**

去看你這個世界不同樣貌的人事物，活在同一世界卻能不斷轉化不同的思維，他的意識層愈打開，他的心就愈覺得不苦了。」

每一個人都可以在每一天讓生活有一點不同的變化，世界很大，讓自己的世界走得寬廣一點。將意識暫時離開現實一陣子，就是在位移靈魂意識、讓生命角度重新定位。生命總是要在不同的角度找到新的平衡，或許等我們意識有了不同的轉化，原本困擾我們許久的問題自然就迎刃而解了——這就是生命奧妙之處！

Q22

意外死亡、壽終正寢、病死，是靈魂轉世時註定好的課題？「尚未註生，先註死」是真的嗎？

無極瑤池金母說死後的世界

你看一個人的美醜，你看一個人靈魂所散發出來的那個氣質，那不是註定好的，那是因為人活在這個人世間意識會不斷轉化，他今天看一本書，他今天看一部電影，抑或是他今天接觸了某一個人，他的意識會被薰染，當他有所改變時，他的樣貌、氣質是會改變的。

只是，有些人的心是混濁的，他的變化沒那麼大——這就如鏡子一樣，當鏡子不清理時，就算一個非常漂亮的人站在鏡子前，鏡子也沒有辦法反射出那個人的美。**靈魂是可以複製的**（靈魂的特質就是可以複製、承載 P053 ），**一個人的氣質也是可以複**

製的，但必須是他願意的、他的心要是打開的——就像我所說過的，不要只用一種方式在生活，不要用一種觀念在生活，要放開心。

當一個人來到人世間時，他可以選擇他想過的方式，這是人可以選擇的，但是有一個地方沒辦法選擇，就是此生的生活是註定的。這是固定好的，也就是說，今天這個人他非常的有錢，他就在一個有錢的生活當中，但是在這個有錢的空間裡，他要如何去處理這個有錢的空間（生活），是他自己可以做決定的——那是意識層，人的自由。當一個人活在人世間時，你有這麼多的自由。

所謂的自由，並不是你哪裡都可以去，我說的自由，是指你可以在一個狀態裡面去做你想做的事情，那是指腦袋裡面的世界，就如為什麼你會覺得有些人非常厲害，是因為他不受空間感拘束，他可以在這個這個地方做這件事情。他在那個地方做那件事情，他不會被拘束，他不會說「我一定要在這個地方做那件事情，沒有這樣一個地方我沒辦法做」，不會！

一個不活在與你們一樣空間感的人，他就只是做他想做的事情，你會看到許多藝術家、畫家、思考型的人隨時隨地都能思考、創作，就算是非此空間裡任何一個素材，他們都能去思考，他可以把非現實空間的素材轉成物質的東西（現實），那是因為他本來就不是僅僅活在一個空間裡。

若你真的能夠瞭解我剛才所說的，你會明瞭——靈魂最終會死亡（不滅的是「那一條靈」），死亡是註定好的，但是你的靈魂意識會不斷地隨著你的心轉化，會變化出離世時最終的結果，所以，壽終這件事情、死亡這件事情，你可以用一種非常美的方式、可以用一種非常偉大的方式來結束生命，你也可以選擇用一種非常不一樣的方式來結束這輩子的生命（不是指你可以隨意結束此生的生命，是指你必須決定要用什麼樣的方式過生活，最終的死亡形式將會是你現在的生命態度）。

死亡是一個非常大的課題，我再換一個角度、換一個思維跟你講。人有許多面向，但每一個面向都有一定的侷限，那是你沒辦法改變的。就如我說這個人他很美，但是他美一定有他一個極限；這個人他很高，這也是他的極限，他只能在這個高、這個極限當中去變化出他靈魂的氣質與他的意識，而這是無限寬廣的。

所以，**看起來人有無限的可能，但還是在一個沒辦法改變的現實中。**你問我說人的死亡是不是註定好的，他唯一註定好的就只有死亡這件事情，因為人不可能不死亡，人的生命不可能沒有結束，但是人的意識可以轉化而充滿在生命當中。

人是可以活在神的世界裡面的，一個人活在人世間，他卻可以活在神的空間裡面，而擁有神的意識，這他可以做得到。只要不要執著太多事情，人可以進入到那個狀態裡面，死亡來臨時，他的靈魂會非常漂亮、非常安詳，因為死亡是在一個空間裡面，但是當一個人的靈魂非常解脫，就算發生一個重大的事故也不會被困住，他不會被這個事件所困住。

人一定會死亡，但是死亡方式並不是註定好的

其實，我們不應該去討論這個議題，若你要討論這個議題，它必須要回到另外一個議題去討論，那就是他在做什麼樣的事情。若這個人在人世間的意識沒有隨波逐流，他很知道自己要過的生命，他可以決定死亡的方式，但是我必須要說，這樣的人是極少的，大部分人都不知道他在過什麼樣的生活。

死亡是註定的，他離世時的形式也是註定的，因為他沒辦法跳脫這個洪流，他沒辦法跳脫這麼大的一個業力，但若一個人他活著時非常清明，他的靈魂意識非常輕，是悠遊的，他可以感知到自己的死亡——他是可以知道的。那麼，他的靈魂是可以隨時準備好要離開這個人世間的。

若你問我這個問題，這個問題非常大，是人沒辦法去思考的，因為你們做不到，因為這不是一般人可以做得到的，所以你唯一能夠做的就是把

自己的生命放慢一點，不要太快的把這一生走完。**生命最終會老去，你要去享受老去的這個過程，而不要太過傷害你這個身體跟生命。**

死亡是不是註定好的？用你的心去感受，死亡反而是很美的。

走靈修這麼多年，我非常喜歡無極瑤池金母對我開示的方式。言語間沒有恐嚇、沒有威脅，也沒有太多複雜難懂的字眼，祂不是在告訴你一件事——有些事情的構成並不如我們想像的簡單，正因為如此，無極瑤池金母總是先釐清我們的思維，再說明那件事情的運作，而且每一個答覆一定與前面的問題環環相扣。你必須真正對這些觀念有所瞭解，在面對一個問題時才會清楚明瞭無極瑤池金母靈性訊息的涵義。

無極瑤池金母是在傳遞一個宇宙的運作法則，我們所好奇的問題，統統可以在這個運作法則當中去瞭解——當然，前提是我們已先釐清了這個運作法則。

「所謂的自由，並不是你哪裡都可以去，我說的自由，是指你可以在一個狀態裡面去做你想做的事情」這段話就是在說明前面提到的——打開三百六十度的感知力、喚醒靈魂意識是每一個人轉世來到人世間都必須學習與面對的事P198。

當我們來到人世間，確實有太多事情是註定且無法改變的，成為一名國家最高元首、名列富比士富豪榜……，這些令人望塵莫及的角色大多都是註定好的，我們再拚命恐怕都難以達到，因此無極瑤池金母才提醒我們，此生並不是要努力成為某一個令人稱羨的角色與身分，而是學習在當下的環境依然有我們意識的自由度。現實生活中有太多是我們難以心想事成的，但面對生命難以稱心如意之事，我們的心卻可以在有限的生活當中創造出無限的生命質感——**學習看透、臣服生命的有限性，才能創造與開展靈性的無限性**，這是靈魂轉世最核心的意義。

生命最後一場畢業典禮的形式是註定好的嗎？無極瑤池金母沒有正面回應，反而繞了一個圈告訴我們：每一個人的氣質、外表、態度都是建構在靈魂的意識之上，當我們感受到一個人的氣質，我們嗅覺到的是他的靈魂氣息，是我們彼此的靈魂產生了共鳴。

來分享一段值得思考的故事。

每一年白沙屯媽祖遶境，都是臺灣一大宗教盛事，成千上萬的人追隨媽祖的腳步，認識、體證媽祖的神蹟。

洪萬安擔任白沙屯媽祖乩身長達一甲子。他在二十出頭歲時罹患致命的腸胃疾病，醫生表示：腸子嚴重潰爛無法醫治，請家屬儘早準備後事。洪萬安在半昏半醒間看見媽祖與五府王爺其中一位——蘇大王——站立於身旁。蘇大王說：「回去就沒事了。」清醒後，洪萬安向家屬表示肚子絞痛要如廁，結果拉出兩大團血塊，之後便在沒有藥物的治療下痊癒！

從那天起，洪萬安便具備神明降駕起乩的體質，歷經七年多嚴格的訓乩，二十八歲正式「辦事」。身為神明乩身，背後要遵守的神訓不能不遵。據傳，洪萬安老先生一生恪守蘇大王的神訓——助人不分貧富貴賤、滴酒不沾、嚴禁女色三條禁令。

到了晚年，洪萬安過度思念已逝的老婆，再三生出求死的念頭，期盼能早日與愛妻於另一世界相見。他多次前往五府廟向玉皇大帝稟明心願，或許是對已逝妻子的愛情感動了上天，一日終於得到神明三個聖筊。民國八十六年除夕早上，他對家人表示今日會「離開」，家人十分不解，多年前洪萬安已表明此生壽終的日期，但該日距離壽終仍有多年，洪萬安表明這是自己求死的心願。那日傍晚，洪萬安在睡夢中安詳地停止呼吸，與世永別。

死亡是否是註定好的？對絕大部分人而言確實是如此。死亡是不可逆的事，若我們這輩子都難以創造生命的深度（認真過好每一天），豈有能力扭轉死亡的形式？

不要去想生命最終的死亡方式是否註定好的，回過頭想，有更多人甚至是我們每一天都是在虛度生命——嗜酒如命、抽菸、吸毒、吃檳榔、鎮日活在擔憂和不快樂中、把人生最寶貴的時間完全投入在工作中而未能好好珍惜與親朋好友相處的時間、為了金錢與人反目成仇……，雖然身為人類而擁有自由意識，生命本就不是單一路線，但太多人以單一思維來處理寶貴的生命，若連這一些可以在「意識」底下控制的事情都難以做主了，又何必去思考如何死亡之事呢？

無極瑤池金母說：「**靈魂最終會死亡，死亡是註定好的，但是你的靈魂意識會不斷地隨著你的心轉化，會變化出離世時最終的結果。**」祂暗示了此生死亡的形式會隨著人的靈魂意識而有所轉動。想要改變壽命長短，要先學會探索生命的深度——你必須在此生努力做好人的本分。

暫且不去談論修行這個大議題，也不去研究一名神職人員與神交手的過程，更不必好奇他們如何達到一般人達不到的神蹟能力，我們是否有先反思：自己恪守身而為人的本分與生活的規律了嗎？**本分與規律就是帶領我們通往生命深度的路徑（在有限的生命中創造無限的作為）**，這就是無極瑤池金母所說的：「若這個人在人世間的意識沒有隨波逐流，他很知道自己要過的生命，他可以決定死亡的方式。」

Q23

燒化靈厝、金童玉女等，往生者都可以收到嗎？

無極瑤池金母說死後的世界

之前我有跟你說過，人在往生時就如在睡夢當中一樣。你看一個小孩子在睡覺，為什麼他會有笑容？你要說這小朋友純真嗎？那是因為他在睡覺時得到他想要的，他將現實的美帶入睡夢當中。

不要用一個人的死亡來看待一個人的靈性覺醒度，其實每一個人的靈魂都很單純。你看有人活在人世間經歷了苦難，有人這輩子沒有吃過苦，但也有人一生當中為家人付出一切，你會覺得每個人的靈魂在人世間經歷的事情各種各樣，所以他是苦的或他一定是非常快樂的。其實都不是，那是你從自己的眼光來看每一個人，其實每一條靈魂都是非常純粹的，並沒有好壞之分，人世間的一切也無法在靈魂上留下任何軌跡，靈魂就是一條靈魂而已（生前種種只是一場經歷，無損靈魂的本質）。

要知道，當你放下死前掛念的一切，**那個最真實的感受會帶領我們去另外一個世界——最真實的感受。**為什麼有的人臨死前不會感到害怕？死亡就像是一場夢，有人他會害怕離開這一個他們認知的真實世界而去到他們的夢中，但若一個人他的生命意識一直保持清醒，每一刻意識都非常清楚，那他就不會害怕死亡，他會靜靜地感受死亡，那是一個非常美的、非常美的心靈境界。所以，不要說死亡很可怕，**問題不在死亡這件事情上，是你活在這世間擔心的是什麼。**這是每個人都要去思考的問題。

問題來了，有些人他活得太真實，就算他已經在入睡當中了，卻不能夠在睡夢當中得到一絲寧靜，甚至必須要被一個東西帶入睡夢中。所以，若你看到一個人在睡夢當中需要依靠，那是因為他心裡有一種莫名的可怕，他會擔心，這就是為什麼許多小孩子在入睡時需要抱著一個東西。許多大人看起來是成熟的，但他在睡夢當中時也需要一個玩偶，許多人在睡夢當中必須緊捉一個東西不放才能安詳地進入夢鄉，為什麼？因為他不敢放掉他認知中最接近他真實的東西（指必須捉住現實的物品才敢進入未知

世界，無極瑤池金母藉此暗示燒化物品對往生的意義）。所以，**要看一個人的靈魂是不是真的自在，就看他在入睡時是不是自在的。**

Q對於把世界太當成真實的人來說，死後燒化紙紮的物品對他有幫助、能帶給他安全感？

燒化紙紮的傢具、房子、車子、婢女、男管家給往生者，對他們而言不一定可以收到，但對在世的親人而言，在燒化與膜拜儀式中，在世親人會不斷送出念頭給往生者：你將在另一個世間收到燒給你的這些東西。對於剛進入死亡懵懵懂懂的往生者來說，收到這一些會讓他不對死亡感到害怕，也因此，在世親人的意念也會讓死者尚未消失的意念產生了這些紙紮的物品，他們會感覺有收到，他死亡的意念會認為說這是我的。

所以，你問我說他能不能收到這一些紙紮物品，我剛才說可以收到，所謂的收到並非指你把這個東西送給他——他拿到的，是意念，是你們在世親人傳達的意念。

Q為什麼有人會夢到往生已久的親人回來索取物品？

若你看到一個往生者不斷地回頭來跟你要東西，請仔細去瞭解他們需要的是什麼，其實，他們需要的是關心。就如一個小孩子在睡夢當中做了一場噩夢，你會怎麼跟他說？難道你會跟小孩說，夢不是真實的，清醒時的世界才是真實的世界。不會的，不會有人會對小孩這麼說，父母會對小孩說：不要擔心，有我們在。然後，小孩就很安詳地睡著了。

Q燒化紙紮的物品對往生者有沒有幫助？

為什麼你要燒化給往生者？是你們內心對往生者的愧疚，你們會希望他們能夠得到陽世間的東西而在另一世界舒服一點，其實真正感到舒服的是你的心，不是往生者。你在意的是什麼？你真正在意的並不是他們有沒有收到這些燒化的物品，是你有沒有給他們一個安全的感覺。若一個人活在人世間都沒有辦法給自己安全感，死後他就需要另外一種安全感，這是一個非常可以想像的世界與事實。

Q燒化紙紮的物品給往生者，到底可不可做？

物質的世界終有一天會消逝，它不會在人世間長存，這是宇宙的定律。若你燒化一棟房子給往生者，你送了一個念頭過去，日後這念頭也是會消失殆盡，這是定律。所以，不要再執著在要做或不做，身為人，你應該要去思考的一個問題是：若不做你會怎樣？做了你又會怎樣？你應該在意的並不是往生者能否收到燒化的物品。你不要執著在這個點，你要問一下在世的親人：燒化紙紮的物品對你的意義如何？不做對你的意義又是什麼？因為可以把這些東西送給往生者的力量，不在於燒化的儀式，往生者已經死亡，他沒有能力拿到燒化後的物品，就如一個貧窮的人是沒有辦法從有錢人身上拿到錢，是你自己在決定要不要送錢給他們。所以，不要執著在這個問題上面。

若有一天你帶一個常常做惡夢的小朋友去找心理醫師，心理醫師站在自己的角度反問小朋友：告訴我你要的是什麼？他不斷地逼問小朋友你要的是什麼？請問：身為父母的你會舒服嗎？不會的，你會覺得這個孩子好可憐，為什麼心理醫師一直要問小朋友做惡夢是想從現實生活拿到什麼東西呢？

若今天這個心理醫師他安撫小朋友並詢問他：你擔心什麼？你在害怕什麼？當你入睡時，你帶了什麼心進入夢鄉？這個常常帶著恐懼的小朋友會被理解。所以，你必須知道的是，人在臨終那一刻，他的心已經被人理解——這個紙紮儀式其實是不需要的。

其實，每個人活在人世間都必須被理解，就是這麼簡單。我想要提醒你的是：**死後的世界就是一個意識的世界**，在世時，你如何去處理你的意識世界，來自你依然活在人世間時如何設身處地去思考每個人的立場。不要僅僅活在自己的小小世界、以自己的位置去看待這個世界，你所謂的世界也僅僅是心的投射，那並不會是真實的。心不夠大，死後依然會感到不安，若在今世你能夠學習站在不同的角度思考每一個人，你的世界會非常大，你的夢會是甜美的（無極瑤池金母藉此譬喻死後也是美妙的，不必靠紙紮物品得到安定感）。

靈魂覺醒是轉世一個必要的路徑，此外，覺醒還兼具解脫的功能。除非你能夠在生命的一切當中醒過來，不然，你很難跳脫輪迴，很難從死後的世界清醒過來而不帶著恐懼。覺醒是靈魂的本質，它擦拭我們的心、整合我們的意識。我們盲目地將外在世界當成真實，覺醒則促使我們轉向內在的旅程、喚醒我們本來的目的。對於一些太認真將世界當成真實的人來說，燒化紙紮物品是延續他在世的夢，因此，無極瑤池金母提醒我們：「那個**最真實的感受帶領我們去另外一個世界——最真實的感受**。」**死後的世界來自我們臨死前對世間的感受**，就如同你非常膽小又愛在睡前看驚悚的恐怖片，入睡前不安、恐懼的心就會進入夢鄉幻化成種種恐佈的意象。夢與死亡唯一不同之處，前者是短暫的意識消失，清醒後你依然回到這個世界；後者是永遠長眠，清醒後你已經進入由心所創造的幽冥世界或轉世再度回到人間。

對於某一些執著於物質世界，生前將金錢、房子、車子看得比生命還重的人而言，燒化紙紮物品給往生者是有幫助的。往生者剛往生後不久，意識尚未脫離肉體，其意識進入到現實世界與冥界的交際處——彌留，一般以四十九天為一個限期，實際狀況則依照每個人的靈魂覺醒度而有所不同。此時的意識，完全沒有力量去區分身在何地，也會因為在世親人的意念及喪禮儀式的催化而錯以為紙紮燒化後的物品是真實的，那就像我們在飢寒交迫之下入睡，不遠處飄來的菜香會在我們夢中顯現出一道道美味佳餚——不要懷疑，你曾經在睡夢中發生過無以計數的經歷，與遙遠的幽冥世界就是如此相似。

紙紮喪禮習俗是連繫我們與往生者最後一絲的夢，也是我們為往生者盡最後那一份心意的機會，暫時放下往生者能否收到禮物的疑問，或許應該進一步去思考無極瑤池金母要我們反思的話：「**燒化紙紮的物品對你的意義，不做對你的意義又是什麼？**」無極瑤池金母是希望我們稍微挪動問題思考角度，從「往生者需要什麼？」位移到「你為什麼要做這一件事？」，當我們在喪期思索著是否要為往生者送上這一份心意時，也應該嘗試將無極瑤池金母這個提問放入思考中，它會神奇地撫慰內心深處對往生者離去的喪慟療癒，進行一場療癒對死者未盡的遺憾。

紙紮的力量能夠帶給某一些人心靈短暫的安定力量

在生前，我們的心已覺知到平靜帶來的力量，在死後，平靜的收攝力量會繼續引導我們進入另一個世界，我們不用再依靠外界事物得到安全感，也不會創造出車子、房子等世俗的世界。這就像冥想打坐時意識脫離世俗的捆綁魔咒，進入到一個全然寧靜無物的境界，久而久之，物質的世界對我們不再有干擾，我們也會逐漸看穿物質的假相。

反之，你的心一直執著在人的世界所有的一切，心中充滿競爭、比較心，每天總是活在「為什麼別人有我沒有？」、「我想要得到……」的小小框架中，這一顆「我想要」的心便會在打坐冥想中升起，也就永遠不可能進入到寧靜心境。

無極瑤池金母說的**「你死後的世界就是你的意識世界」**此句話點醒一件重要訊息——生前意識覺醒度夠高，心總是保持覺知的敏銳度，臨死前心就不會產生對死後的恐懼與不安，對於人世間的物質及親情、愛情、友情等不會有依戀，因它的意識已全然收攝在心中。反之，覺醒度不高依然活在「人的世界就是『真』實世界」的人，臨死時便會擔心死後該何去何從、死後獨自一個人沒有家人朋友陪伴時又該怎辦……。無極瑤池金母表示，**若你的心仍然無法訓練以心為心的依靠，便要透過人世間所燒化的紙紮物品帶來一絲絲力量。**

莊子之妻往生時，他熟悉多年的友人惠施聽聞此事，心中很難過，便急忙前往莊家表達哀悼之情。當他抵達時，卻見莊子岔開兩腿，面前放著一只瓦盆，手持木棍敲打瓦盆且唱著歌。

惠施對此相當不滿，其妻已逝，莊子竟做出這等違反常理之事！他向前與莊子理論，莊子聽後緩緩起身，此時惠施才看見莊子臉上掛著淡淡的傷悲。

莊子說：「感謝惠兄前來弔唁，妻子去世我豈不難過，但是人本是沒有氣息與形體，經過變化而產生生命，如今死亡只是回到其原本的樣貌，如同春夏秋冬四季般運行不止。此時此刻，她的意識已安息於天地之間，我怎能對一副軀體哭哭啼啼，這不是太不通達了嗎？」

莊子認為，人只是氣之聚合，人死則散，人活則合，與四季運行陰陽太極的觀念相符合。試想，他曾去擔憂其妻死後過得好不好嗎？我們該如何得知往生者臨死前的心是否充斥著恐懼？這必須回到修行的角度——**對於親人往生與死後的世界，你的心是平靜或不安、是清明覺知或混沌呢？**我們無法察覺往生者的靈魂死後到另一意識世界的狀態，卻可以先反思察覺此時此刻我們的心，假設你的心是安住且有力量的，當往生者離開人世間那一刻，你不會為他們在另一世界感到一絲絲的恐懼，不論他們未來如何，都是由他們的心所創造，而那不是你所能決定。

假設有一日，真的夢見往生者回來托夢索取物品，你的心依然保持在安住中。一個看穿世間遊戲的人，當家人往生時，他的心依然保持平靜。這樣的說法似乎很難理解，以一句較淺白的話來說就是：人與人的因果關係就是一場情感牽絆。

一個貧窮的人是沒有辦法從有錢人身上拿到錢

此靈訊有句話千萬別讓它輕易流過：「**就如一個貧窮的人是沒有辦法從有錢人身上拿到錢一樣，是你自己在決定要不要送錢給他們，所以不要執著在這個問題上面。**」在世親人燒化紙紮物品給往生者，期盼往生親人在另一世界能夠收到，目的是為了讓他們在另一世界繼續延續對物質的滿足，但往生者的意識不清明，內心充斥著對死亡的恐懼感與不安，在這種情況下是不可能收到這份陽間親人所傳來之意念的。試想，若在生活中你的心充斥著焦慮、憂慮、煩躁不安、煩亂、擔心、沒安全感等多種複雜情緒，心之外的力量又如何進入你的內在而帶來幸福感？靈魂與心是一樣的，**你在生活中餵養靈魂與心哪些養分，它最終就會被塑形成你平常餵養它的模樣**，這就是靈魂的修行。

釋迦牟尼佛曾經說過：「今日你無法微笑，明日的你又該如何對他人微笑？」就佛教的修行觀點來說：**想要助人、渡人，必須先從助己、渡己做起，世界上沒有一個身陷泥沼的人，有辦法伸手去幫助另一位同樣身陷泥沼的人**——這種事情絕對不可能發生。

因此，無極瑤池金母才提醒我們，假使你真的想送給往生者燒化的紙紮物品，請先退後一步好好思考：「我的心夠有力量嗎？」這裡的「心」是指誠心、專注與一份真心祝福對方的意念。

我們一直以為，貧病是沒有金錢與病到無以救治的可憐人的標籤，與我們八竿子打不著，但是一九七九年獲得諾貝爾和平獎殊榮且被天主教會封聖[1]的德蘭修女，在一生幫助過無可計數貧苦、殘病的人後，體悟到這麼一句名言：「最可怕的貧窮是孤獨和沒有人愛。」原來，貧窮離我們是如此的近，**一個內心孤獨與缺少被理解的人，宛如帶著一條貧病靈魂度過此生。**

我們投生來到人世，努力打拼就是為了建構一座給自己與家人金碧輝煌、牢不可破的城堡，當我們步入中年緊接著無常的死亡逼近時，內心深處反而留下一大塊不被他人甚至自己所瞭解的匱乏，它並非存摺數字、房地產、黃金所能填補——看似能夠帶給我們安全感的東西，或許暫時消除我們對死亡的恐懼，卻絲毫沒有辦法在心靈上給予強大的力量。

無極瑤池金母說：「**若你看到一個往生者不斷地回頭來跟你要東西，他們在另一個世界需要的是什麼東西……他們需要的是關心。**」一般人生前努力打拼得到物質的滿足，死後依然緊捉著生前得不到的東西，這一顆緊捉人世間不放的心，便構成死後再回來托夢給親人索物的意念。生前我們需要物質的依靠，死後也會想要有依靠，而無極瑤池金母提醒我們：往生的親人向在世親人托夢索取物品時，我們是要繼續餵飽他對物質的渴望？還是應該去安撫它未被理解的心？

我們一生都錯以為房子、車子、傢俱等可以陪伴我們進入冥界，物質可以帶來心靈一絲絲的安全感與慰藉，這會讓我們永生永世都陷入這個死後都緊捉著現實的物品不放的輪迴遊戲中，永生永世難以跳脫輪迴的詛咒。這是人類固有的集體意識，放眼古今中外、東西方的歷史故事，帝王將相的陵墓總是埋葬著生前的一切，彷彿是希望在幽冥世界繼續延續生前的富裕生活。透過流傳中國千年特有的喪禮儀式「燒化紙紮」，無極瑤池金母進一步點出中止靈魂輪迴的祕密——**你是一條需要被世間同理的靈魂，不論你在生前有何豐功偉業。**

此生，我們有曾經試著去瞭解自己的心嗎？當世俗標籤從我們身上撕掉後，我們依然能夠臉上掛著微笑入睡嗎？活在人世間，我們有真正關心過自己的心嗎？請用這一串的疑問反問自己，使我們不墜入下一世輪迴的心法或許會在自我對話當中發現。

註1 一生被印證具有顯現兩次神蹟，經過教會確認後進行封聖儀式，也正式承認此人為聖人。

Q24

觀落陰是真的進入靈界（陰間）看到往生的親人靈魂嗎？

無極瑤池金母說死後的世界

靈界與人間之間存在一個空間、場域，介於兩者之間，這個場域有一點像是人間監獄的會客室，站在監獄外面，你無法看見在監獄裡面的人，你必須通過會客室的方式與監獄裡的人相會。我所指的監獄，並不是指誰犯了錯，也不是說處於幽冥世界的人就是犯錯之人（我當下心中生起了疑問，母娘以監獄做比喻，是否指極惡之人所處的恐怖幽冥世界）。我所指的是監獄（冥界），是一個完全不同的世界。在監獄（冥界）裡面的世界，是他們所營造出來的氣氛，相當詭異。

寺廟為什麼會讓你覺得有舒服的

感覺？那是因為寺廟營造出了一種空間場域，你必須要**覺知**那個場域所營造出來特有的感受——覺知場域，你必須在你腦袋裡面有一種意識空間的轉化。

你問我以觀落陰的方式能否與往生的親人見面，重要的是，必須要有一個具有開啟那個空間場域（會客室）能力的人，以及你也必須具有覺知場域（轉換人界與幽冥空間的意識）的特質，這並非每個人都能辦到。

這個施做觀落陰儀式的人，必須帶有一種天生賦予的天職，才能夠開啟這樣子的場域，如同你今日到一間監獄中要去見裡面的某個人，是誰賦予了開啟監獄大門的能力？那是一個權力的象徵。現在許多人將觀落陰看得非常膚淺，好像你只要學會某一個儀式，每一個人都可以進去，這是不對的。就如想要在監獄當中任職，尤其是開啟監獄大門及安排會客室這樣的工作，必須要經過很多很多重的考試與資格審查，才能夠被賦予這樣的權力。有這樣的權力，你才能夠開啟那道門，讓會客室的人得以相見，那並不是容易的事。

在世親人想透過觀落陰與往生者相會，需要一個場域，如同監獄會客室的功能，有此空間才能讓兩個彼此完全不同場域的意識體在此相會。

（以民間信仰觀落陰的儀式引導在世親人與往生者相會，值得商榷的

宇色感知的示意圖

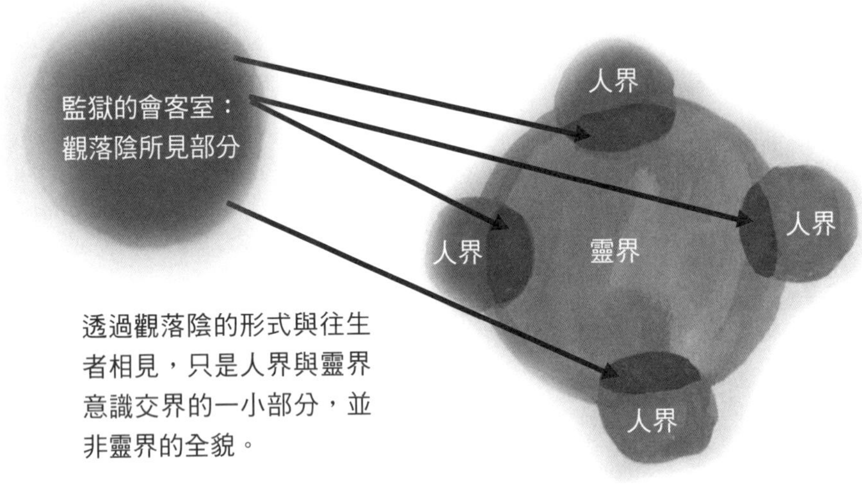
監獄的會客室：
觀落陰所見部分
人界
人界
靈界
人界
人界
透過觀落陰的形式與往生者相見，只是人界與靈界意識交界的一小部分，並非靈界的全貌。

以觀落陰引導人的意識與往生者相見，只能進入「陽間與幽冥交界的空間」。無極瑤池金母曾經表示，透過任何人為操作的儀式均無法窺探靈界的全貌，觀落陰也是如此。靠己之力修行的大修行者，才真正具有進入冥界的能力。無極瑤池金母說：「觀落陰它是往生者與在世親人的靈魂意識的交流，有時所見是在世親人心裡的意識投射，有時是往生者呈現想要讓在世親人所見的某一面，而非靈界或往生者的真實樣貌。」

是此儀式是否具有有效性，此關鍵全繫在施做者本身是否被賦予天職與能力，並不是學習一套儀式便能夠帶領在世親人進入幽冥世界。）

你曾經去見過往生者嗎？若你的意識空間是可以自在轉換的，你能夠將意識空間轉換於人間與幽冥的場域，你的心對人世間許多事情是不會有所罣礙的（心是悠遊而非執著），你看世界的角度相當透澈。所以，在施做觀落陰儀式的主事者絕對會具有某種的特質，這種特質是沒辦法透過後天學習，是無法被教導的，他是天生的。

無極瑤池金母特別釐清一個重要觀念，祂以監獄會客室比喻觀落陰，並非指往生者犯了錯才會在幽冥世界受苦，並沒有所謂犯錯就要被關在幽冥世界的說法，那是不正確的，只是幽冥世界有別於人意識之外的空間場域，因此，無極瑤池金母才又進一步以寺廟來做相同的比喻。雖然在我們的認知中，龍蛇混雜的監獄關了一群在社會犯錯的人，寺廟可能是一群勸誘人性向善、營造出仙佛所居住的極樂世界，無極瑤池金母僅是以「意識空間」做為三者的比喻，這是在透露出一個寶貴訊息——**沒有高低之分，一切都是唯心的意識作用**。不論它是天堂地獄（若有的話）或寺廟監獄，皆只是不同層面的意識空間。

要能夠連結在世親人與往生者的意識進入相同的空間（會客室），施行儀式者扮演一個非常重要的關鍵，更是這一個儀式是否成立的主因。施行者本身必須是天生帶有天職，並不是你想要以此為職業、透過後天學習就能驅動意識空間的能力。無極瑤池金母以取得在監獄就職的公職為例，經過考試是進入公家單位就職的基本要領，但要具有開啟大門以及安排會客、審查犯人是否已經能夠與親人會面等，除了制式的考試，人品審核也是其中一項。這段靈性訊息的背後透露出一個重要的涵義——**某一些人能夠擔任某一些公職要職，投胎轉世時也是註定好的，施行觀落陰儀式的人也是如此。**

什麼樣的人才算是真正具備施予觀落陰儀式的特質呢？（我必須說明，無極瑤池金母盡量以我們所能理解的方式來答覆問題，但有時是跳脫我所使用的文字描述。至少我以元神意識相應無極瑤池金母靈性訊息時，可以明顯感受到文字與言語仍然與靈性訊息有相當一段落差）無極瑤池金母如此解釋，這個人此生曾經經歷過與往生者相會。注意，無極瑤池金母一直強調是見過往生者的靈體，而不是見到鬼喔！

淺白一點來說，就是見過或夢過往生者，或是本身具有某種敏銳的覺知能力，他不一定是通靈人、靈媒、神職人員，但他對人、空間場域的感知力絕對優於一般人；換言之，心思遲鈍、對事情較無感的人就不太可能具備這項能力。若一個人此生一直活在非常務實的思維中，沒有與往生者靈體相會過，也不具有在意識上先天就具有悠遊與轉化意識場域，在施行觀落陰儀式上就不太可能創造出讓在世親人與往生者意識相會的幽冥空間。

真的有幽冥世界嗎？人死後真的會從陽間進入到另一個空間繼續延續另一種生命嗎？我相信許多人一定都感到好奇，不用急，無極瑤池金母已經有所答覆。

人界對冥界有一個錯誤的認知，人死了便會進入到另一個地方，這是不對的想法，它並不是一個地方（並不是指在地球上的某一個位置），它是一個集體意識所創造出的空間，它是一個……」如真要以你能夠理解的方式比喻，我只能用形容的方式來讓你理解，我無法具體地用你能夠理解的文字來描述那一個空間。

你有去看過一部電影，在電影院中，所有人聚精會神在看一部電影，這些人所投射出來的念頭與情緒都將一致，不會有你與他人不同的情況發生，或許觸動的內心會有不同，但電影情節所牽動的大部分感受是相似的。會有人看電影有不同的情緒嗎？是不會的，因為所有的人都在相同的電影院中看著相同的畫面。幽冥的世界就如同一群意念、習氣、心性相同的人待在同一間戲院裡看同一齣電影。若有一群人的心性是非常樂觀、向善、進取的，內心對未來、對當下沒有恐懼和擔憂，這樣相同特質的人在往生後，會與相似靈魂特質的意識體相聚，與一團相似的意識體處在一個相同的意識空間當中。

那麼，這又與觀落陰有什麼關係呢？

若你想透過觀落陰儀式去連結方才我形容特質的意識體，你的靈魂特質也必須與他們有所連結，若你的內心對生命有一絲絲的無奈、不適應，你覺得活在人世間是一連串痛苦的延續，無論透過何種觀落陰的儀式，就算施做者本身具有特殊天職，你的意識仍是無法與他們有所連結。你清楚我所描述的內容嗎？

覺得人很複雜嗎？其實人一點都不複雜，當你死的那一刻，你只會投往一個地方，絕對不會發生人往生後可以投往不同意識層的幽冥世界，這是不可能發生的事情，人不可能有這樣的能力，你不可能悠遊在不同空間領域當中，不可能投生時想與仙佛共處，同時又投向其他多重層次的空間，這是不可能發生的事情。

人看似複雜，但從往生只投向一處便知道，每一個人往生那一瞬間的心僅只起了一個作用而已。

既然是這樣，那麼透過觀落陰儀式與往生者相會，有無可能是在世親人在悲慟之餘內心所幻化的嗎？

死後世界有絕大部分是你心所幻化出來，它不是一成不變的。人想透過觀落陰進入另一世界與往生者相會，我方才已明確地告訴你一件事，你想見到往生者必須具備一些先天條件，施做者本身能夠先天帶有此天職，以及施做者的意識能夠自由轉換人與幽冥的意識空間，同時還具有連結在世親人與往生者意識的能力（創造出一個意識轉換空間），最重要的是，往生者與在世親人在心性上必須要有相似的特質，若一個內心充滿喜悅與和諧，另一個內心是對世間忿忿不平，在施予觀落陰儀式中冥界空間已被開啟，兩者意識是不可能有所連結，因此兩者是處在完全不同的意識層的靈魂。

現在臺灣坊間觀落陰已衍生出各式各樣的儀式。那麼，一定要透過宗教的方式嗎？還是透過不同的方式也能達到相同的結果？

以觀落陰儀式進入幽冥世界需要透過神明的力量。現代人看待觀落陰儀式過於簡單，如一個人無法透過宗教給予心中的力量，那麼，在進行觀落陰儀式的時候，就一定要透過宗教與神祇——宗教是人界與幽冥界的中間媒介。我要說的是，**宗教本身就是媒介**，進入幽冥界唯有透過宗教與神祇的力量才得以轉化，但那並非絕對[2]，它要具備的條件是非常多的。

神的力量並不會輕易降臨，尤其對宗教本就沒有絲毫虔誠心者，想在觀落陰儀式中立即獲得神助而進入幽冥，就如同是一個人平常未花時間在充實自己的知識，鎮日將時間花在與生命無關的事情上，當生命遇到瓶頸與困頓時，豈能有智慧來破除心中的陰霾？因此，無極瑤池金母才特別提醒，人若在生活中缺少一顆對宗教與神祇的虔愛之心，沒有神的恩賜與協助，一般情況之下是無法進入幽冥世界。那麼，在觀落陰儀式中所見的境是否有可能是內心所幻化？無極瑤池金母的回答是：「這是有的。」

現在所處的世界若不是真，往生後的幽冥世界就是真實存在嗎？

你問我：「**幽冥世界是否真實存在？**」它是一個聚集相同心性、意識、習氣、意念的意識空間體，就如我方才所舉的電影院。我再舉一個例子，在同一間戲院當中會同時放映許多部的電影，你不可能同一時間選擇所有的電影，你也不可能想看所有的電影，不可能，這是不可能的事情，不是嗎？你的心境不可能擁有所有電影的心境，這是不可能的，**你會選擇哪一部電影絕對是相應你的意識，你只能去選擇一個此時此刻內心意識連結最緊密的那一部電影。**這一個概念與往生後的幽冥世界是相似的，若你能夠理解我所說的，你必然已經瞭解幽冥世界構成的方式。

透過觀落陰與往生親人相會，其最核心的心結是——說完心中尚未說完的話。

近年我為無數人引導進入幽冥世界與往生者一縷魂魄相會，雖然每個人的故事不盡相同，最後都必須認清一個事實：**生命中與某個人的故事此生若未說完，最終它一定要找到出口，倘若此生未盡，便會延續到下一世，繼續完成它未了的故事。**

幽冥世界是有療癒力量的，人們透過觀落陰儀式與往生者相會，即便經歷的故事是虛幻而非真實，也都會從過程中得到某股力量化解心中的痛。

我相信一定有人會想問我：「你如何看待觀落陰？」我先來講一段我親身的經歷。

當一個親人、朋友從我生命中離去的那一刻，我與他的關係便在那一刻中斷，偶爾才會想起某人在我生命中的片段。我對已逝的他們從未存有太深的思念，也不曾動念請無極瑤池金母協助進入幽冥與之相見。早些年我很難去體會在親人、朋友離世後痛不欲生的思念。

一日靜坐時，我心中想起一位多年來在身體與精神方面每況愈下的朋友，這樣憶起對某人的關心，過去從未在靜坐中發生過，我將此現象視為是無極瑤池金母的安排。我祈請無極瑤池金母協助轉化元神意識，我觀看到朋友在身旁兩側，緊緊連繫著與他生命最緊密的兩個往生親人，分別是此生最愛與最恨的人。當下我很驚訝，原來對於「愛與恨」的思想竟然可以有如此力量，足以干擾一個人靈魂的平衡多年。在無極瑤池金母協助下，我意識到，這兩位已逝多年的親人早已轉世投胎，但朋友與他們的連結仍緊綁在愛與恨之中。在他心中，他們的魂魄既不在幽冥也尚未轉生，而是如此鮮明地與他的靈魂共存。

這一經歷，我體悟到「誰才是緊緊跟隨誰的冤魂？誰的愛與恨又是不散呢？」這問題，又回到前一篇的問題——為往生親人送上紙紮品有用嗎P210？無極瑤池金母的答覆很巧妙地一箭貫穿這兩個大家都好奇的問題：「燒化紙紮物品對你的意義如何，不做對你的意義又是什麼？」「對已逝親人的愛與恨，對你生命的意義是什麼？」

下座後，我以朋友之名為他生命中最緊密的已逝朋友分別立了長生祿位與往生蓮位，並持誦了無極瑤池金母聖號、陰陽轉運咒予他們，目的並不在於渡化冤親債主與超渡亡魂，而是在朋友的心中點上一盞燈——一盞光明燈，引領他的心從逝去的愛與恨中走向光明。若干日後，我再次祈請無極瑤池金母協助觀看，神奇的是，兩位亡魂沾黏朋友的程度已削弱甚多，為何仍然無法完全消除？**我相信療癒靈魂力量的關鍵在自己手上**。

朋友與兩位往生親人的故事教導我「觀落陰」一事，站在靈魂轉世的角度，你必須將它視為一種「靈魂療癒與靈性平衡」，唯有在此生得到心靈療癒，才能停止輪迴的轉動。觀落陰儀式重要的是在幫助我們撫慰對往生者不捨的創傷，所見的一切是真是假，那都已經超過我們人所能想像的世界。

在此引述余德慧教授在《生命轉化的技藝學》的一段話：「當你看見你一生最不捨的東西時，你就知道自己的生命正在跟它親密交往。如果你要問為什麼？並沒有為什麼……在這裡面，修行的要素就跑出來了，我常會說，修行就是在體驗某種型態的becoming。」

註1 這裡靈性訊息停頓許多，無極瑤池金母難以用人所能理解的字詞來形容幽冥空間。

註2 因某種因緣，有一些人確實可以不透過宗教性觀落陰進入幽冥世界，但那只是少數。

Q25

乘願再來的說法是真的嗎？真的可以決定再轉世回來人間嗎？

無極瑤池金母說死後的世界

當我們看一棵樹，會認為它就是樹的全部。然而，若你從靈的角度去看一棵樹，它是複雜的，由許多許多物質所組成，而不再是你表面所看到的單一性。人的靈魂亦如此，你看一個人，會覺得他是一條靈魂，但是它是由許多意識所組成的——你沒有辦法真正地剖析一個人，完全沒有辦法！你看一件衣服非常漂亮，但你有辦法說出那件衣服的漂亮之處嗎？是它的材質、是它的顏色，還是這個人所穿出來的氣質？你沒有辦法，靈魂也是這樣複雜！

當一條靈魂離開人世間，他是隨「業」的轉動投入輪迴，這個業力裡

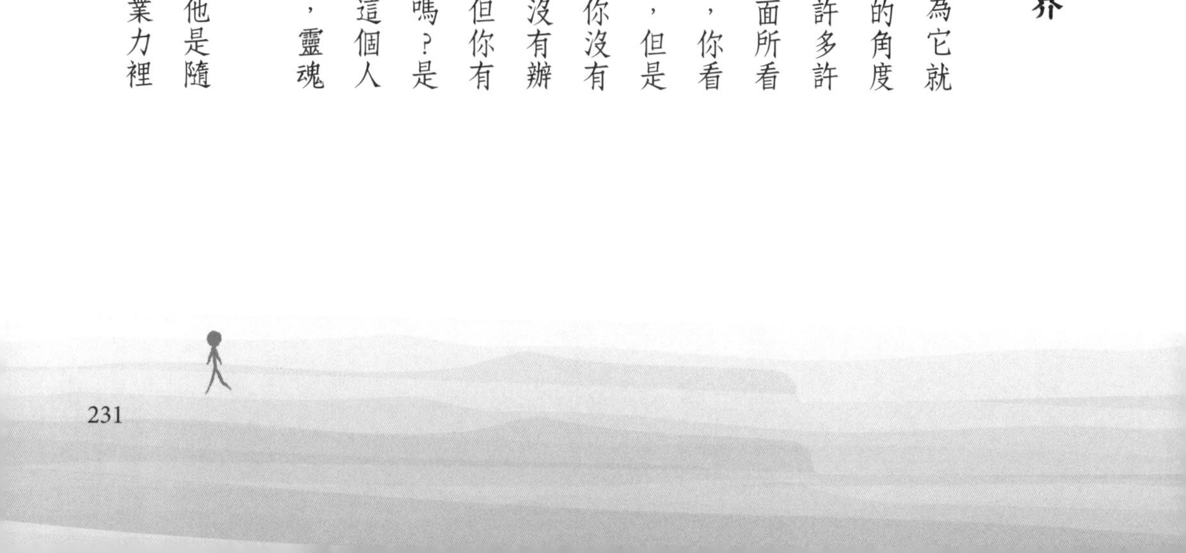

包含宇宙法則，這一條靈魂的意念也占了轉世輪迴的一部分，所以你沒有辦法決定一條靈魂他最終該投生到哪裡。或許你會問：「是不是隨著我的意念而去？」我還是要說，人的意念就如同一個人跳到水裡一樣，當你在水中，你只能決定：在水中你的態度是什麼？你要如何面對水的流動？至於水要流往何處去，你無法決定，靈魂轉世也是這樣子。

你想決定下輩子要投生到哪裡，但千萬不要忘了，政治、宗教、文化這一切本身也是一個大的運作法則，不是你決定來就來、決定走就走——輪迴轉世本來就存有許多不可控制的因素在其中。若每個人都可以決定我想要再乘願而來，這個世界將是混亂的——會混雜太多個人意念，而且，沒有一個人的意念是純粹的，每個意念都有夾雜到自己的欲望。

你沒有辦法決定你該投生到哪裡去，但**你可以決定你投生的世界會是什麼環境**——這就是你可以決定的！若你覺得這個世界是美好的，就絕對不會投生到一個充滿恐懼與不安的世界；若你今世就在一個佛教環境當中長大，有絕大因素是來自你接受、認同、看見佛教的某一面向，它吸引了你，但這並不代表你的某一世就是佛教徒——這是兩碼子事情。

世界是混亂的，但它依然必須保持在規律法則裡面，沒有任何一個人為意識有辦法去控制它，規律的法則是非常大的運作法則。在一間食堂裡，你可以決定你想吃什麼食物，但那也是在有限的選擇裡面（在看似無限的環境中做出有限的選擇，這就是人生），你不可以選擇所有的食物。世間如此大，輪迴轉世並不是人們想像中的如此簡單跟單純。

Q活佛轉世的說法是否存在？

世界在變，每個個體也都在變，宗教本身也是經過許多演變而成的，我並不是指不存在，但這個說法歷經千年來到現世代是需要被檢討的，就如你們也會問：「汝是不是一直穿著一樣的衣服（指人們好奇為何神明都穿一樣的衣服）？」我們也是隨著不同世代人們對神祇的認識而在演變。你認為鏡面一成不變嗎？一成不變並非鏡子的特質，鏡面不停的在變，隨著鏡前的物體移動而有所變化。世界法就如同鏡面，鏡子前的世界已經改變，人卻希望鏡面裡的世界不要改變——這不可能！別忘了，鏡面是隨著世界的變化而變化，矛盾的是要求鏡裡世界不要改變的人，而不是鏡面本身。文化、宗教、政治等一切，它就是具有演變特質才珍貴。若它是一成不變的，它不會被人們留下來。

許多年前，我就請示過無極瑤池金母這個問題——真的有活佛轉世嗎？真的有活佛之說嗎？當時，無極瑤池金母並沒有解釋得太深入，僅只傳下一句話：「它的存在有著太多人為的宗教與政治。」我立刻就明瞭了話中的涵義。

一念天堂，一念地獄

當一條靈魂決定來到人世間，靈魂就像一片漂浮在河流上的葉子，沒有辦法決定河流的去向：水會撞擊到石頭而顯得強勁，這是大環境的循環；水遇到沙灘而緩慢，這不是葉子所能決定的。葉子、水、石頭，都只是構成這一個世界的素材之一，生為人，你唯一也必須去處理的，只有心的問題，而不是去煩惱外在世界的變遷，那並非你所能控制。心安穩了，就不用去管外在世界的運行法則，世界自然有一套它應該有的運作法則。

讓我們再把範圍縮小一點來看，我們有時候會對旁人一些不合自己心意的行為感到不平，心常常會糾結在與自己想法不同的人事上，對此，無極瑤池金母的教導是：「看著它們的行為，不要忘了要反觀心的起伏，彼此都是隨著自己的業力罷了。」感受是心與心之外的事物的摩擦作用，沒有心，就不會有感受；沒有對象，心自然就不會有感受。觀照心，讓它平靜下來，你所見的世界就會是寧靜祥和的。

千萬不要以為無極瑤池金母要我們以消極的態度來看待靈魂轉世，相反的，祂的靈性訊息裡充滿了靈修法：「你可以決定你投生的世界會是什麼環境——這就是你可以決定的！」靈魂的轉世輪迴有個非常重要的法則，**轉世並不是單向線性，轉世並非建構在死亡之後的未來事，它就存在當下，就是現在**——時間不是建構單一線性發展，過去、現在、未來看似是存在的事實，但從靈性的角度來看並非如此。在宗教領域裡，有許多人是帶著對死亡的恐懼在修行，或是夢想有一個更美好的極樂世界、天堂靈界在遙遠的一方等著我們，而那個美好的世界是建構在某種宗教儀式、行善、布施上的，但是，**不論天堂與地獄，其實就存在你當下的每一個念頭**。

讀到這裡，你不妨深吸一口氣，闔上書，然後問自己：「我現在自在、快樂嗎？」整日喜歡往聲色場所、八大行業跑的心，很難與寧靜喜樂的氣場相應；喜好談論鬼神、妖魔，一顆充斥著怪力亂神的心，很難融入正信信仰；相信斬妖除魔那一套鬼神神話的人，自然很難調伏自己的心性……。心非常單純，無法裝進所有的事物，也不可能與所有事物相應，它只能放入你想要的事物，難就難在——**如何取捨心裡面的東西**。

多年前，在我專為想要走靈修的朋友開設的「靈修覺醒旅程」課程中，有學員問了一個很有趣的問題：「若我臨終那一刻決定不投胎，是不是就能中止輪迴？」無極瑤池金母如此回答：「你臨終時的念頭決定了不要投胎，但你深層的意識真是如此嗎？在最後一刻陪伴你臨終的家人，態度也與你相同嗎？你能夠身處吵雜環境（指傳統的喪禮）而安住不起念嗎？」心的調伏全憑每日的一點一滴，心是由過往所刻劃與累積而來的，不可能一時半刻就一掃積累於心的習氣，雖然佛陀說「放下屠刀，立地成佛」，但背後仍有許多因緣在支撐。這個提問的背後仍隱藏同樣一個訊息：意念決定你最終的投生去處。**世界是由心所投射，未來就在你意念當中。**

比「乘願再來」更重要的事

一件事情的誕生與傳承，必然有其當時時空背景必備的條件，而它存在的意義必須附加某種說法方能威服當時的人，這是不得不的做法——在亂世，人心混亂無所安住，政治無法給予人民信賴，政治必然挪用（借）宗教與鬼神力量統領人心，這樣的例子在世界各國都能找到，尤其是在落後國家與混亂世代。

活佛真能乘願再來？我們不妨從這問題反思另一個議題，若一條靈魂真正有心「乘願再來」，為何不投生到不同的環境，以不同的樣貌與身分渡化眾生？靈魂真的可以乘願來到人世間而享有前世的一切嗎？如真是原來那一條靈魂乘願再來，應該保有原來的智慧、精進、持戒之心，為何轉世後卻無法傳承原有靈魂的智慧與清靜，仍會犯種種戒律？或許就如無極瑤池金母所言：**「這個說法在現世代需要被檢討。」**若你想問我對密宗的看法，我在《我在人間與靈界對話》裡寫了一段我與密宗的因緣，有興趣的朋友不妨再去翻閱。

現在我們再把畫面拉回到宮壇、寺廟、新興宗教道場，這些場域裡有太多人自稱是觀世音菩薩、釋迦牟尼佛、瑤池金母、三太子等轉世來到人世間。其實，「仙佛轉世」與「乘願再來」這兩個詞背後涵義並無太大差別，皆是在轉世後的身分外層披上另一個足以取信人們的外衣，這無關乎真與假。電影《蜘蛛人：返校日》中，有段劇情很值得深思——

蜘蛛人彼得・帕克急於懲奸鬥惡而無視鋼鐵人東尼・史塔克的勸阻，無奈之下，鋼鐵人只能選擇收回他為蜘蛛人精心設計、製作的外衣配備。

蜘蛛人說：「我只有這套裝備了，沒了它，我什麼都不是。」

事業、人生、感情皆令人稱羨的鋼鐵人則說：「如果沒了它，你什麼也不是，那你就不配有它，懂了嗎？（If you're nothing without this suit, then you shouldn't have it, okay?）」

真正神靈轉世者根本不會鎮日將這一切掛在嘴邊，乘願再來者也要從零打基礎——太多人靠著穿神聖宗教外衣生存，卻忘了真正的人生是靠自己的心去體悟。因此，重點並不在於是否該相信某宮壇、某宗教、某人是否為仙佛轉世，而是應該返回自身思考：你有從這些人身上獲取解脫與見性的智慧嗎？透過體悟，方能擊碎沉封已久的意識層，以洞察的思維化解生命的苦難。如此反思後的力量比某人是否為乘願再來、仙佛轉世更為重要，不是嗎？

關於活佛轉世，無極瑤池金母說：「世界法就如同鏡面，鏡子前的世界已經改變，人卻希望鏡面裡的世界不要改變——這不可能！不要忘了，鏡面是隨著世界的變化而變化，**矛盾的是要求鏡裡世界不要改變的人。**」祂並不否定千年前活佛轉世如此不可思議的傳承，它是成立的，要去思考的問題是：它的誕生符合那年代的時空背景，如今呢？

當時西藏政教合一，必須要有神祕力量去統領人心，靈魂一代又一代的乘願再來是很美的事情，它不只是法的傳承，更是人民對國家的凝聚力。然而，千年過去了，世界的演化速度快得令人目不暇給，**活佛轉世的傳承制度真的依然繼續存在嗎？是「活佛轉世」不願退居幕後？還是人們緊拉著他不放，不願其被世代洪流淹沒？**這些問題的答案得留給你及後人自行思考。這個議題無極瑤池金母確實有更深入的說明，但我覺得應該保留這部分，留待更多思考空間讓讀者去反省與思辨，才能從中獲得更多。

關於輪迴乘願再來，還有一個在坊間流傳的說法是，再來投胎轉世並非同一條靈魂，而是有發大願的「意念」再投入子宮而產生新的靈魂，繼續完成宗派的精神象徵。宗教的精神象徵就如一條氣勢磅礡的大洪流，河道旁眾多小支流最終匯流於洪流中奔向大海，大洪流是精神象徵，某一條支流乾涸（緣盡願了），總是有新的小支流再度流入。是已經圓寂的靈魂轉世乘願再來，還是另一條靈魂在轉世時植入了某一位活佛的記憶投胎轉世呢？下一章節無極瑤池金母有所解釋。

Q26

輪迴是靈魂轉世，或承載記憶的阿賴耶識投入到新肉體再產生新靈魂？若是記憶轉世，是否也會捲入非靈魂原有的記憶一併輪迴？

無極瑤池金母說死後的世界

仔細看，有些小孩子一出生就在充滿宗教氣息的家庭當中長大，是他在前世臨死時就想要的嗎？不是。人在轉世過程中會決定投胎到哪裡，有一個很重要的因素來自他內心不自知的渴望（指人在世時不會很明確知道哪種生活才是我想要過的，卻在無意識間一直營造如此的生活環境），以及潛意識深處反映出的思維……，這一切都是決定下輩子去處的因素。

宗教所營造的力量非常巨大，它是一個場域，也是一個體制，它本身就是一個宇宙——一個宗教信仰的信念會創造出一個宇宙世界。

當一個孩子從小接觸佛陀的世

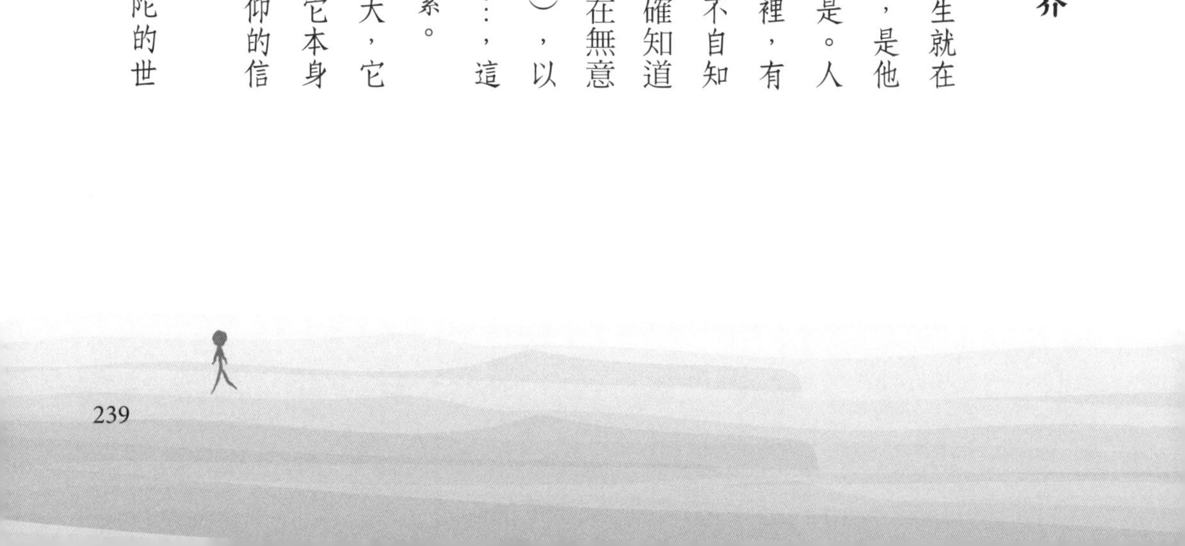

界，佛陀的世界已經同時建構小孩未來的世界觀，若他認同、接受與深信不疑，投生時，他會「選擇」去相應其世界觀的家庭，甚至會「選擇」在擁有相同世界觀的國家轉生，絕對不會跑到另外一個宗教家庭或國家（這裡出現兩次「選擇」，無極瑤池金母是特別強調：在世時你選擇的觀念已註定好未來投生的家庭與國家）。

家族、宗教、文化、民族都是一個世界的縮影，它們所營造的世界觀無形中在你靈魂裡構成你未來看事情的角度。因此你沒有辦法單純從一個點來談論人與輪迴轉世的關係，因為靈魂的世界觀蘊藏了許許多多數不清的思維與觀念。前一世觀念裡的無數世界都可能決定下一世的環境。

我們如何能夠將一個人拆開來看？我思想裡某一部分世界觀、價值觀是家人給我的？這部分是宗教給我的？那一部分是國家教育我的？愈堅定的世界觀，將讓你一直輪迴在所相信的世界當中。為什麼有的人會一直執著死後是否有天堂跟地獄呢？那不會有答案的，不論現今對它們有如何的解釋，在人們有限的思維中依然無法解釋透澈。

若有人想要用科學角度去解釋天堂與地獄，永遠沒有辦法完全擺脫你腦袋裡已經存有對此問題的思維，你會帶著本來就有的思維並套用科學去尋找天堂與地獄的答案，最終依然不是科學，那只是你原本就有的思維裡套用科學去解釋罷了。若有一個人他內心存有完全的佛教世界，自然就會用如此的角度來看待天堂跟地獄，那也是一種思維。

當科學跟宗教綁在一起去解釋任何一件事情時，必然會再度產生一個新的思維。因此，世間的每一件事情很難有絕對的真相。

那麼，天堂與地獄的真相是什麼？**你永遠只是在尋找一個不存在的東西。**它是由人的意識所建構出來的答案，你原本一直堅信它就是如此，最終也是別人腦袋裡的思維，它並不是真相。

你可以用很多的說法去解釋這一題的疑問，但是那對於你的修行、對於你自己沒有幫助，因為建構出來的說法都是摻雜許多因素在裡面。

（以上靈性訊息在解釋：輪迴轉世其實不只有一個人的靈魂記憶體，它融入了前一世整個民族、國家、宗教的記憶、世界觀、價值觀等。以上種種深入影響到一個人此生的個性、想法甚至家庭，個人的轉世輪迴不是只有純粹的個人業力，還有摻雜更多不可抗拒的集體共業。要將一段靈性訊息與問題扣緊來思維是非常複雜的事情，建議你多讀幾次，會更加清楚無極瑤池金母所要傳遞的重要訊息。）

所有人要去面對的每件事情，從長遠來看，即在一個運作之下的結果，就如同一個孩子在一個環境裡再怎麼玩，他的情緒、他的歡喜、他的悲傷就在那個環境中發生，對他而言，那是他全部的世界。但是，若從大人的世界來看這個小孩，從一個外在更大的觀點來看小孩的世界，會覺得小孩只是在一個小小的地方發生所有的一切，但那卻是他全部的世界

每個人都一樣，你也一樣，你會認為說我好像把世界走大了，那只是你的腳跟你的眼睛把這個世界走大——**世界根本沒有大，真正的大不是世界，是你的心，是你的心要走大。**若想要跳脫與理解輪迴，你的心不可以束縛在某一個宗教裡面，你的心要寬廣，你的世界要寬廣，寬廣是指靜觀一切的事物，沒有答案與否定。

為什麼有人說你這輩子很苦，投胎到下一世依然會很苦？不是因為你做什麼，那是因為你「選擇」用「一種」態度來面對生命，你的世界觀讓你的朋友、家人及所處的環境都是一樣的、本質都會很相近，因為你就是其中一份子。當你選擇輪迴，你會帶著前一世的「世界觀」投生到下一世。所以，不要以為你做了什麼事情就可以擺脫業力，你的心要是悠遊的、要很輕，若你沒有辦法跨越每一個宗教、所投生的國家看事情的角度，就算投胎了，你還是在相同的觀念底下，在一個小小的遊戲室當中遊戲（輪迴），誤以為它就是世界的全部。

或許你會說要做好事下輩子才會出生在好家庭，若你此生沒有辦法吸

引你認知的好家庭來到你生命——若你沒辦法在在世時就達到此境界，你的國家、家人、朋友是很好的——選擇輪迴後還是會有悲苦的一面在你所生的世間。所以，不用執著要投胎到好家庭，去回顧、去看你現在所處的環境，**來世就是你心的世界，你當下所處的環境就是你心的世界。**生命不要只是狹隘活在小小的心的世界，你要擴大去看，你要擴大到這整個世界去看，若你進入到這個層次，就會發現沒有人是自私的。

人的靈魂是複雜的，它是由宇宙、世界、宗教、家庭等多種觀念所組成的意識層，因此無極瑤池金母才說：「如何能夠將一個人拆開來看？」當這一條靈魂轉世時，一同捲入輪迴大車輪不只是靈魂本身，還包含了每一世構成靈魂的意識、觀念等等，輪迴轉世時也連同家庭、國家、宗教一起隨靈魂投胎轉世。

你的境遇，都和你的本質相近

「近朱者赤、近墨者黑」這句話充分解釋了輪迴轉世的祕密。無極瑤池金母說：「你的世界觀讓朋友、家人及所處的環境都是一樣的、本質都會很相近。」你今世所投生的環境、遇到所有的人、遇到的事情本質，都與你是相近的——接受的是與你氣味相投，不喜歡的是反映出你內心另一面的世界，**不論如何，都是你**。

你或許會覺得，這怎麼可能？我這輩子遇到的都是爛人！我家人不瞭解我，怎麼可能和我是一樣的？注意，無極瑤池金母講的是潛藏的本質，是更深層的觀念和個性，你必須靜心完完全全剖析自己、看透自己的心，才能看透靈魂之外的世界。唯有走入內心，才能走出舒適圈，無畏於世界的挑戰。

在佛教思維中，轉世是意識、念頭在輪迴，沒有中國三魂七魄的觀念，無極瑤池金母靈修派的觀點則融合二者：輪迴轉世，既是靈魂的課題，也是意識的顯現；構成靈魂的本質就是意識，意識裡更夾雜著難以拆解的觀念，它來自世界、民族、國家、家庭……。

回到主題：輪迴是靈魂轉世，還是承載記憶的阿賴耶識投入到新肉體再產生新靈魂？無極瑤池金母的靈性訊息提醒我們：**輪迴轉世不是單一條靈魂的轉世，也不是記憶投入新的子宮再產生新的靈魂，它是由一團又一團難以拆解的個人業與共業所組成的意識層轉世**。不要過分執著有沒有天堂和地獄，你得到的答案都只是附和原本就存在你心中的價值觀。你相信什麼？你想看到什麼？你想聽到什麼？都是由你的靈魂意識與世界相對應，那不是世間運作的真相，你一直追根究柢的東西，最終還是在你心中的小小世界打轉，哪裡也沒有去。

無極瑤池金母非常威猛之處，在於每一段靈性訊息中孕藏著無數的問題與答案。在與祂對談本篇的問題時，我意識到另一個問題——催眠。催眠時所感受到前世今生真實嗎？是我們的幻想或真實呈現了前世的一切？若是幻想，為何我們對這些事沒有印象？原因是：轉世輪迴根本不是單一靈魂記憶的轉世，有太多共業與觀念夾雜在你的靈魂當中，當你選擇繼續來到人世間，這些密不可分的觀念統統隨你一起被捲入到輪迴轉世的大洪流中。

進入催眠狀態，被喚醒的是最粗糙、最表層的意識層，它會化成你今世所能理解且具體化的畫面，因此，無極瑤池金母才說：「若你沒有辦法跨越每一個宗教、所投生的國家看事情的角度，就算投胎了，你還是在一個觀念底下、在一個小小的遊戲室當中輪迴。」你在催眠中所見所感受的一切畫面，仍然是以被捆綁的靈魂意識為中心，有絕大部分混雜了太多不屬於你靈魂印記的事物。

你相信催眠嗎？與其依賴它、相信它，不如依靠自己的力量去探索內心世界。想要釋放靈魂的自由？第一步就是先成為自由的意識體，這樣才能夠解開靈魂的鎖鏈成為自由人。這一段靈性訊息最值得深思的就是這一段話：「你當下所處的環境，就是你心的世界。**生命不要只是狹隘活在小小的心的世界，你要擴大去看，你要擴大到這整個世界去看，若你進入到這個層次，就會發現沒有人是自私的。**」也許你對這段話有不同的解讀，我也不想要介入你的生命太多，所以只單純分享我接收到這一段靈性訊息時的感動。

「從大人的世界來看這一個小孩，從一個外在更大的觀點來看，小孩只是在一個小小的地方發生了所有的一切。」無極瑤池金母這段話隱藏著跳脫輪迴的修行法：**跳脫當**

下的我，**自問自己現在在做什麼**。人之所以苦，並非苦真實存在，而是我們太入戲，當你對每一件事都過度當真，你的心便會隨著事件的起伏高高低低，而**「從外在更大的觀點來看小孩」**再次呼應了〈這一世死亡後，每一條靈魂會馬上進入下一世嗎？〉所提及靈魂會再轉世輪迴的原因——把遊樂園當成真實世界 P186 。

將心走大，不要僅用一種態度面對生命

生命轉軸分秒都在無限次重複，今天在預演明天，昨天是今天的彩排。靈魂意識有朝一日必會覺醒，因看透生命把戲而不想再玩下去。耶穌被釘在十字架上，是在化解身體的苦痛，死而復生的不是肉體，是靈魂意識。輪迴轉世繞來繞去千百回，皆因人活得太當真。不妨試著抽離幾分鐘當下心境，反問自己在做什麼，當心從身體意識暫離半刻，即無極瑤池金母所言**「從大人的世界來看這個小孩」**，很多煩惱就會熄滅——你其實不必外求生命種種疑問的解答。每個人都活在自己心的世界中，你如何看待這世界，全是你心的投射。

我們無法要求身邊每個人都是慈祥的睿智老人，也不可能要求每個人都像德蘭修女那樣體現基督精神照亮世間，但至少可以自我期許將心走大。**大，是指沒有偏限、沒有太過偏執而失去平衡的人生態度**，如同無極瑤池金母教導的修行法，要跨越每一個宗教、國家。生命的苦，來自於我們僅僅「選擇」用「一種」態度來面對生命。

我們不能再用同一種方式來處理自己的生命——若能進到這樣的生命層次，那就會像大人觀看一群困在遊戲室的小朋友，每個小朋友（每個人）都只是活在自己小小的世界，小朋友的痛苦、憂慮、悲傷皆與我們無關，他們的情緒干擾不到我們的心。

每一條靈魂都只是努力了盡此生的生命課題，當知道了自己是誰，便會意識到過往的一切是如此愚蠢，此時，意識覺醒心圓滿了，就回去了，何來的自私？既無自私，又有何偉大？一個自私自利、無法站在宏觀思維的人，只是因為他的心走不出去。他沒有錯，只是需要些時間讓心融入這個世界，也許他在今生就能夠做到，也有可能要到來世因緣才會發芽，但總有一天，每一個人的心必然回歸那一條靈的狀態，融入這世間的自然法則當中。

輪迴是靈魂轉世，還是承載記憶的阿賴耶識投入到新肉體再產生新靈魂？每一次的轉世，我們都會在相同的環境底下不斷玩這一場遊戲，若你的習氣、思想包覆在宗教泡泡中，不用懷疑，下一世你依然會從相同的泡泡中誕生，只是有時候和我們有所接觸的人會不同，但依然與我們有著類似的思維。

每一次輪迴，都會捲入許多集體意識與共業，例如宗教思維、政治偏見、族群文化等等，這些看似獨立於思想之外的事物，都會伴隨意念跟著轉世進入到下一世去。因此，無極瑤池金母才提醒我們：「不要以為你做了什麼事情就可以擺脫業力，你的心要是悠遊的、要很輕，若你沒有辦法跨越每一個宗教、所投生的國家看事情的角度，就算投胎了，你還是在一個觀念底下、在一個小小的遊戲室當中輪迴。」

每一趟輪迴轉世都像是一艘乘載著記憶、集體意識與業力的船，而每一次死亡時，宇宙的運作法則都會幫我們清洗一部分表淺、對提升靈魂覺醒較沒有幫助的意識，到了下一世，我們人為的自由意識又努力在這一艘船上放了更多不必要的觀念、思想、情緒，以及國家、宗教、政治的思維等等，轉了一圈又一圈、一次又一次地循環於人世間，這就是我們自己劃地自限的輪迴遊戲。

那麼，如何才能不將太多不必要的集體意識帶入輪迴當中呢？

我還是得引用無極瑤池金母所教導的：「你唯一能夠做的就是把自己的生命放慢一點，不要太快的把這一生走完。生命最終會老去，你要去享受的是老去的這個過程，而不要太過傷害你這個身體跟生命。死亡是不是註定好的？用你的心去感受，死亡反而是很美的。」P203～204

關掉你對新聞媒體的好奇，尤其是政治和社會新聞，不管它有多麼嚴重，那都與你無關，《星際大戰》中，肯諾比對天行者說：「關掉電腦、關掉機器，自己來做、遵循你的感覺、相信你的感覺。」這是喚醒靈性的話語，它在教導我們：回到心裡去喚醒原力（the force）的路徑，就是關掉外界的干擾，另一個重點是，不要只用單一個宗教思維看待世界，那會讓你很辛苦。生活步調走慢一點，嘗試用這種新的生活方式一、兩個月看看，你會發現心非常輕——不受外在意識的牽絆，你的心反而更有力量去享受生命的滋味。

Q27

牲畜是意識完整的靈魂嗎？吃葷與茹素對人的靈魂又有何影響？

無極瑤池金母說死後的世界

你提問了若干問題，而在一開始我就有告訴你一個祕密：所有人都不是一條完整的靈——所有的人都是如此！你會說：一個人不就是一條靈魂？不是，他不是一條完整的靈魂，包含牲畜也是如此。

你知道嗎？在一面清澈的湖泊上方下起雨，雨下在湖泊上會激起水花，每一滴水花都不是一樣的，有的水花比較純淨，有的水花比較混濁，甚至有一些在湖面激起的水花會夾帶一些雜質而顯得比較大顆。

若我跟你說，把湖泊反過來變成是天空，而激起的水花就是每一條靈，那麼從原本湖面轉為天空所降下

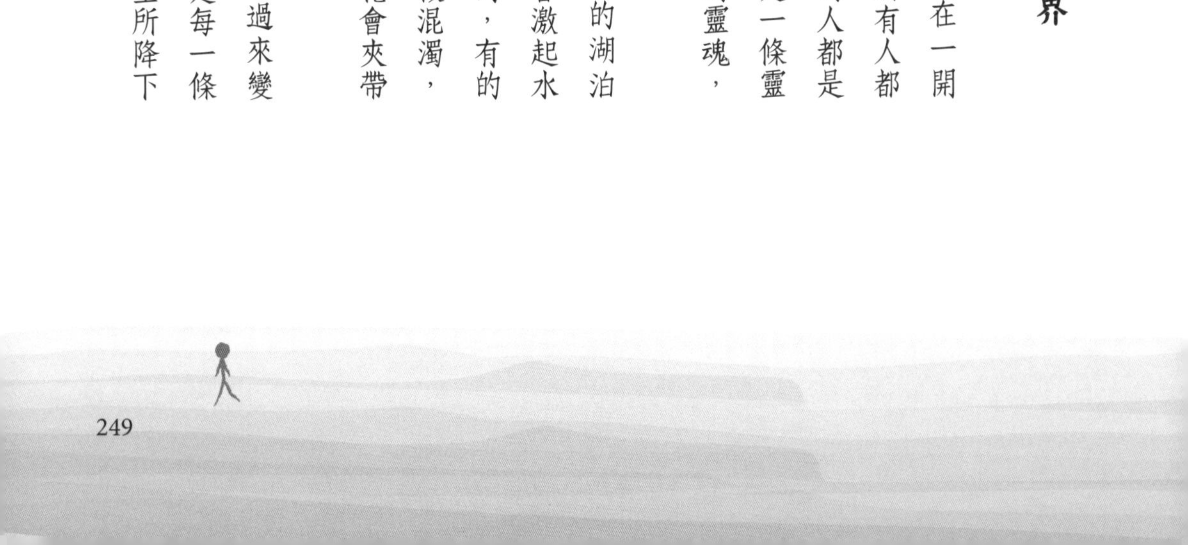

宇色感知的示意圖

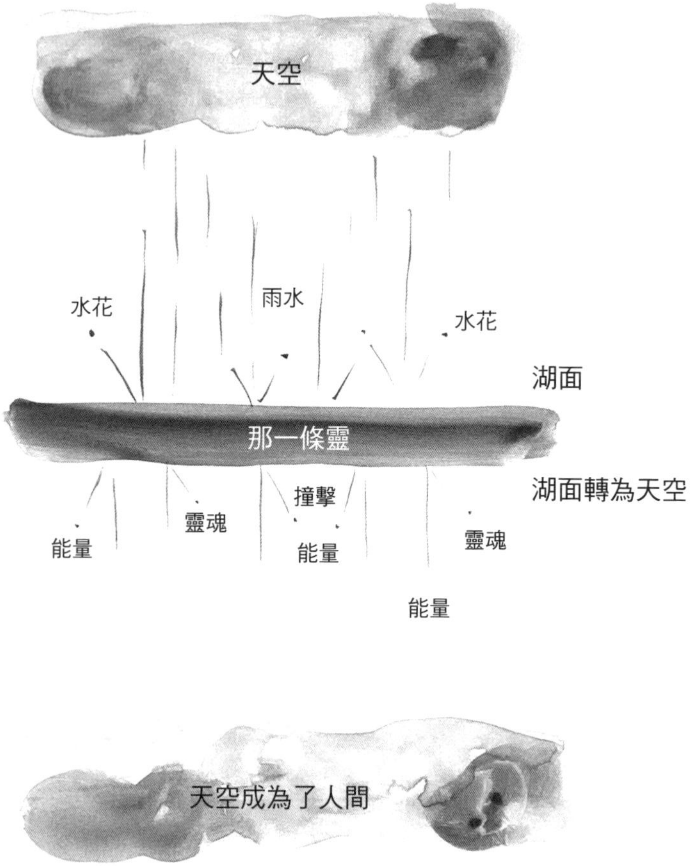

無極瑤池金母將「雨水滴落湖面激起的水花」隱喻為靈魂，主因是要說明靈魂從那一條靈分化出來時就像是雨水打在湖面「激起」的力道。無極瑤池金母讓元神意識感知到靈魂分裂的作用力與「水花激起」非常類似，那一條靈不會自己產生出一條新的靈魂，它是透過外界的能量共振、撞擊後產生的結果。就如同女生不會自然產子，女子必須經過與男子的結合才有可能孕育新的下一代——無極瑤池金母以湖面反過來為天空闡述靈魂脫離那一條靈的狀態，就是傳遞「那一條靈不會自然產出新的靈魂」的訊息。

的每一顆雨滴都是不一樣的，分化出來的每一條靈就是不一樣的。你知道我在講什麼嗎？

牲畜也是如此，**你一定聽過很多人說畜牲是人投胎所化，不是的，人不會變成畜牲，人就是人**，就如你看到一朵玫瑰花，不管他怎麼分化，不管他的種子怎麼分化，若沒有人為的作為意識去改變它，玫瑰花不會變成牡丹，因為他們是屬於不同世界的東西——動物跟人，也是一樣的。

若你要問人會不會變成牲畜？那是他的意識分化，**那是一個人他最符合某種動物的一個特徵所分化出來的一條靈**，那不是完整的。若今天一個人他很貪睡，你會說他怎麼像是一隻豬那樣貪睡，這個人呈現了你認知中豬的一個特質，但你看見的某人的貪睡，並不是一個完整的人。今天你看到一個人非常難過悲傷，而感覺他像一隻一直在等待另外一隻鳥回來的孤獨鳥，為何你會這麼說？因為鳥一般都會跟另一半相處在一起——許多鳥都是夫妻同行的，而他所呈現出來的，就是一隻鳥的某一種特質、一隻鳥所呈現出來應該有的樣貌，不是嗎？

你要知道且要在意的是，你吃進去的並不是一條完整的靈魂，但是牠有那條靈魂的特徵。所以，若你問我吃葷對一個人的影響是什麼，其實你不用害怕吃進一條完整的靈魂，不會的，牠不是一條完整的靈魂，而是一個特質而已。不過，那個特質與人的靈魂是非常相近的，例如鵝有鵝的特質，顧家的，忠貞的——每個動物有每個動物的特質。

所以，若你今天吃進去的是一隻豬，那麼豬所呈現的貪婪、愚昧、不善於思考的特質會進入到你的靈魂中。不要說你吃進去的是一條靈魂，不用擔心自己吃進去一條完整的靈魂，影響你的，是每一種吃進去的東西的特徵，而不是一條靈魂。

Q若我們的靈魂會因為吃進去一隻牲畜而有所影響，盡量少吃肉對靈魂意識覺醒與心性修行會比較好嗎？

我告訴你的，並不是少吃肉會比較好，也不是多吃肉又會如何。當你吃一塊肉時，你當下的心態是什麼？我還是回到那句話，意識是會流動的，絕非是一成不變的。

我不知道你們有沒有看過，有的人在吃一頓餐時所顯現的心性是貪婪的，他的內心沒有一絲喜悅與感恩，他的心是迂腐的、是不乾淨的——你一定有看過。若他們在吃東西當下的念頭是這樣子，那麼，食物帶給他們的影響就會更大了。

古人說，**吃東西時盡量保持清明的心、盡量保持一個喜樂的心，不要**

去談論他人的是是非非，就靜靜地去享受餐點的美味。是的，古人有這樣智慧和觀念是沒錯的，因為**吃東西是一種意念的匯集**。

當你在餐桌上進食，本身就是無數意念的集合。許多會議都是在餐桌上討論的，為什麼？因為在餐桌上進餐是一種儀式，進食本身就是一個儀式。若人在吃飯的過程中去談論一些不必要的事情，它會助長這個食物本身的特質，這個食物本身所散發出來的特質會勾攝你們，那是非常可怕的。為什麼從來沒有人去思考這個問題：在吃飯過程中，應該要做什麼而不要做什麼？

不要小看吃東西這件事情，它是非常神聖的。若有一個家庭，在吃飯過程當中沒有太多不必要的交流、沒有去說不必要的話，大人與孩子靜靜去感受食物帶給他們的能量，那麼這些牲畜本身的靈的特質就不會干擾他們的靈魂與身體，因為牠們本來就不是完整的。

若一隻牲畜靈的特質是貪婪的，經過人類許多道程序處理過後，他的意念會非常非常薄弱，但是你在吃牲畜時心若是貪婪的，就會助長食物的特質，而牠的特質也會助長你靈魂中相同的特質——不要忘了，**意念是能量與頻率所構成的一部分。**

人的意識是活在頻率當中，人的靈魂也是由頻率所構成。你知道嗎？

古代富貴之人吃飯，絕對不會穿著不乾淨的衣服上桌，他們會打理得非常乾淨、整潔地去吃一頓飯。為什麼？我剛才說了，進食是一場儀式，就跟進行一場宗教儀式是相同的。

你問我說吃葷吃素對一個人的影響是什麼？那並不是重點，不要執著在葷素這方面。若你在吃素食時心中充滿對某件事、某個人的批評，餐桌上的每個人都用批評的心在談論每件事情，或是談論一些世間醜陋不圓滿的事情，那麼，就算這個素食煮得再美味、就算這頓餐呈現得非常美好，你的靈魂依然是骯髒的。若今天他們在吃葷食，每個人心中充滿了感恩與快樂，抱持感恩的心看待每一件事情，也不去談論人的是是非非，他們在進餐時討論與學習的是對世間的尊重，那就算吃進去的是牲畜，也會因為進餐時大家所散發的意念是美好的而有所不同。

我還是必須再說一說——**食物放在餐桌上面本身就是一場儀式**，跟宗教的儀式是沒有兩樣的。現在的人太重視烹飪過程，卻沒有人去探討**在享受食物的過程中該如何看顧自己的心**。不要再執著在吃葷吃素這個問題了，這對你是沒有任何幫助的。

知道自己身心靈發展的程度，與在人生這一條路上的位置，是非常重要的事情。人的靈魂是一連串不同的轉動，每一時期、每一階段對於身外之境總有不同的體悟。其實，古今中外許多智者都傳下生命中不同階段的轉動，只是文化不同，所描述的階段也不盡相同。

- 日本有一則對於人生階段相當有趣的格言：「十歲時的人類是動物；二十歲是神經病；三十歲是失敗者；四十歲是個騙子；五十歲是罪犯。」歷經五十年即將邁入死亡時，六十歲後或許是悔悟者。
- 中國的孔子說：「吾十有五而志於學，三十而立，四十而不惑，五十而知天命，六十而耳順，七十而從心所欲，不踰矩。」
- 最為世人所不解的，或許就是印度的種姓制度，即婆羅門、剎帝利、吠舍、首陀羅——祭司、統治者、士農工商牧與僕役，但這四個種姓背後其實也代表了人類生命的四個過程：首陀羅，年輕時我們努力工作，以勞力換取生活的必需，對生命不能懶惰與鬆懈，每天都要有所付出，這是學習與探索階段；人付出身體的勞力後獲得獨一無二的經驗，再結合過往的歷練，累世的因緣會逐漸引導我們走向屬於自己的路，有些人在經商方面有所成就，有些人在工業、服務業等方面逐漸嶄露頭角，這時便走到吠舍階段，它代表以過往經驗、智慧換取生命所需要的一切，而不再是以苦力博得物質；當年紀漸長、經歷一切風雨後，人必須成為自己心的主人，就如孔子所說的「七十而從心所欲，不踰矩」，我們不再為生活所勞苦，也不用再整日為兒孫、生活與物質等疲於奔命，生命進入收割期，走到剎帝利階段，也就成了生命的主人、管理者、統治者；最後是婆羅門，是祭司、宗教修行者、靈修者，此時生命即將走到終點，經歷生命的一切而對轉世到此生有相當的體悟，不再將身外之物緊繫於心，放下對俗事的牽掛而完完全全奉獻給靈性的階段——人生走到此階段，不再煩惱金錢、房子、車子、兒孫，唯一關心的是解脫：靈性的超脫，輪迴的解脫。

靈性每一階段重大歷程的發生，人必須也必然拋掉前一時期的心理狀態，**並從前一時期依賴、服從的觀念脫胎換骨，以全新的姿態進入另一個全新的靈魂歷程，這就是重生**。進入靈性轉換階段皆在無意識底下發生，幾乎都有一種去掉一身舊皮而痛不欲生的經驗。假設你正要脫去舊皮，卻又有一絲絲留戀或遲疑，那將會是一個嚴重的問題——這和你過去一直信以為真的焦慮感有很大的關係。**你必須有很大的勇氣與理性才能擺脫舊皮**，毫不猶豫地拋開所有束縛——蟬蛻去十六年殼身是為了向世界鳴叫六十天。

飲食與靈魂的階段

食物在每一個靈魂階段扮演了非常重要的角色，當靈魂有如脫去蛇皮般進入轉換的階段，味覺會最先產生變化。若你的舌尖味覺夠敏銳，便能感受其奧妙，例如女生經期期間會改變平時的飲食習慣，突然嗜吃甜食是內心隱藏對愛的渴望，愛吃酸食是生命中多有壓抑，重鹹辛辣是透過吃來釋放生活與工作壓力。

不只女性月經時的飲食可做為檢視身體與心性的顯現指標，許多人一生當中也都經歷過小孩嗜甜、青春期酸食不離口、進入社會的成熟期愛麻辣鍋，最後看透生命而心歸平靜，唯有苦澀的食物才能勾起人對生命的熱忱……。我此生的飲食也經歷了數次轉折：

小時候，與一般小孩無異，對甜食、炸物、零食無不喜好。小學時期在無旁人勸誘之下走入近十五年的素食主義，後來因為前工作是當時餐飲界龍頭，吃素勢必造成不便，站在工作與素食的十字路口，無極瑤池金母以一句話提點──**「為何要為了兩寸舌頭而放棄更大的生命挑戰呢？」**，以及**「這一份工作所帶給你的收穫將徹底改變你一生，是你此時難以想像」**的預言，讓我毅然改變飲食習慣，毫不回頭，彷彿這十多年的素食主義未曾在生命中留下一絲印記。我很慶幸當時順從無極瑤池金母的建言，我必須坦承，在前一份工作中的成長是瞬間爆發，影響力確實占了我人生一大半。**生命有許多可能性**，素食帶領我看見不同的生命樣貌，我相信葷食也不會遮掩我看世界的雙眼──至少，當時若堅持吃素，我當時的工作確實不可能做得下去，而之後也因為那份工作而吃遍全國美食，深刻體悟到食物不該只是一場味蕾的搏鬥遊戲，它交織著美學、藝術、文化、品味等各種元素。

事後再回顧，確實如無極瑤池金母所言，那份工作在短時間內提升我在思考、溝通、聯想力等各方面的能力，同時也帶領我走出原本小小的世界。如今我已離開餐飲界多年，但每每到一個國家，仍會抱持著朝聖心態去品嚐當地美食，而且已經從品嚐餐盤食物的視野，擴大到品味一間餐廳的裝潢、裝置藝術、動線、餐具、燈光等等。歷經過素食與葷食的生活，我的飲食更加悠遊而不受約束，在家中以蔬食料理為主，出外也能與友人盡享美食饗宴，不論是素食、蔬食、葷食、魚肉——我唯一不碰的是加工處理過的料理。

二〇一五年參加印度希瓦南達瑜伽在泰國清萊所舉辦為期一個月的瑜伽師資營時，每日凌晨四點多起床、早晚操練近四小時多的瑜伽、背誦《瑜伽經》與《薄伽梵歌》，一日僅食用兩餐。在那一個月裡，我不知不覺擺脫每日必食用蛋、奶的依賴，也從原本堅持早中晚餐的三餐主義者，改變成一日兩餐。

結束了嗎？不，我的飲食演變史還沒有正式終結。近年來，改變人類飲食習慣的生酮飲食風潮在全世界蔓延，但我對生酮飲食一點興趣也沒有，畢竟一日兩餐及每日的瑜伽、冥想、靈動定課已經對我的身心靈相當有幫助了——至少身心平衡，無再多涉獵其他飲食法的必要。然而，或許是無極瑤池金母的巧妙安排，二〇一八年我接觸了柿子文化出版的《脂肪與油救命聖經》，完全顛覆了我對食用油的觀念——食用油不僅不會造成身體負擔，更重要的是，身體每月細胞、血液的汰舊換新必須仰賴好油。

提到食用好油，就不得不談論到生酮飲食，許多人誤以為生酮只是單純用來減肥，這真是大錯特錯，生酮的目是活化體內細胞的粒線體；激發了粒線體，才能夠讓身體進行完整的新陳代謝。

然而，理論畢竟是理論，想體會個中好處，得親身實踐。我嘗試將家中所有劣質油品換成療癒、平衡等一系列好油，每日食用量約一百二十到一百五十西西（相當驚人），出外用餐時，好油絕對隨身攜帶，若不方便帶出門，便向店家索取奶油、美乃滋、豬油應急。此外，還必須斷除米飯、精緻澱粉、多果糖水果、高碳水化合物食物等，一些初次與我用餐的朋友見我大口食油的模樣，無不驚嘆：「你有在吃東西嗎？根本就是在吞油[2]。」

為了強化粒線體的效能，我每日早晨都會將臉浸泡在冰水幾次、每月咖啡或鹽水灌腸、每週五次以上的桑拿排毒——當然，瑜伽、靜坐冥想、靈動等依然是我每日的定課。這樣看似非常人的日子過了一年多下來，結果出乎意料，我的體重並沒有因為每天大量吃油而直線飆漲，相反地，還整整瘦了約十一公斤，並且完全沒有復胖跡象。

瘦身並不是我嘗試多油飲食的目的，我想知道的是，身心歷經這一連串巨大調整後會產生何種改變。一年來，我幾乎可以不用任何保養品，皮膚看起來就相當光澤亮麗，以前總是輾轉反側、難以入眠的睡眠困境也不復存在。此外，自二〇一五年一日兩餐後，我想方設法要從一日兩餐逐漸減少為一日一餐——靈修最終必須進入少食、食氣階段，當身體透過靈動、瑜伽修練依然無法達到一日一餐時，即已透露出身體的極限——**有時候，修行走到瓶頸，並不一定是走入了死胡同，而是靈魂在提醒我們繞一個圈的時候到了**。食用好油、多油與生酮再配合古印度瑜伽、臺灣靈修的煅身功法後，不知不覺中，我進入了一日一餐的飲食階段，同時在靈修上突飛猛進的精進。

每日攝取單純及少量的食物，延遲身體退化與促進身體新陳代謝，對排出堆積在血液內的雜質與毒素起了很大的幫助，少量攝取食物與食用食物提煉的物質，例如優質的油，更能夠刺激細胞粒線體，幫助身心靈轉化，對靈通力與直覺有相當大的助力。

也因為如此，每日靈動已經大幅減少身體經絡伸展的時間（因為已有靈動，雖依然會做伸展，但不用花像之前那麼長的時間；若長時間沒有練，那就還是得花上一小段時間），在極短時間內能夠轉動元神運用呼吸法修練真元[3]，漸漸地對於身旁事物的感知能力更敏銳，尤其是轉動元神與無極瑤池金母、仙佛意識交流時更為快速流暢。一名靈乩大量動用到元神意識，是相當耗費精氣神與元神能量的事，經過一年多在身體、意念、先天炁與後天氣修練之下，才有這一本完全由無極瑤池金母親降靈性訊息答覆靈魂輪迴轉世問題的著作。

傾聽自己的身體語言

我並非要你棄素食而投向葷食的懷抱，更不建議大家在不清楚內在身體頻率的情況之下執行生酮飲食，每一種飲食方式都有其利弊——對身心皆是如此。因此，我個人的看法是，聽從身體機能與心理層面去調整，才是最好且最適合的飲食態度——不論它是什麼。

分享這一段親身經歷的飲食轉變，主要是想藉由我的故事點出一件事——每一個人的**身體無時無刻都在改變，你有真正傾聽過自己的身體語言、與它的頻率產生共鳴嗎？**無極瑤池金母靈性訊息中提及：「人是活在一個頻率當中，人的靈魂也是頻率所構成。」人有能力去瞭解身體的頻率，修行最重要的並不是著墨在素食、葷食、蔬食、不吃什麼而執著什麼，我曾是素食主義者，就算到今日也不覺得素食不好，只要它適合你的身體即可；現在我是生酮主義者，或許有一天我會完全鄙棄生酮觀念，再度回到素食主義或開放式飲食，不論最終的結果如何，那都是我曾經實證走過的路，我也相信這一切是無極瑤池金母的安排。

針對飲食，我們都該培養傾聽自己身體語言的能力，瞭解身體與內心在生命每一個階段中所需要的食物與飲食方式，而非一味追逐當紅的飲食風潮。如同一些家長拚命塞給孩子許多學習課程，生怕孩子輸在起跑點，卻從來不曾與孩子促膝長談他們真正想要什麼——將類似對待孩子的單向溝通套用在自己身上，不也是輕忽、漠視我們寶貴的身體嗎？

人類有沒有機會轉世成為牲畜？

靈修非常不可思議，你對世間的因果循環有多少程度的瞭解，祂們便透露幾分你所能理解的內容，絲毫不會有任何誤差。在多年前，關於人類有沒有可能轉世成為牲畜這個問題，無極瑤池金母不曾透露隻字片語，今日祂願意開示，或許背後有許多因緣。

無極瑤池金母並沒有將問題簡單地一分為二，祂婉轉地告訴我們：每一條靈魂都不是完整的，降世來到人世間的靈魂，都是由另一條靈所分化而成。

這輩子迷迷糊糊過一生的人不計其數，終生為生命汲汲營營操勞一輩子、從來不去也不知該如何思考內在靈魂的人更多。能夠覺察與喚醒內在靈魂，有幾分取決於意識覺醒度；從靈修的角度來說，人除了擁有靈魂意識，尚有另一條元神意識的存在。假設自詡是萬物之靈的人類尚非靈魂覺醒，與其他動物有何不同呢？

有一部分的牲畜確實是由人的靈魂所轉世，但那只占靈魂意識的一小部分，無極瑤池金母說：**「不用擔心自己吃進去一條完整的靈魂，影響你的，是每一種吃進去的東西的特徵，而不是一條靈魂。」**所有動物都是生命，吃動物並不會防礙他（牠）的靈體轉世投胎與之合一，重點是，**我們以何種態度對待食物與自己的靈性？**

電影《阿凡達》有一幕場景令我印象相當深刻：

> 女主角奈蒂莉拯救了被黑豹追殺的男主角傑克・蘇里。奈蒂莉殺掉黑豹後，跪在地上撫慰那一隻被他殺死的黑豹，她合掌向天地禱告，悲慟到泣不成聲，她以誠敬之心將黑豹葬入大地。

在看這一幕時，我落下了淚，感動的是奈蒂莉的心與黑豹靈魂與天地的合一，落淚是我終於體悟古代薩滿教與原住民視萬物與自己均為天地一份子的平等心——沒有高低，只有深深的尊重。

當無極瑤池金母講出**「食物放在餐桌上面本身就是一場儀式，跟宗教的儀式是沒有兩樣的」**時，我完全懂得這段靈性訊息的涵義。大平原是獵人神聖的場域，學校是學生與老師、知識交流的場域，餐桌是萬物進入我們身體的場域，**整個世界都可以視為我們與宇宙對話的神聖空間**。試著挪開儀式中的宗教元素與色彩，在一個場域中你能領受到天地的一統性，它就是儀式，就是一場神聖不可冒犯的私人修練儀式。

你與家人在用餐前感謝過天地嗎？你曾感恩為你準備一桌美食的家人、廚師、餐廳工作人員嗎？你曾深深向餐桌上的蔬菜、牲畜敬你上最誠摯的心嗎？下次吃飯時，試著合掌向完成餐桌美食的人送上你的祝福，向桌上那一隻隻家禽、牲畜、海鮮及蔬果送上你的祝福，感恩他們犧牲生命換得你此生的生命能量與健康——**世間上沒有比誠心祝禱更能夠消弭食物的惰性力量**。只要你能夠餐餐做到這一點，又何必去管素食或葷食呢？

註1 細節對話請參閱《我在人間與靈界對話》，柿子文化。

註2 生酮並非大量進食肉品，低碳、斷糖、戒澱粉只是一小部分，在未完全瞭解生酮原理之前，不建議讀者貿然進行生酮飲食；在你的身體尚未進入應有階段前，我也不鼓勵讀者進行生酮飲食。

註3 關於靈修修練真元請參閱《我在人間的靈修迷藏》，柿子文化。

Q28

為何有人感覺活著沒有意義？這是轉世輪迴時就註定好的嗎？

無極瑤池金母說死後的世界

注意看一朵花與一根草，如要選擇，許多人會選擇花，而認為草是多餘的，不會有人欣賞草。

你認為草會因此覺得活著沒有意義嗎？花也不會因為人們比較喜歡它，所以要活得更鮮艷。花與草都是在盡它們自己的本分——沒有摻雜其他外來念頭，而按照本來樣貌生長，就是本分。

有的人認為，活在人世間應該要多做一些什麼，所以他的心很大（偉大、壯大），他會一直想要完成很多事情；若有一個人他覺得我這樣子也可以，他的心不大，此生要去完成的事情也就不會那麼大。

若人跟人之間開始出現比較，我所看到的世界好像不是真的世界，它會開始去覺察是不是自己不夠努力？

為什麼要因為覺得自己的框框不夠大，任意地去改變它應該有的樣貌？就算花與草都只是在一個小花圃當中，那也是它們的世界。若它們看見花圃外面沒有被圍起來的花草，也許就會覺得自己活得很渺小，或許就會生出想要跨出小花圃的念頭，但是它們不可能做到，所以會很痛苦。

人也是如此，為什麼會有人覺得他此生活得一點意義也沒有？他們看到了想要卻得不到那件事（看見、想要與需要是不同的面向）。若每一個人在生命中都很安分，若所有人就只是靜靜地去讓生命活出它應該有的樣貌，不要去要求自己做不到的事情，他此生的心不會痛苦。

此生有些事情要讓它保留有它應有的樣貌，不要去限定我在此生就應該活成怎樣，每一個人都要學會讓生命自由的發展。如果每個人都體悟到這一點，那是一種平衡和諧。當你的生命從和諧中產生了能量，這世間不會有戰爭，這和諧會帶出穩定的力量，人與人都在自由地發展他原有的樣貌，世界就會進入另一個樣貌。

把這一個問題放在與無極瑤池金母對話的最後一篇，也算為本書做一個完美的總結。

輪迴是讓你認清一個真理——「我」是獨一無二

有讀者私下問我：「要如何去審視自己的修行次第？」這是一個無法拿度量儀器檢測答案的問題。不過，若此時此刻你能感受到任何宗教皆為一體性，世間萬物皆為梵、佛、道，你的靈魂意識已經完全能夠自由地移轉思考位置，如此便已足矣——所有的修行、宗教思想、身心靈修練都是為了促成身心的轉化，能夠隨著因緣鬆動思考位置，便顯示此生離跳脫輪迴之路不遠了。

然而，前提是——你必須先在人生中樹立起他人無法取代的位置，這不需要宏觀且偉大的社會價值身分，不需要任何一張世俗標籤，如豪宅、豪華轎車、美艷嬌妻、高富帥的老公等等，這些都與確認你此生生命位置一點關係也沒有，**你只要堅信自己是與眾不同的就可以了**，就是這麼簡單。

中國流傳這麼一則皇帝與智者對話的美麗故事——

西陲邊疆戰事、北邊省分乾旱歉收、沿海地區水災連連、百姓哀聲不斷，各地發生一連串的重大災厄，使得一名睿哲愛民的皇帝連續多日愁眉不展、食不下嚥。朝中百官無人可為其分憂解勞，連他寵愛的妃后也沒人敢前去慰問——因為近日後宮妃后爭權之事老早就傳到他耳邊了。

在中國，「皇帝」又被稱為「天子」，是眾星降生、智慧的象徵，豈能讓大臣與妃子看見他凡人的一面。一日，皇帝偷偷瞞著百官眾臣與後宮妃后，與服侍他的親信微服下鄉，希望能化解憂愁，也想要暫時躲避眾人的眼光。

他來到一個偏遠的貧窮鄉村，被眼前寂靜和諧的景色所吸引。皇帝從小在宮廷長大，穿金戴銀、吃盡天下美味、看遍奇珍異寶，不可能浸淫過片刻寧靜——靜與無非常相像，過度奢華的事物都不具備祥和的力量。這讓他像個小孩般四處觀察，村裡每個人都穿著簡樸素衣，臉上卻掛著陽光般的笑容、漾著滿滿平和。他於是想好好請教村長，去瞭解村民如此平靜的原因——似乎紛擾煩惱都與他們無緣。

村民向皇帝指了指村外不遠的湖邊，告訴他村長幾乎每日傍晚都在湖邊釣魚。於是，他支開了隨侍，獨自一人去拜訪村長。

請大家注意，每一條開悟之道都是狹隘的單行道，每個人心中正待綻放的悟性，只能讓一人獨行。智慧言語只開放你一人傾聽——印度的「奧義」就是靜靜坐在開悟者旁邊。

皇帝見著了一名與自己年紀相仿的人獨自在湖邊，穿著用荊布做成的簡陋衣服，靜靜觀看那飄散著水霧的湖面，什麼事都不做，就只是這樣靜靜坐著——對生命有所體悟的心，就是一種禪，禪是一種生命次第、境界。

皇帝從小出生於皇宮，從來不曾懼怕過任何事情，此時卻被恬逸的情境所懾服，他向村長拱手作揖，道出心中疑問：「我該如何做，才能像你一樣的恬淡呢？」

村長回答道：「靜本就是人與生俱來，何必求呢？」一切的煩惱，只因為我們想要改變每一件事情原來的樣貌，心才會感到苦——或許，村長此時已經看出眼前的皇帝並非尋常百姓了。

皇帝表示，或許要等到他解決所有煩心之事後，才能如村長般恬適安居於當下。

「靜不是等待來的，那一日也終將不會到來，你必須安住在自己的位置，什麼地方都不要去，就這樣靜靜坐著。」村長回皇帝說，然後指了指湖面一圈又一圈的漣漪，「漣漪是外來還是自生？它又是從何而來？沒有人知曉。你只要知道你正在看著它們，它們就會消失——終有一日。」

此刻，皇帝突然意識到一件事。他身處萬人之上，被尊為九五至尊，皇宮滿滿用不盡的金銀珠寶，後宮佳麗千人，還有食不盡的天下美饌，怎會不如一名小小的村長？他內心的妒忌之魔現出，沒忍住地向村長脫口說出自己的真實身分，「如果你想要更好的官位、更多的金錢財寶，我都能夠滿足你。」他還要村長隨他一同入宮，他想要私占村長心中的寧靜。

村長闔眼不語，過了許久才又開口：「你以一生爭得天下，我卻無爭而坐擁眼前美好風光；你萬人之上，我卻無恐天下任何一人傷害於我；你有金銀珍寶，我卻是心安理得過著每一天；你坐擁龍椅掌天下之大權，我獨坐湖邊獨觀山水；你以金錢想要換取我，我卻早已棄俗世為糞土。」

就某層意義來說，村長的回答打破了宮廷千年來的規則。皇帝所認知的世界是由金錢、名利、權力所組成，怎料到這個小小的村長一點都不關心——對皇帝來說，這並不符合邏輯，也重擊他心中所架構的世界，他認為這名村長一定是個瘋子，唯有瘋子才會說出不屬於這世界的言論。

支撐世界的柱、樑、樓板、牆體是由你的心一點一滴所創造，它的下一句話是，它隨時都可能被另一顆心所打亂或重建。這位皇帝生來就具有慧根，當再仔細思索村長輕輕的幾句話，他心上的陰霾即刻一掃而空，也明白這位村長是開悟者、覺知者、是一名遵循道的人。當一個人累世種植的開悟種子已經快萌芽了，輕輕的一句話就足夠讓它發芽。

當你出生那一刻，你早就具有意義的存在了——輪迴意義與生命意義已經刻劃在你的靈魂裡，生命本身就是意義的存在。

曾有一個人來請示無極瑤池金母此生的人生意義是什麼，無極瑤池金母的回答至今仍迴繞在我的心中：「你為什麼會問已經有的東西呢？你所做的每一件事都在此生的人生

意義當中。不要去問不屬於你生命課題之外的事物，問了就不是你的，只要靜靜地活在每一刻，你會了知此生的生命意義，以及為何來到人世間。」

是不是很美？

活著本身就是一種存在的意義，只是我們從小就被老師、家長貼上各式各樣的標籤，教育我們唯有如何才算得上是有成就的人，但無極瑤池金母說：**「為什麼要因為覺得自己的框框不夠大，任意地去改變它應該有的樣貌呢？」**如果終其一生一直想著要活出別人眼中的自己，屬於我們自己獨一無二、他人無法取代的生命意義便不會發芽，生命的力量是在非常和諧的情況下才能茁壯，你將「專注」傾全力放在靈魂之外，怎可能看見隱藏在更深處的聲音呢？

皇帝以大眾的社會眼光，想讓村長變成跟大家一樣，高官、有財、有勢——這都是大家想要的，但是一個真正了知生命的人絕對會站穩自己的位置，不論他在世人的眼中是富、貧、貴或賤，**勇於臣服生命的安排，以及勇於拒絕社會標準化的人，你的靈魂才能接軌屬於此生獨一無二的轉世輪迴的生命意義**。

皇帝與村長是世界上極為權貴與清貧的象徵，皇帝不可能降格成為村長，村長永生永世也無法變成皇帝，每一個人這輩子的身分是遵循業力的安排，這是註定好的，誰也改變不了，我們必須在這一個角色框框中扮演好其本分。

命運是緊繫角色而生，靈魂沒有投生角色（身分）就不會有命運，我們無法擺脫命運，就如同皇帝與村長無法改變身分。雖然命運或許是天註定，但一道銅牆鐵壁仍然刻有一個隙縫讓我們可以鑽進去，唯一可以更動的，便是我們的心，我們可以挪移思考角度——這就是命運的死角。

就如同皇帝可以學習村長對世間豁達開悟的心，現實生活中，你是多重身分的重疊，生活上有太多無奈與難解之處，但是你的內心依然可以保有一塊他人無法侵擾的心靈空間、不被社會標準化與他人言論侵略的空間，這空間就是你與生命意義相遇之處。

當征服世界的大帝遇見一貧如洗的大師

在西方也有發生與此類似的故事。

古希臘哲學家戴奧真尼斯（Diogenes Laertius）是一個很自我的人，是一名活在自己創造的世界當中的智者——要知道，智者不單是指一名睿智的人，智者更是一種生命形態，因為他已經顛覆了九十八％的人看待世界的準則，所以智者與瘋子往往是一線之隔，前者是了知每一時刻的瘋子，後者是每一時刻都在瘋。

生命的意義為何對戴奧真尼斯而言一點都不重要，他是一名完完全全專注於自己的人。

豆子與權貴是天秤上最極端的選擇

他平日就住在曾經裝過死人的甕裡，身上沒有太多衣服，有絕大部分衣著都是不完整的。他身旁唯一有的，就是一盞燈，一盞連白天都點著的燈。有人問他為何連大白天都一直點著燈，他說：「我在為一名想要真實地活在世界的人點盞燈。」

如果餓了，戴奧真尼斯就上街要點菜葉、摘取樹上的果子，一些真正知道他的人也會送給他一些食物。他就是這樣度過每一天，但當他意識到世界需要他的時候，便會站在大廣場前，向眾人宣說一些觀念。

戴奧真尼斯很清楚地知道，生命是一種流動，他受之於世界就必須讓生命滿溢的「力」（force）流向世人。看到整日為金錢忙碌的人時，他會說：「你們追求太多東西了，夠了，你的生命一直在努力做別人眼中的事，生命無法承受的物質最終會流出去，生命不要這麼累，停下來休息一下。」沒有人認同與瞭解這句話，僅把它當成瘋子的瘋言瘋語。

戴奧真尼斯非常有智慧，許多高官權貴都想要親近他，但他的行徑卻讓一些很在意外表的人不敢或不願親近，沒有一個達官貴族想放下尊貴的身分與他對話。

有一日，戴奧真尼斯窩在路邊烹煮豆子，他的朋友譏笑他說：「去巴結那一些貴族們，你就不必吃這麼難吃的豆子了。」

戴奧真尼斯頭也不抬地說：「若你學會自己煮豆子，又何必去巴結他們呢？」

休息與征服都是一種生命的選擇，終點是相同的

一日，已經征服無數國家的亞歷山大來到戴奧真尼斯所居住的希臘，聽人說有一位十分獨特的智者生活在他所征服的國家當中。自二十歲起就不斷南征北討、以武力獲得世界的亞歷山大，不相信世間活著這樣的一個人，除非他親眼一睹——亞歷山大就是這樣的一個人。

於是，亞歷山大領著一群人浩浩蕩蕩走上街，正巧遇到戴奧真尼斯全身赤裸躺在甕邊曬太陽。

亞歷山大見識過各式各樣的人，卻從來不曾見過如此違背常理者，但他打從心底尊敬這樣的人，畢竟他十三歲時的導師正是哲學家亞里斯多德。於是，他恭敬地對戴奧真尼斯說：「你能在我所征服的國家當中，是我的榮耀，也是上天賜予我最棒的禮物。請接受我對你的心意，像你這樣對生命有領悟的人，如果想要擁有什麼，我都可以答應你，請你告訴我。」亞歷山大心裡早就已經想了許多一般人會說出的答案，美豔侍女、好酒、一整片山頭的豪宅、豪華馬車……，這就是一般人被世界建構的世俗標籤，也是被社會所認同必備的東西。

躺在地上的戴奧真尼斯並不知道對他說話的人是誰，他頭抬也不抬地揮了揮手說：「麻煩挪一挪你的身體，我只要你背後的太陽。」

被他這麼一說，亞歷山大驚愣住了，因為戴奧真尼斯的話完全打破他對世界的認

知，世界上不可能有人對他說出如此不符合常理的話，除非他的意識完完全全未曾投入過大家所認同的世界，唯有如此才能不被社會的建構所綁架。千萬不要忘記了，亞歷山大的精神導師是古希臘哲學家、柏拉圖的學生——亞里斯多德，因此，他自然知道眼前的人的悟性。

亞歷山大轉身離去時，說了一句流傳於世上的名言：「如果我不是亞歷山大，我寧願是戴奧真尼斯。」

躺在地上的戴奧真尼斯聽到了，他問：「是誰阻止你成為戴奧真尼斯，又是誰讓你成為亞歷山大？我看到一群一群的軍隊在這城市走了好幾回，你們要去哪裡？」

亞歷山大昂了昂脖子說：「我正準備要去進攻印度，征服整個世界！」

「然後呢？你又要做什麼？」戴奧真尼斯問。

從二十歲便帶領大批軍隊征伐各國的亞歷山大其實已經累了，所以他說：「我會好好休息。」

戴奧真尼斯聽了之後狂笑不已，「有人說我瘋了，你才是真正的瘋子！你想要的東西花了你一生的精力，我卻不需要花費一毛錢就達到了，我沒有征服這個世界，我看不出有去征服這一個世界的必要性，我也不懂你想要證明什麼。是誰教你走向休息前要先花十年時間征服世界？明明你已經達到的路，為什麼要讓它錯過呢？」

最後，亞歷山大死在遠征印度後的返國途中。

這則故事與前一則皇帝見村長的故事有很大的反差，走向開悟之徑必須是孤獨的，只有一人走向它才能擁有它，可惜的是，亞歷山大依然被盛名所累，雖然他一人率領全天下最勇猛的軍隊，從二十歲開始足跡遍佈全世界，但他卻沒有勇氣獨自一人去面對開悟者。

面對內心毫無所求的人，你必須全然的捨棄，就像皇帝見村長是放掉一切的外在形象的，他也因而無所恐懼——一名對世界全然了透的靈魂，比一支百人軍隊還具有威嚇力。亞歷山大與皇帝此生的人生意義是建構在當時的社會價值中的，他與大眾都是活在彼此的期待當中，唯有像村長與戴奧真尼斯回到內心去尋找自己的獨一無二的靈魂，才能真正地體證生命的意義。

亞歷山大的故事在他離開世間後便告一段落，戴奧真尼斯的故事歷經千年仍未結束。

當戴奧真尼斯即將要進入到幽冥世界的前一刻，他身旁的人問他：「你終其一生都提著一盞燈，甚至白天也是如此，是為什麼？」

「我在尋找一名真實的人，一名真正活在世間的人。」

「找著了嗎？」

他忍不住關心起這麼一位終其一生顧守生命本位的人。

戴奧真尼斯睜開雙眼說：「沒有，那個人一直沒有出現，但我很開心，沒有這麼一個人來偷走我手上的燈。」

古今中外與開悟有關的故事都有燈的蹤跡，燈引導人們從紛擾的世界走入孤寂的幽冥再走向光明，這是一名悟者必經之路。戴奧真尼斯提燈尋找一名真實活在世界的人，其實那個人就是他自己，他引領自己的心安穩活在世界而不被世俗所干擾，就像修習佛法的人一生緊繫「正念」不放，而正念帶領修習佛法的人走向解脫之道。

無極瑤池金母說：「若每一個人在生命中都很安分，若所有人就只是靜靜地去讓生命活出它應該有的樣貌，不要去要求自己做不到的事情，他此生的心不會痛苦。」別再向外求人生意義的答案，它確實是活在世間必須有的根基，但我要說的是，你與它的相遇只能依靠「等待」而來——每日給自己一段冥想空間，什麼事都不要做；冥想是讓靈魂有喘息而發芽的空間，人生的意義會在那裡頭出現，你無需去找尋它。

—特別收錄—

宇色來答問「輪迴轉世」

這個單元是這本書最後一篇，我最後想要以提問方式為這本書做一個總結，同時也是解答你在閱讀這一本書時，可能想問卻不知道該如何發問的輪迴轉世問題。

——宇色

Q1 我還是不禁想要問，輪迴是否已經註定好結果了？

靈魂進入輪迴有其意圖和目的，整體來說就是為了歷經一切以走入圓滿，也就是要成為「**完整性**」。完整性指包容與接納事物所有的一切，但老實說，這並不容易做到。

舉例來說，你一定有去過百貨公司，每一個進入百貨公司的人都有他的動機，走出百貨公司後並不一定都得到滿足，而為了滿足動機，有的人會再另尋其他通路獲得，有人就放棄原本的動機，但不論結果如何，均不會影響每一個人的形體。

簡單來說，輪迴就是逛百貨公司。當一條靈魂選擇進入輪迴遊戲，百貨公司（輪迴）裡頭所販賣的東西（事件）是否能夠滿足每一條靈魂並非重點，靈魂在輪迴中願意去經歷與嘗試才是最重要的——**唯有經歷，才能滿足**。有人看到想要的東西卻捨不得花錢，有人進入販賣高檔名牌的百貨公司卻只想買便宜的過季商品，有人就只是想進去吹冷氣，當然也有人只是想免費試吃、填飽肚子而不想花一毛錢……。

誰決定了行為？有無消費都是行為，也都會產生一種經驗。Facebook創辦人馬克・佐克伯（Mark Elliot Zuckerberg）說：「嘗試一些事，遭遇失敗後從中學習，比你什麼事都不做更好。」《薄伽梵歌》也教導：「智慧的人摒棄行動後的結果，擺脫輪迴和生命束縛。」每一個行為絕對不是輪迴設定好的公式，輪迴只是這一棟百貨公司及其內部陳設，「**作為**」加上「**輪迴**」，就是結果。

人世間有許多事情的發生確實是註定好而不可改變的，但這一生還是有相當的決定權在我們自己身上。換言之，**問題在於我們處理與看待事情的角度，而不在於結果與對錯。**

與其說一生逃不過業力，倒不如說我們一生被習氣與心性所掌握——就像孫悟空逃不過如來佛的掌心。

Q2 無極瑤池金母說是我們決定了再次投胎，但是我的人生過得很苦，一點都不滿意這一生的一切，又怎麼可能會傻到決定再來人世間？

若我們仔細去看決定的意義，答案就會向我們揭櫫輪迴的本質。

在本書中，無極瑤池金母的靈性訊息中一直出現「決定」與「選擇」這兩個詞，它們並不是指「是與否」、「要與不要」二擇一的選擇，**決定是一種態度、一種心性及面對事情的反應。**當一個人決定不再來到人世間，一開始他必會先對生命與情感有所抽離——不論他此時此刻所處的環境是苦或樂——就像兩千五百年前的悉達多太子那樣。當你今世未能真正從世間體悟斷捨離的智慧，怎能說已經決定好不再來到人世間？

無極瑤池金母所謂的決定，絕對不是在投生前那一刻的心念，而是你在此時此刻看待這一世的態度。

人決定再來人世間，往往是人世間有某種吸引我們再次到來的力量——恨、愛、情、貪……，都是吸引人再次輪迴的力量，就像蜜蜂總是逃不了香味四溢的香蜜。要解決再次輪迴的誘因，必須先學會在生命中找到生存的意義——人之所以為人，必有其意義。

相信嗎？就算是生活物質豐碩的人，也有難以向外人道的痛苦，因此，你在學習如何看待與處理今世一切的每一刻，就已經在決定下一世的人生了。**是否再次跳入輪迴這一場大**

遊戲，並不在於此時生命的苦與樂，而是去學習「覺醒」，當意識覺醒的那一刻到來，我們便會中止輪迴。

不想要再來人世間，前行功課是內心有想要解脫的念頭，也就是不想繼續玩下去了。

關於這一點，其實你不用擔心，因為你已經具備了——此時，你閱讀這一本書的動機，就是最好的證明。

Q3 我與原生家庭的關係非常惡劣，是前輩子造的孽才會投生在這個家庭嗎？還是我與他們在前世有結下不共戴天的仇恨？從靈修角度該如何看待這個問題？

只有你是受害者，還是每一個家庭成員都是承受相同的共業呢？

請努力思考這一點。想一想：真的只有你認為與家人的關係並不和睦嗎？換位思考一下：家人是否也與你有相同的感受呢？

關於家業的問題，無極瑤池金母曾經有過如此的靈性訊息：**「當你將一顆石頭投入水中，石頭穿過水面掉入水底，那一顆石頭掉落的瞬間會夾雜多少物質與水流一同沉入水裡？」**

你能夠回答這個問題嗎？

沒有人有辦法精準的回答，但是有一個通則，恰巧接近石頭投入水面的東西、最輕的東西，例如浮葉、微生物、蟲與被石頭重力一同吸入的水流等等，都會被石頭一同捲入水中，這股沉入水裡的力量就是共業，而被石頭捲入水裡的物質就是家庭關係。當你投生進入輪迴機制，也必然捲入意識最相近的靈魂，以及必須經歷相同家庭共業的靈魂，在這當中，其實並不存在前世今生的問題，**共業也沒有一報還一報的補償理論**，沒有任何人決定誰該成為家庭一份子，每一個人都是在自由意識底下進入這個家庭。

因此，沒有誰殘害了誰的問題，家庭裡也沒有任何人是百分之百的受害者——**在輪迴機制中，每一個靈魂都在經歷獨一無二的淨化之路**，這是很神聖的。

該如何化解與家庭成員長年緊繃的關係呢？你無法改變家庭成員的任何一份子，他們也不可能改變你的思維。「想要解決」的意念放入家庭中，反而助長不善共業的力量，它不適合放在人與人的關係中，它會干擾與左右共業的發展，當你愈想解決，家庭關係往往會更加混亂——你一定聽過，總是有人自認為家人好而做出太多不必要的事情，導致家庭關係更加緊繃。

關於家庭問題，你唯一能做就是靜觀，靜靜觀察成員及發生在家中每一件事的變化，靜觀會引流一股能量進入家庭中，當因緣成熟了，它自然會對家庭的關係產生化學變化。

Q4 身為父母哪有不愛子女，對子女的愛實在很難拿捏，我們該如何取捨平衡才好呢？

如果你正身為人父人母，不妨在房間做以下這個小小實驗：選擇一個小朋友在其他房間的時候，單獨一個人坐在房間裡，閉上眼睛，什麼事都不做，深深地做五到十個呼吸。就這樣靜待十分鐘，並細細察覺：你的念頭被什麼拉走？

你一定會感到訝異，原來動搖你念頭的人事物這麼多，在這當中，將你的心拉離房間的，孩子絕對占有大部分。

這幾年來，我觀察過許多身為父母的個案、學員、義工及參拜無極瑤池金母的善男信女，有絕大多數我認識他們時，他們的小孩才讀國小，至今已長大進入國中、高中就讀。我發現到，有人一心鑽往靈修之路，每次出門時，總不顧孩子（就算已經長大了）的意願，就拉著他們一起來母娘道場——縱然孩子在教室裡滑手機一整天也無所謂，只要孩子沒有離開他們視線就好。

我有一位認識多年的個案，想請示無極瑤池金母她對小孩的憂慮，以及小朋友與她之間緊繃的母子關係。其實不用問無極瑤池金母，這麼多年來，她不論到哪裡都把小孩帶在身邊，她寧可小孩整日擺著一張臭臉滑手機，也「不敢」讓他假日一個人在家——就算她孩子已經上國中了。

孩子的發展是依照他既定的輪迴軌跡，出身名校的小孩未來未必飛黃騰達，後段班的孩子也有可能躋身自行創業的行列，孝子不一定集父母的寵愛於一身，擔憂孩子的未來更無助於教育……。對於這一串反問，相信你多少都會點頭認同。因此，父母對孩子的教育該如何取捨？還是先回頭問問自己：在教育中，我給彼此多少的彈性與自由？**與孩子相處時，多留一些思考與獨處空間，彼此才能裝進更多的智慧。**

如果你要問我如何教育現今的下一代，我反而會覺得應該把養育兩字改成陪伴，你只要順著他的人生去走，當小孩遇到人生的盲點與瓶頸時，自然就會回頭來請教父母，反過來想，如果小孩寧可一意孤行也不在意父母的看法，或許該檢討的不是小孩，而是過往的親子關係。

Q5 沒有結婚的人少了孩子、另一半的牽絆，擔心與煩憂也比有結婚的人少很多，是不是不婚族就比較有機會斷輪迴？

曾經有一位遠住北部的女讀者來參加臺中宇色靈性美學工坊的活動，結束後向義工表示：她居住北部，不似中部讀者有地緣之便，可以常來工坊上課，所以非常羨慕中部的讀者與學員。

義工向她表示：「來工坊的人約占七成是北部人，並非都是中部人。」

她接著說：「或許他們沒有結婚。」

義工說：「沒有結婚的人很少，幾乎都是有家室。」

她又說：「一定不像我有小孩，整日忙小孩的事，就沒有時間了。」

義工說：「幾乎都有生小孩，還有許多常來的讀者的小孩才讀國小。」

她不假思索地又說：「一定有家人支持，才能這樣跑來上課與參加共修。」

義工說：「他們都是人生經歷許多事情後得到家人肯定，才能走自己的路。」

……

我們很容易從別人身上為自己的惰性找各式的理由，卻很少去看別人付出的努力。這位女讀者沒有辦法對修行持之以恆，卻總是對每個人說：「我盡力了，只是別人走的路比較輕鬆罷了。」

她為自己靈魂下了一個非常難解的詛咒，然後還試著將她身邊的人一起拉進來，這就是共業的念頭。

就算此生沒有選擇婚姻，仍然得承受其他生命的轉動，生命不是只有婚姻，我們來到了人世間，勢必面對事業、健康、家庭、人際關係等不同的功課，但真正要去用心的，並不是這些身外之事，而是我們處理事情的方式——說到底，以上這些事情並沒有問題，真正的根源來自於我們的心。這才是我們要去學習面對的，一切的一切都是我們的選擇，是業力驅動了我們的選擇，**修行是讓我們學習以優雅的心態面對選擇後的人生**。抱怨是逃避的代名詞，臣服才是平衡生命的智慧。

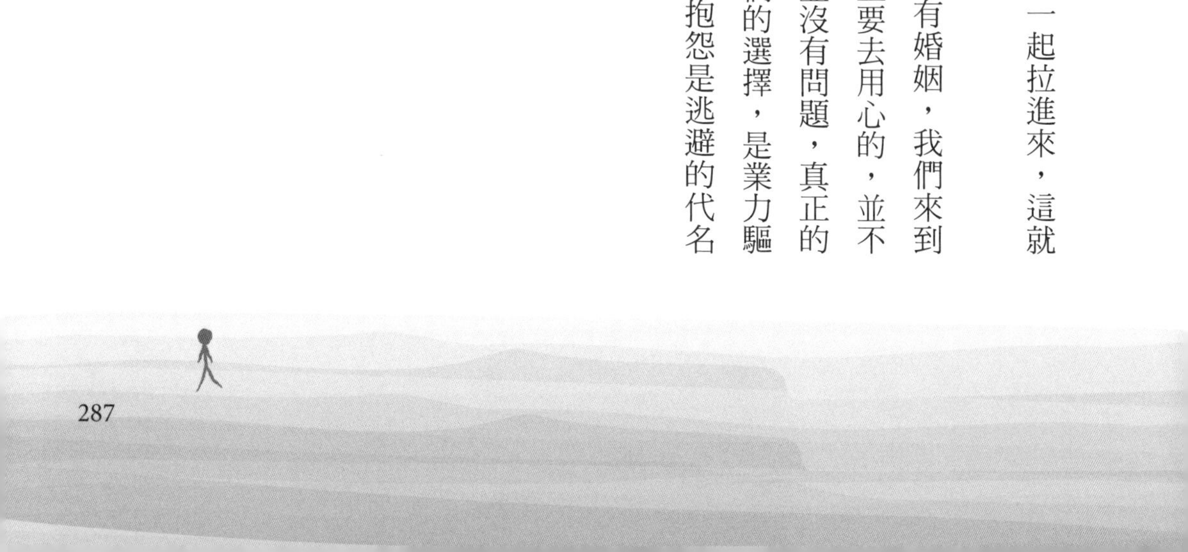

Q6 想要解脫斷輪迴一定要走入修行嗎？

再好的東西也不一定適合每一個人，修行也一樣。每一條靈魂必然找到自己一條回家之路（內在），只有在地球逗留時間的長短，沒有一定的修行方式。如同無極瑤池金母所言：**「若他心性必須如此，就應去修練，若他因緣無須，自然就不必去練。」** P128

修行可以幫助一條靈魂意識快速覺醒，就像是李哪吒擺脫今世傳統觀念包袱進入身心轉化 P70~72 ，但那畢竟不是人人夢想就能達到。這輩子在宗教修持上有所成就者，有太多是歷經累世所積修的因緣，絕非憑今世努力就達成，因此，對於宗教修行切勿執著，也勿偏執某一教派，**一切的修行，都是要回歸自己的內心去尋找寧靜與解脫之道。**

重返那一條靈最初的境界，並沒有限定是開悟者、成佛者、蓋廟弘法者、神職人員、靈媒，也沒有規定是此生布施最多錢的人，絕對沒有。事實上，有許多靈性極高、心境非常純淨的人，他們就只是單純認真地去過好每一天，在藝術、美學、音樂、創作上有自己獨特的見解與品味，對宗教一點兒興趣也沒有。〈這一世死亡後，靈魂會馬上進入下一世嗎？〉中，那一位父親 P181 往生後投生到另一個極為祥和的世界，並不是因為他生前為家庭建立豐功偉業或為宗教、社會行功立德，只是他的內心看待世間的態度是不爭不取不鬥不鬧。或許這樣的觀念徹徹底底顛覆你對修行與輪迴轉世的觀念。請嘗試問問自己：如此簡單的生活態度，你做得到嗎？

Q7 從靈修的角度來說，無極瑤池金母是承認輪迴的存在？

無極瑤池金母是以「循環」來說明這一個現象P066。輪迴，會讓我們覺得只有生物與靈體（魔、妖、阿修羅等等）專屬的轉世機制；循環，則能套用在所有在宇宙間有形與無形的生命體，包含植物、礦物等等——這是一個生、滅的循環過程。

你和所有的有機體一樣，生於大地，最後也將歸於大地，靈魂終將進入宇宙，沒有高於其他物種一等，均是宇宙的一份子。**說到底，人這一副身軀，其實與石頭、植物、畜牲並無二致，唯一不同的是：歷經循環後我們對生命與宇宙的尊重。**

或許，你對輪迴的理解還是停留在「欲知前世因，今生受者是；欲知未來果，今生作者是」及「做好此生的天命才會回歸天界」的宗教轉世輪迴觀。其實，在此世間，有太多人此生雖未在宗教上有所研究，但今世結束後就不會再回到世間了；也有人從未做過什麼大善業，靈魂離世後就往生到天界……。

因此，**不用急著想要知道答案與對號入座**，建議再回頭多看幾次無極瑤池金母對每一個問題的開示，你會慢慢對輪迴有整體性的瞭解。

Q8 如何判斷我選擇的修行法能否帶我走出輪迴？

建議你先問問自己：你目前所選擇的老師、道場與修行是否有讓你的心更捨離世間？**捨離不是輕生，反而是更精進於生活，但不是更加執著於捆綁自由的身外事物**。假使你的修行方法讓你陷入更不自在的心境，對他人的宗教修行、世間等等有諸多不滿與批評，那麼必須檢討的不是別人，而是你對生命的態度——我在《我在人間的靈修迷藏》與《靈修人關鍵報告》裡就針對修行的定義及目前宮廟、道場的靈修方式有不少詳細的解析。

在這本書中，無極瑤池金母不斷提醒我們：心不可能在對世俗充滿執念與不滿的情況下跳出輪迴。

當一個人的心沾黏世間愈深，像是貪愛男女的美色、對兒女過度牽腸掛肚、魂牽夢縈舌尖上的美味、遺憾此生未能盡子女孝道、一心掛念生前未能一睹希臘聖托里尼太陽墜下地平線的餘暈之美、對名牌一揮千金，甚至是一些生活樂趣的偏好等等，靈魂就脫離不了世俗的召喚，這一切都可能成為重返人世間的拉力。

這並非說成為一名無情冷漠的人才能夠避免再來人世間，無極瑤池金母解釋道：「**想要，你就會再回來。**」以靈性層面來說，這句話就是：**順應生命的安排**。此生勿過於貪愛尚未發生的情愛與事物，它該屬於我們靈魂的一部分，自然就會出現在我們的生命中。以如此心看待眼前的人生，離世時對人生自然不會有所遺憾。

靈修修練不只在現實生活中，夢往往是轉化自我意識的一條通道

我想要談談多年前一個極罕見的感知夢，它徹底改變我一生的意識與行為，教導我：人是可以透過某一種內在修練改寫此生既定的路線。

夢中，我似乎急於處理某事或搭車要趕著外出，心急如焚地翻找適合的衣物，心中的感覺是：「我要走了、我要走了、趕快……。」這其實一點都不像我的行事作風。一件又一件的衣服被我從衣櫃中抽出來又扔到地上，突然間，不知何故，我轉頭盯著散落在地上一落又一落的衣服，無來由地悲從中來：「我走了，它們怎辦？」

就在此時，一道聲音響起，劃破空間的寂靜——

> 你還沒有觀察到嗎？
>
> 衣服，當你還在世時，它們存在此世，是因為你還存在。
>
> 有一天，你離開了這個世間，它也會因為你而不存在。
>
> **人世間很多事物統統是因為你存在而存在**，有一天你離開了世間，它就不再屬於你，將回歸到另一個應去的地方。

夢中我無來由地重複其中一句話：「你離開了這個世間，它也會因為你而不存在。」

那一日之後，我的心對世間的物質事物感到索然無味，不再追求身外事物。之後連續

多年，我沒有在出國時購買任何一件紀念品，也不再寫明信片寄給自己，一些多年來受邀演講的證書、感謝函和我上過的課程的證書等等，都被丟進垃圾桶。

就連旅遊時，我也不再與人合照、自拍，這也是為什麼這麼多年下來，我在簽書會、講座時也不太跟讀者合照的緣故。

有人曾問我說：「為何不拍照？」

「我必然離開世間，『我』又有誰會在意呢？」

我的生活，就這樣從積極追求轉變成事事「保持捨離心，不再留戀」，靈修之路途中一直出現改變我意識層面的事情，就如同完成這本書。

在決定撰寫這本書前，我便深知這是一件非常艱難之事，提問問題、錄音、思考、逐字打稿，然而，正是這些過程再一次改變了我的生命。每一次撰寫的當下，我一而再再而三地浸淫在無極瑤池金母的教誨中——或許你只閱讀本書一次，我卻閱讀不下十多遍。我深知無極瑤池金母靈性訊息的威力，它不在於解釋而在於無意識間就改變了你的心。這半年來，我看待事情的角度常常不自主地轉為三百六十度思考模式，許多不順心之事在非常短的時間內就解決，這就是快速轉動意識層的神奇威力，瞬間消融我對世間的執念。我並沒有刻意想去做這一些有違常人能夠理解之事，它就是自然發生在我的靈修生活當中。如同那一晚夢裡的一句話——**有一天你離開了世界，它也會因為你而不存在。**

Q9 我喜歡閱讀，生活當中也是吃素、練瑜伽、打坐。這也是靈修嗎？也可以解脫斷輪迴嗎？

此世代坊間非常流行身心靈的課程，正念、瑜伽、NLP、靈氣……等等，都是在療癒我們的過去，協助我們走入靈魂的完整性。

只要能選到一條適合自己向內走的路，那就是最好的方法。向內走是唯一解脫之路，身外是輪迴之境。方法不重要，只要掌握對的方向。

身心靈課程隱藏兩個不同面向：一，使你心向內在探索，更加認識自我進入整合，走入內在就是完整與合一；二，使得心更加膨脹，身心靈變成加深逃避本心的利器。因此，若要確保工具沒有從內在離去，就必須把期待工具所產生的目的拿走——不要去追求目的，讓每一項的技巧、工具單純地融入生命。

Q10

靈修最終是為了回家，但我卻一直找不到回家的路，怎麼辦？

若你相信「此生對某一些事情的投入程度來自累世的心性」，那麼，你就應該相信修行也是如此。換言之，**斷輪迴是每一條靈魂最終的路，卻不代表靈修是唯一的方法**。在這種情形之下，我覺得很值得先自問：你此時此刻在做什麼？你以何種態度度過每一日？

注意，在連結這些問題的時候，**千萬不要避重就輕，不要因為不願意面對而逃避**。只有那一些真正勇於活在每一刻的人，才會在進入靈修後找到回家的路。當然，**學習靜默等待因緣，也是必需的**。

Q11 有人說我是仙骨投胎渡化眾生，有人說我的前世是高官貴族，從靈修看輪迴，要如何解釋這樣的說法呢？

「牽動一個點必向上牽連無數的絲線，你如何探究哪一根蜘蛛絲造成任一個點呢？」先分享一則故事給大家——

一位朋友的長輩夫妻二十多年前在北部某宮壇走靈修，男性長輩常向家族成員表示，宮壇乩童曾言他的原配是天界靈格頗高的仙女，帶天職來人世間渡化眾生。過不久，他在宮壇結識了外遇對象，宮壇乩童說他們倆前世有姻緣未了，這說法令他覺得兩人相戀是理所當然的，「前世姻緣未了」間接消除他的內疚感。結果，他沒有離婚，卻選擇離開家庭與外遇對象同住。

二十年過去了，原配覺得他不可能斬斷外遇對象，因而接受他們兩人，三人同住在一個屋簷下。

又過了不久，元配被診斷出罹患了肺癌，丈夫去問宮壇乩童，乩童表示其妻某世身在中國，為皇宮貴族，位高權重卻心性多疑，有許多人因為她的悍妒而死，身上沾附無數前來索命的冤死亡魂，必須舉辦多場超渡法會才能平撫。這位長輩二話不說，超渡法會一場接著一場，其舉動是為了救妻或因為對外遇的愧疚，外人就不得而知了。

不到半年，妻子離世了，宮廟乩童又說她此生職責未盡而有違天命，身旁仍然圍繞無數冤魂，必須繼續舉辦超拔法會，才能救渡她脫離地獄。這件事至今已過多年，法會一場接著一場辦，她留下的保險金也快要被他揮霍殆盡。

這樣的法會真的能救渡她脫離地獄嗎？或許，這位長輩真正想要救渡的，並非身陷地獄的她，而是他自己的心。一場又一場無止境的救拔地獄亡妻法會何時能夠結束？只能等待他看清自己的動機。

靈修不談前世今生，只處理元神在今世轉世的問題。在「我在人間」一系列的靈修著作中，我幾乎不去談論自己前世的種種身分，正是因為那並非靈修要處理的事，我們要面對的，只有元神投生今生後要處理的心性問題。

關於此生種種是否牽涉轉世前的靈格與身分？無極瑤池金母如此答覆：「**靈魂轉世就如同一張龐大的蜘蛛網，每一個蜘蛛網上的交匯點，必由無數絲線所構成，你能明確說明這一個點是由哪一條絲線、哪一個點所構成嗎？牽動一個點必向上牽連無數的絲線，你如何探究哪一根蜘蛛絲造成任一個點呢？**」

今世的身分、地位、關係不必然與前世有絕對的關係，然而有時候，今世的種種的確**是延續前幾世的關係**。不論如何，唯一可以確認的是，習氣與心性是累世的結果，這就是靈修要去處理的課題。頻頻轉頭將諸事一切歸咎於前世身分，並非一個成熟心性應有的態度。

Q12 近年來西方新時代思想盛行，裡面有許多前世今生的觀念與東方差異很大，該如何看待不同靈修方法的轉世輪迴觀念？

轉世輪迴是宗教的定義。每一派的宗教信仰、靈修法門背後必有自己一套世界觀，不管是神鬼論、人性及靈魂存有論等等。無極瑤池金母對此的解釋是：每一派宗教都是創始人的意識投射，你的思維想要複寫哪位宗教創始人的意識，端看你的自由意識所產生的行為。**重要的並不在於他們說什麼，而是應該先自我釐清：「我想要過的生活是什麼？」**

在一次座談中，有讀者問我某一個西方靈性思想的觀念——「生存在地球的人類，能以意識推動宇宙的擴展與進步嗎？」我當下給他的答覆是：「先明確堅定自己的生命價值與意義，才是重要的。」我會以這樣簡淺的話答覆他，是因為他之前發問的其他問題，如「擲筊是神明的意思或人的意念所左右？」「當相同問題向不同的神明擲筊詢問，得到的答案都不一樣時，該相信哪尊神明？」「家庭發生了一些問題，我與家人的意見相左，詢問不同神尊後答覆更為分歧，該怎麼辦？」，都足以顯示他得花些時間與精力去確認生命的價值。若這些架構完整人格的元素未能紮實植種於靈魂當中，這樣的疑問不僅徒增不必要的煩惱，也無助於他今生生命的完整性。

「我該如何看待不同靈修方法的轉世輪迴觀念？」回答這個答案的大前提是：你如何看待自己的生命？你如何去對待生命所發生的順境與逆境？

要先能夠在生活中成為自己真正的主人，這樣你才算成熟了，而在那一刻，你才能夠從宗教中建立屬於自己的生命定義。

在你選擇了宗教處理生死、輪迴的議題時，你也選擇了自己看待世界的方式——靈修的世界以多種樣貌呈現，你只要選擇屬於你自己的路。

Q13 無極瑤池金母如何看待廢死的議題？

這議題牽涉的問題非常廣泛。若干年前，在「靈修覺醒旅程」課程中與學員從靈修、靈魂轉世等角度切入討論過廢死議題。當時，無極瑤池金母有降一段從靈魂輪迴轉世角度來剖析廢死議題的論點：**「一個人的死亡是一件大事，是他靈魂轉世於此生時一個重要的關鍵，再也沒有任何一件事比靈魂永遠離開肉體更為重要。它代表了生命、人與人的關係、情感，以及與這個世界的終結，有相當多的機會，死亡本身就是註定好的——來到人世間時便已註定好的**（關於此生壽終議題，可參閱〈意外死亡、壽終正寢、病死，是靈魂轉世時註定好的課題？「尚未註生，先註死」是真的嗎？〉P200）。**假若你相信這件事，那麼誰又有能力決定一個人的死亡呢？」**

你是不是認為無極瑤池金母是反對廢死的？因為無極瑤池金母說：「誰又有能力決定一個人此生死亡呢？」試著把聚焦點再往後拉遠一點來看：「誰」，這個人包含了對判刑的執法者、對罪犯執行槍決的警官、傷害者及所有參與這一件事的人，當然也包括旁觀者的我們。換言之，無極瑤池金母是要提醒我們，**切勿輕易對一個人的死與活下判斷**。

臺灣電視劇《我們與惡的距離》引起全臺一片討論熱潮，它便是在探討：「好人與壞人有標準答案嗎？」一場無差別殺人事件延伸出數個家庭問題，透過不同的角度、立場、關係人的故事……，將平面的殺人事件轉變成三百六十度，讓你我的思維從扁平瞬間轉為

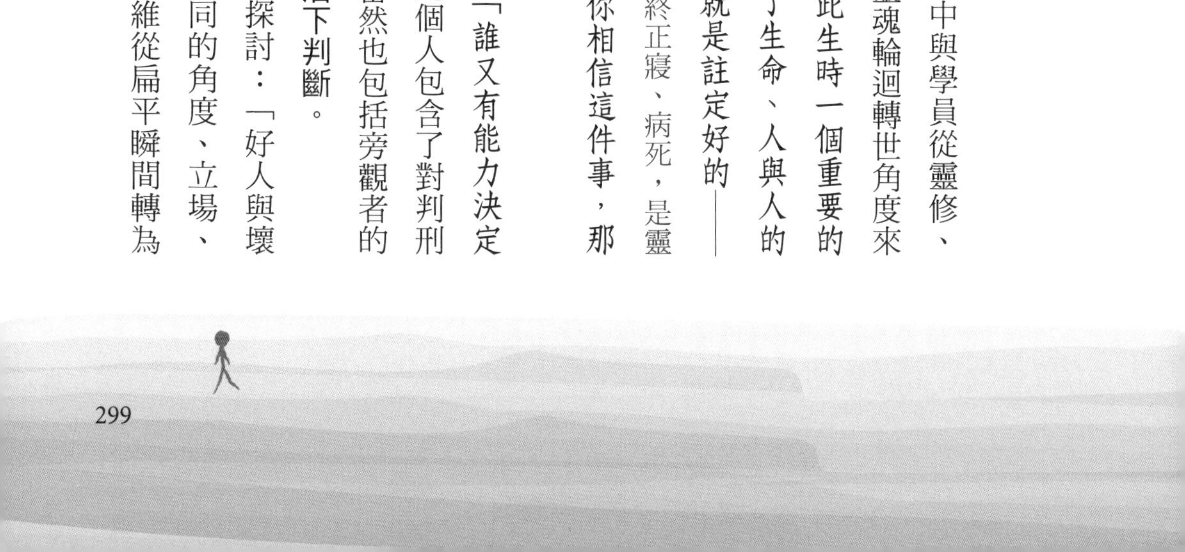

立體。無極瑤池金母說：「若此生的死亡是註定好，那麼，誰決定了誰的死亡這麼重要的議題，其實早也是註定好的。」你可能會問：「難道被殺死的人就平白該死嗎？」這個問題我請示過無極瑤池金母，祂並沒有直接答覆這一個問題，反而以另一個思維教導我：「不要將此生的死亡視為靈魂轉世的全部與終點。」最後，祂還說：「每一個國家都有其運作的機制，人民只是在這一個機制下生存，人們無法去立即改變一個世界，你只能夠順應它的改變。」

如果你仔細閱讀本書、仔細聆聽無極瑤池金母的靈性訊息，可能會有「人活在人世間有太多無奈」的體悟。雖然我認為在教育與刑法體制尚未有建全配套措施之下廢除死刑依然有它討論的空間，但更大的前提是，我尊重社會、人民與國家這一個大的集體意識的選擇。

Q14 當靈魂投生到某家族，是被家族業力吸引或靈魂找上了家族？

你是否還記得〈這一世死亡後，靈魂會馬上進入下一世嗎？〉當中個案父親往生的故事P181~182呢？這個問題便是由這位個案針對父親的往生所延伸出的另一個疑問，他不解的是，他的父親與其他兄弟心性如此迥異，他們成為一家人，是背後祖先業力的牽引，或是靈魂被祖先業所勾攝而來？

在轉世輪迴中，不需要由誰決定來這個大家族，因為業力是一條龐大的業力意識集結而成，**家族業力沒有誰吸引誰，也沒有誰應該被吸引**——這個議題一直被鬼神信仰不當使用。你沒有辦法去追究一個家族業力中，到底是哪一個部分吸引了家族某一位成員；你也無法抽絲剝繭一個人的靈魂是哪部分與家族業力相應，人的思維並沒有辦法處理這一個寬廣無垠的共業問題。

你一定有聽過所謂的醫師、政治、教育、經商世家等，在醫學界、政治界、教育界、商界都能看到這些家族的身影，家族中大部分成員都在同一行共事，甚至都出身於同一間名門貴族的學校。然而，就算在這樣的世家中，總也會出現一、兩位成員的行事風格、思維邏輯、處事態度總是與他們的親戚、家人格格不入，極端一點的，也有人在社會上做了許多傷風敗俗之事。反過來說，也有一些家族從事的是八大行業、在黑社會打滾，但就算在這樣家族當中，也會誕生一、兩位在品性與成就上令人稱羨的菁英。

如果一條靈魂可以選擇，為什麼不選擇在榮華富貴的家族中出生？如果一條靈魂在家族內的誕生是由祖先業所決定，為何祖先不挑選靈性高尚、心性純粹又能讓整個家族更美好隆盛的靈魂呢？**一條靈魂的轉世本來就不是由任何人所能決定**，如果你非常仔細從本書第一個提問閱讀起，一定會有個很深刻的體悟——**世間是由無數的集體業力意識所組成，就如同浩瀚無垠的宇宙一般，光是一顆星星位移所產生的動力、引力就會導致無數星球的移動。**

針對這一個問題，無極瑤池金母如此說道：**「你仔細去觀察一個家族的每一個成員（指直系血親），他們有許多人都有些共同點，家族成員一定有相同的習氣重疊，尤其是在吃這方面的喜好，通常會非常相近，但絕大部分的喜好是不相近。重疊的心性構成互相牽引的業力。」**

每一個人是由無數的心性所組成，一個大家族更是由無數成員的心性所結集而成。家族中有一些不好的習性，它在一些成員身上會被其他更大的善惡業力所淹沒，但它不是不存在，只是這一些成員還有其他更大的業力浮現，它掩蓋了家族這一脈中不好的心性習氣。這就如同木頭會浮在水面上，當遠方一塊大冰塊飄流過來，它勢必會將木頭往下壓入水裡，但木頭依然存在，待冰塊離去後，它又會浮出水面，有一些成員他本身沒有足夠福報業力去掩飾它，這一些不好的習氣就會在這一些人身上特別明顯。

一個家族中脾氣、心性、思維邏輯特別異於其他成員的人，他的誕生反而比較像是為了爆發家族隱性的不好習氣。

多年前，一位滿臉愁苦的媽媽前來請示無極瑤池金母孩子的教養問題，她每一個孩子都十分品學兼優、溫文有禮，唯獨其中一個例外，脾氣暴躁不喜讀書。她用盡心思教育這個孩子，但就是無法改變他半分。

無極瑤池金母反問這位母親：「你是否曾經發自內心感激他來到這個家庭呢？」

她滿頭霧水，不解無極瑤池金母的意思。接著，無極瑤池金母一一指出這個孩子與雙親、兄姊最相像的心性，她頻頻點頭。

「每一條靈魂來到一個家族出生，必定是彼此有相近之習氣所牽引，沒有例外，你不可能要求每一個孩子都承襲父母最好且捨棄了不好的習氣，這是不可能的。」無極瑤池金母繼續說，「他的脾氣反而是其他兄姊不好習氣的出口，他扮演了一個所有兄姊內心負面情緒的代言人，你要感激他，他讓其他兄姊有更好的發展。你覺得他心性不好，是你拿兄姊來與他比較；如果將他單獨來看，他就只是一個擁有特立獨行思想的靈魂，走了一條兄姊不敢走的路。」

精神分析師榮格提出，精神疾患展現了世界上所有人內心的集體意識，憂鬱症的人更敏銳地承受世界上所有人的苦。沒有一個人是獨立生存在人世間，集體意識總是交織在我們看不見的異界緯度，你、我都是——在家族當中，父母親眼中叛逆的小孩，有時與家族的業力有更深的連結。

沒有誰吸引誰的問題，任何人的誕生都是家族成員心性的展現。若完全沒有重疊的靈魂習性與緣分，是不可能出現在同一個家族中的。所以，回答這一個問題的角度，不在於誰吸引了誰，而是相互影響與吸引。如果你有相同的家族問題，你要去看穿的是彼此的心性，是哪一部分相近的心性吸引了彼此。

如果可以，誰願意再次來到這世間？家族業力是集體共業，你我都在其中玩著一場又一場的輪迴遊戲，沒有受害者，也沒有加害者，都只是在努力了結每一世的業力，看穿這世間的把戲。

Q15 很多宗教道場主事者與師兄姊都說自己是仙佛轉世，真的嗎？

歷史上有兩位由人身脫胎入仙榜的人，一位是三國時代的關聖帝君關雲長，一位是出生於宋太祖建隆元年福建泉州府莆田縣，在臺灣每一個人必聽過祂聖號的媽祖林默娘。

從歷史典故中，你可以找到祂們的神蹟與在世時救人的故事。值得思考的是，不論是關聖帝君或媽祖天后，沒有一人是先自封為神才開始做人，也沒有一位生前在宗教上有多麼崇高的地位，他們最令人津津樂道且令後人瞻仰的，是他們生前的做人處事。

現在，讓我們從民間信仰的神祇拉到佛教的高僧。或許，許多佛教著名的大師小時候都有超凡且不可思議的經歷，但這一些都不足以遮蔽他們生前對經論研究與禪法的實修。

再將時間拉近一點來反思仙佛轉世的問題，印度的德蘭修女，臺灣的聖嚴法師、印順導師，相信大家都非常耳熟能詳，先不去談論他們背後是否有高靈護持，光是今生他們在自己信仰上的經典研究、虔誠之心，都是我們難望項背的，更不用去談及他們生前對世間的愛與奉獻了。

就我所看過的，超過千位靈修人、敏感體質、靈媒的經驗，沒有任何一個人是由仙佛轉世——雖然他們已被無數宮壇主事者列入仙榜中冊封仙佛。

把這個問題放一邊吧！先別看他們是否仙佛轉世，他們在身心實修有多少、他們為世間做了多少事、他們的人品是否值得我們讚美……這一切才是值得我們思考的。如果自稱仙佛轉世的人跳脫不出情感束縛，生活雜事處理得一團糟，常常為小事糾結甚久、遲遲捨棄不下，如此與一般人相同的習氣，若還自稱仙骨佛骨轉世，豈不是太輕忽仙佛的精神與願力？仙佛轉世聽起來確實非常與眾不同，但他也只能在小小宮壇自封為王，享受少數人的崇拜，除此之外，他哪裡也去不了。

當有人問「某某人是否為仙佛轉世」時，我的思維不會馬上跳入這個框框中，也不會否認與拒絕多種答案的可能性，我更在意的是這個人是否有超脫世俗的觀點與看法，在身心實修上又下了多少苦心，以及他如何處理生活與人際問題。這一些問題，都是可以透過理性去思考的，當然，如果你一開始就先戴上有色的眼鏡看世界，是不可能看見問題背後另一層的問題的。

截至二〇一九年，我已經出版了七本靈修書，但這問題依然每一年總是被讀者提著來問我。有興趣的朋友不妨再回頭去細讀「我在人間」這一系列的著作，對靈修有完整且三百六十度的觀念釐清，相信將可以協助你用更宏觀的觀點來看待自己的靈修路，以及一些在坊間宮廟絕對不會滅跡的說法。

Q16 現在很流行藉由觀元辰宮去改寫靈魂記憶、扭轉乖舛命運，這是可以達到的嗎？

前幾年，我以無極瑤池金母親傳的靈修法，在一對一與一對二的情況之下，並透過個案守護靈及仙佛的協助，帶領過不少人去瞭解他們的元辰宮。

觀元辰宮現場

以下是一位親自去過元辰宮的個案事後的一封回饋（為了閱讀順暢，原函已在不改原意下做編輯修潤）——

感恩母娘慈悲、觀世音菩薩恩准及宇色老師的帶領，讓我一觀元辰宮，希望在這個特別的經歷後，對自身修持及分享布施能有更大的助益。以下是我的記述，謝謝。

在宇色老師的帶領下，眼前先看到的是一團紫色的能量體，詢問是哪位仙佛後，出現觀世音菩薩法像。在祈求觀世音菩薩恩准進入元辰宮後，我就像電影演的那樣在宇宙中以極快速度前進。

首先看到的是一座類似日本合掌村的屋子，一樓是類似貨棧的陳設，屋內的神桌上供奉著觀世音菩薩，供桌上有滿滿的新鮮供品。

我再次向堂上觀世音菩薩請求恩准以進入元辰宮，場景隨即跳到一座古色古香的中式庭院，詢問大廳供奉的觀世音菩薩後，確認這裡是我的元辰宮。觀世音菩薩右手拿著一顆仙桃，宇色老師提醒我求菩薩賜予仙桃食用。元辰宮的管家是一位很像土地公的慈祥長者，我在他的帶領下來到廚房，廚房的灶上有一個極大的鐵鍋，裡面裝了八分滿的水，灶裡有柴，但沒有生火。我詢問管家先生為什麼沒有火，管家先生隨即丟了火苗到灶裡，鐵鍋裡的水慢慢的被煮沸。看到廚房裡的木柴僅有膝蓋高度的兩排存量，隨後我添加了滿滿共十二排存量。宇色老師要我看看廚櫃裡是否有菜，一開始沒有看到，但廚櫃馬上就出現了，裡面擺滿了新鮮高麗菜、南瓜等蔬果。

請管家先生帶我到書房，我打開所有玻璃窗，讓新鮮空氣能進入。我請管家先生挑出對我有幫助的書籍，管家先生給了我四書（《論語》、《孟子》、《大學》、《中庸》）；再請管家先生找出生死簿，宇色老師要我翻到母娘曾慈示的某一重要年歲，看看生死簿上的註記。

接著再次來到大廳，向堂上供奉的觀世音菩薩請示，菩薩賜給我「自身修為」、「修持精進」與「布施」，隨即，我在宇色老師的帶領回到工坊的房間了。稍事休息後，宇色老師遞來一杯茶，和我一起討論剛剛的經歷，並表示四書對我而言太艱難，因此建議我看明代大儒王守仁寫的《傳習錄》，又送了《心靈的資糧》及《何來阿姜查》兩本書要我研讀，再次謝謝老師後，我就帶著感恩離開工坊了。

觀元辰宮對人有幫助嗎？

此時，你的內心是否躍躍欲試一探元辰宮？接著，我要分享為什麼我沒有將「觀元辰宮」列入問事的固定選項之一，甚至在這幾年當中婉拒超過百位在看過我的書後預約「觀元辰宮」的個案。

以靈修法帶領觀元辰宮需要耗費相當大的元神力，在整個過程當中，我必須全神貫注在個案身上，一分一秒都不能鬆懈。我將靈修法觀元辰宮當成是私我靈修修練的其中一環，在引導個案進入觀元辰宮中，我會觀察當事者的心性、他與元辰宮的互動情況，以及他們經歷的種種事情，藉此反思許多人生、宗教修行與生命意義。

承如在〈觀落陰是真的進入靈界（陰間）看到親人的靈魂嗎？〉中，無極瑤池金母所傳遞的重要訊息：「以觀落陰儀式進入幽冥世界需要透過神明的力量。現代人在看待觀落陰儀式過於簡單……在進行觀落陰儀式的時候，就一定要透過宗教與神祇——宗教是人界與幽冥的中間媒介……宗教本身就是媒介，進入幽冥唯有透過宗教與神祇的力量才得以轉化，但那並非絕對，它要具備的條件是非常多的。」P227 觀元辰宮與觀落陰二者的路徑完全是不相同的，但成行的要素卻如出一轍，主事者、宗教儀式只占觀元辰宮成功機率的四十％，真正影響是否成行的，是當事人，也就是當事者本身的體質、因緣與他的心態。

另外，我將靈修派觀元辰宮視為修復靈魂的內心療癒之路，在這位個案回饋的內文當中就可以窺探一二，他說道：「……菩薩賜給我自身修為、修持精進與布施……宇色建議我看明代大儒王守仁寫的《傳習錄》，又送了《心靈的資糧》及《何來阿姜查》兩本書要我研讀……」這位個案每每遇到人生關鍵時刻難以做出抉擇時，便會前來請示無極瑤池金母。初次見面時，我便觀察到他有一條尚未萌芽的宗教因緣。或許是因緣成熟，或許是業力所召，在幾年問事的互相認識後，終於為他以靈修法觀元辰宮，因此，在這一趟觀元辰宮時，我才有機會在當下要他直接請示觀世音菩薩此生的業力課題，結束後再輔以一些對他輪迴轉世課題有所相應的書籍。

站在靈修的角度，引導個案在觀元辰宮中與有緣仙佛對話，以及事後協助他們釐清方才所經歷的種種，如此互相對應，對靈魂才會有顯著的幫助。

所以，觀元辰宮可以改變命運嗎？我覺得應該先釐清兩個問題。

- 一是命運構成的路徑──潛意識→意識→思考→行為→環境→未來：觀元辰宮就是直接從你的潛意識下手，進而逐一改寫你的未來生命藍圖。
- 二要問何種人才需要觀元辰宮，以及何時才有必要觀元辰宮：這個問題就比較複雜了。前幾年，有某間經紀公司與我聯絡，他們正在尋找觀元辰宮與觀落陰的老師，主是要安排上媒體節目與活動，同時也會舉辦這一系列的宗教儀式之旅，希望能夠與我合作打開這一個市場。我沒有多做考慮，當下便請助理婉拒。生活中有些事是可以兒戲當玩笑，但只要牽扯到靈修與宗教就不是付錢了事，要讓觀元辰宮、觀落陰成行，其構成要件太複雜，觀元辰宮並不是逛百貨公司，有錢沒錢都可以瞎逛吹冷氣，只要是牽涉到宗教就關乎到個人的因緣、宗教與仙佛力量，絕對不可以等閒視之，只要是驅使鬼神的靈通力，主事者、個案在這一件事情上就得付出相對等的因果代價，揹負看不見的業力。什麼人才需要觀元辰宮？對我來說，太過怪力亂神、心亂不已者不適合，對未來沒有目標、心念不夠安穩、對元辰宮已有偏頗觀念的朋友等等也不適合——主因是「會沉迷於所見的過程而拔不出來」。**反過來說，很有判斷力、思辨力、想藉由觀元辰宮增加人生信念者就比較適合**，畢竟對於過程中的所見所聞，他們能與引導者互相討論，而不是盲目被所見與引導者牽引。**什麼時候才適合觀元辰宮？至少不能在情緒低落時**，此時的情緒足以影響所見的內容，不論好與壞，都會以負面的心態來看待元辰宮。

那麼，元辰宮是想像或真實？我曾經在《我在人間與靈界對話》提及它是人內在的一種想像，與其說想像，倒不如說是**內在不自知的投射**——以畫面形式投射出內在較不為人知的一部分。它是從心理來改變想法與行為，既而創造了未來。觀元辰宮對人心理一定有其影響力，不然，它在宮壇與催眠中就不會被如此地廣泛使用。

至於我是否相信元辰宮所顯現的內容，例如另一半、感情、健康、財運、生死簿等等呢？以我曾經不靠外力親自進去的心得是：「它是從心理來改變想法與行為，進而創造了未來。」但是，**假使現實生活中沒有堅定的執行力，不論你所見為何，那都是只是參考，而不是絕對。**

那麼，其他層面呢？

以健康來說，要尋找元辰宮附近的生命樹（花），它顯示了一個人此時的健康程度。此時，引導者的表達與引導能力就很重要了，光是看，是沒有什麼意義的，引導者最好要能夠藉由當事者觀生命樹，引導當事者思考影響自己健康的負面生活態度、生活習性等等，如此才能讓當事者在看的同時又能反思生活習性，再藉由花公（婆）或有緣仙佛的幫忙改善生命樹的生成，如此外力的改變（行為、思考）與內在的調整（生命樹）才能相得益彰地改善健康的問題。

觀元辰宮可以改變未來嗎？增加水缸的水量（財富）、米糧（食祿）等等，就能改變未來嗎？就我目前的淺見來看，是「有幫助」。有幫助的定義，是讓當事者藉由看到畫面來瞭解本身在財運方面的運勢，此時，引導者就要開始引導當事者去思考財運不足的原因所在，比如請有緣仙佛前來，或是請出負責管理每一個人元辰宮的靈，祂們都可以在當時告知當事者能量不足的原因，讓當事者與祂們在元辰宮對話，藉此瞭解本身的問題。

那麼，觀元辰宮結束了之後呢？引導者又要做什麼呢？

我是學心理諮商的，又有較多的占卜經驗，所以總是認為事後與當事者討論所見所聞非常重要。有時候，當事者進入元辰宮時不會馬上表達當下的見聞，所以事後討論有助於讓我瞭解他們的想法或「觀」的當下未說出來的內容，並進一步以諮商與其他角度切入他們的想法，簡單說，就是「帶問題前去是為了解決問題，而不是帶更多問題回來」。在我過去的經驗中，也曾發生過幾件因時間不足以在事後與個案深談，因而讓個案有更多的想法，此時，事後的E-mail追蹤就很重要了。

我想表達的是，**不要太放大觀元辰宮不可思議的力量，也不要把它當成處在逆境時的救命仙丹**，無極瑤池金母曾說：「人世間所發明（發現）的靈性工具，都只是解決人類一時的問題，而不能當成靈界的全部。」觀元辰宮是解決人類內在心結的方法之一，但不能因此而誇大它的能力與效果。

Q17 這輩子我在事業、財運與婚姻方面非常不順遂，這是上輩子造的孽所導致的嗎？

如果你學一項新技術卻一直學不會，一名通靈人說：「這是你上輩子造成的惡業，才導致學不成此項技藝。」你相信嗎？我認為，那只是你還沒有掌握到技巧，和前世與業力根本沒有關係。將一項技能做到猶如神技，的確得有累世的因緣，就像並非每個人都能擁有如黃鶯出谷般的歌聲，如果人人皆是如此，這個世界上必定會缺少很多工作，演唱工作就是其中一項。

此生命運乖舛，背後有太多成因，全部將它推向前世所造的業並非最好的答案，但聽到這樣的說法時心裡多少會因為彌補心理而舒坦一點——這是人之常情。

我認為，**真正的痛苦並不是生命當中的逆境，是你內心已經升起想要改變的念頭，也知道該從哪裡下手，內心卻絲毫沒有力量去改變它**——這，才是我們真正需要去談論的關鍵點。你相信嗎？雖然人生的命運由許多欲望、憂慮、煩惱所組成，但每一個人靈魂深處，就只有一個核心是今世難以橫跨的——這是非常神奇的事，但卻是我從無數來請示無極瑤池金母的個案身上觀察到的。

我有一個遠房親戚，在生活事業、婚姻各方面都不是很如意，但他從來不會主動來找我。若干年後，他終於鼓起勇氣來找我聊聊生命上過不去的事。我一一指出他心性上的問題，並建議他去做某件事情，那件事情對許多人而言並非難事，但我知道他做不到。他說需要一點時間才能去做，我明確地告訴他，孩子身上的無形資產承傳自父母的心性，留給孩子的是財富或負債，決定自父母，當下突破自己的人生多一些，未來孩子的生命就寬廣些。

在我們對話的過程中，他的內心充滿了恐懼，他害怕被人看穿自己的謊言，他擔心我看穿他所有心事。我無法幫助他，就像在面對任何人一樣，我只能點出他言語背後的矛盾處，我也知道這次見面後他不可能再來找我。

又過了若干年，他仍然被生活綁得喘不過氣，多年前與我討論的問題依然存在。生活的問題並不會隨著年紀增長而削減，就像是一包腐壞的食物放在冰箱，如果你沒有勇氣將它丟棄，它的惡臭就絕對不會有消失的一天，甚至臭味會滲入其他食物中——深藏在我們身上的習氣，也是一樣的。

不用去想此生不好的命運是否為上輩子所造下的罪孽，那對你一點兒幫助也沒有——除非在傷口上灑鹽真的會讓你感覺到舒服，那就另當別論了。想要破除乖舛的命運，只有兩個方法：

• 一是靜心：靜心是消業與看見本心的基礎，靜心就像一名武士佩帶一把武器，尚未殺敵氣勢就足以威嚇人。
• 二是每天問問自己「生活中有哪些小地方我可以先讓它更好」：每天早上與睡前都問自己

這一句話，很神奇的是，不出三個月，你的生命就會產生微妙的改變。命運是由多年習氣堆積而成，想要掃除它，就要有耐心，你不可能睡一覺隔天就飛黃騰達，有許多事情都是要從小地方做起的——**先掃除生活小習氣，比起老相信一切厄運都是上輩子所造的罪孽要強得多了。**

Q18 看完整本書後還是有一個疑問，到底我要怎麼做才能斷輪迴？

就讓生命保持它應有的樣貌。「成佛」、「涅槃」是佛教用來形容一個人看澈了世間法，臺灣靈修法以修心圓滿重返先天為唯一的路，道教講求修道成仙、道家講無為……，每一個宗教學派各自都有它修心養命的理論，名詞名相各有不同，去掉每一宗教的名相外衣，各宗教的教義都是在引領一條路，讓我們的心不至於脫軌偏頗太多。

釋迦牟尼佛在他出生的時候就註定此生必定成佛，奧修、葛吉夫（Gurdjieff）、拉瑪那尊者、王陽明、榮格、坎伯、尼古拉・特斯拉等這些在各自領域有所成就的人，也不是因為他們的努力才變成今日我們所熟識的人——早在他們在出生的時候，就已經註定好成為我們認識的他。

我非常相信**共時性**。當我寫到這一章節的夜晚，休筆後，剛好看到「RGB：不恐龍大法官」影片，它在介紹美國聯邦最高法院中年紀最長、全美國家喻戶曉的大法官露絲・拜德・金斯伯格（Ruth Bader Ginsburg）的紀錄片，她是六十年前首位為當時美國女性平權站出來發聲的律師。片中她說過這麼一段話：「身為女性，我從未要求特殊禮遇，我只懇求各位男性弟兄們，別再把腳硬踩在我們女性脖頸。」從她的回答，可以看見她終其一生對兩性平權理念的堅毅（兩性是站在男女平權，世界上亦有許多對男性不公平的規定）。影片裡還有一段精彩對話：

記者問：「金斯柏格法官，您為何會走上這條路？」

金斯柏格說：「法律是我能夠鑽研並且得心應手的，我不認為自己有任何才能能夠成為優秀的……歌劇名伶，我希望自己能善用法律，因為它是我花盡心思與體力所投入的熱愛志業。」

雖然她如此強勢、有才華、充滿智慧，能駁倒當時只有男性能夠擔任大法官的殿堂，但她也坦承自己對律法之外的事情一竅不通：她完全不會烹煮料理，她或許也不是一個稱職的媽媽，但她在美國的名氣和受到年輕人歡迎的程度，卻超乎一般人所能想像。並不是因為努力才成就她，應該說，**比一般人更努力正是她的本性**，是她終其一生改變不了的——懶惰的人很難積極過活，每天不做事會很痛苦的人很難躺在沙發滑手機一整天，這是在轉世輪迴時就伴隨在本性的業力驅動著我們一生。

轉世輪迴就好比搭上了一部不能回頭也無法換票的列車，你不必三不五時地問列車長是否快到站了，也不用擔心過站忘了下車，這部列車最終會走向終點站。

或許你會問：「難道我此生就不用努力嗎？」

當你在車上等待列車抵達終點站時，你能做什麼呢？想一想，沒錯，你根本做不了什麼事。你曾經觀察同一部列車上的人在做什麼嗎？吃零食打發時間、發呆、滑手機、看書、與朋友聊天打屁、睡覺、用筆電忙碌地工作、忙於聯絡工作事情……，小小一部列車，每一個人都在做著自己所認知重要的工作，宛如就是一個小小的世界。然後呢？車子最終還是會滑進終點站的月臺。

在世間所發生的每一件事，都在考驗心走入寧靜。你可以很急著去改變一切，也可以對世間很多事情看不過去；你可以是一名憤青，也可以是一名智慧老人——唯一不變的是，你依然在這部列車裡面，而這部列車的名字就叫做輪迴。不過，每一部列車的行駛速度（意識轉動）會決定列車進站的時間，你不可能搭上一部柴快車卻希望和高鐵列車同時間抵達終點站，這是不可能的事。

「此生有些事情要讓它保留有它應有的樣貌，不要去限定我在此生就應該活成怎樣，每一個人都要學會讓生命自由的發展。如果每個人都體悟到這一點，那是一種平衡和諧。當你的生命從和諧中產生了能量，這世間不會有戰爭，這和諧會帶出穩定的力量，人與人都在自由地發展它原有的樣貌，世界就會進入另一個樣貌。」P265 無極瑤池金母所說的這段話，你是否還記得？

我此生不可能成為第二個釋迦牟尼佛，我也不可能有像奧修、葛吉夫、克里希那穆提（Krishnamurti，印度哲學家，被譽為二十世紀最偉大的靈性導師）那樣對世界有如此透澈的見解，但那並不能否定我的存在價值，包含你也是，終有一世，我會回歸到來時之路，或許是今世也或許未來某一世。

近年來有太多人因為我的著作、臉書而認識我，當中總有許許多多的人會透過各種管道反過來「指點」我未來路應該怎麼走，他們或許認為我應該把「母娘事業」做更大、蓋分院道場、收更多的信徒等等，我可以瞭解他們希望的「宇色」是哪一種人，但我更清楚自己所做的每一件事已經站在此生業力的軌道上，如此就已足矣。

看完本書如果你還有「我該怎麼做？」的疑問，**讓自己不要去妄求眼前達不到的事。屬於你的，它終有一日必定會來到你身邊，不屬於你的，就算你強求而得到也不會久留。**

本書最後我想引用拉瑪那尊者的一句話送給大家，雖然它已經重複出現在我其他著作多次——「不論你多麼努力，註定不會發生之事，絕對不會發生；註定會發生之事，無論多麼努力阻止，仍會發生。因此最佳的因應之道，便是保持靜默。」[1]

註1 摘錄自《日處真我：印度靈性導師拉瑪那尊者的教誨日誌》，紅桌文化出版。

Q19 你如何去判斷無極瑤池金母給予的靈性訊息真假？

我經常獨自一個人坐在禪房閱讀書籍，閱讀到某些有相當深度內涵的書時，我會將書搬到無極瑤池金母前。

一次，我對某本書裡的一些觀念感到不解，或許該說我無法體會作者想表達的意思，於是閉眼轉動元神意識，將問題請示無極瑤池金母。我的元神意識會與無極瑤池金母的靈性訊息相應，就如同本書一樣簡潔扼要，但我仍然不解，於是無極瑤池金母嘗試引領我的意識進入作者的思維空間裡，仿佛一頭鑽入作者的腦海中——神奇的是，再次閱讀相同作者或類似靈性書籍時，對於作者所表達的每一句話，我都能輕鬆瞭解了。

一晚，朋友用LINE傳來了一篇蔣勳先生《傳說》中的一段話：「她跟他說，靜下來，聽，那是土經過火的鍛鍊以後近於玉石的聲音，可是它們碎裂開來了，是那堅如玉石的身體又想回復成為土。」朋友說看到這段話好想哭，可是當他將這句話告訴身邊的朋友，卻無人可以體會其感受。

我告訴他，這句話看似很輕描淡寫地在描述一件事，但閱讀起來卻深深地打入心坎，有一種錐心泣血之痛，尤其是對這世間有強烈離世感（離世非厭世，前者是了無遺憾，後者是對生命失去了熱忱）的人來說，更能夠瞭解文字的涵義。它是一種圓滿，是無遺憾，也是一種了無牽掛，又有一種對生命無常的通透力。

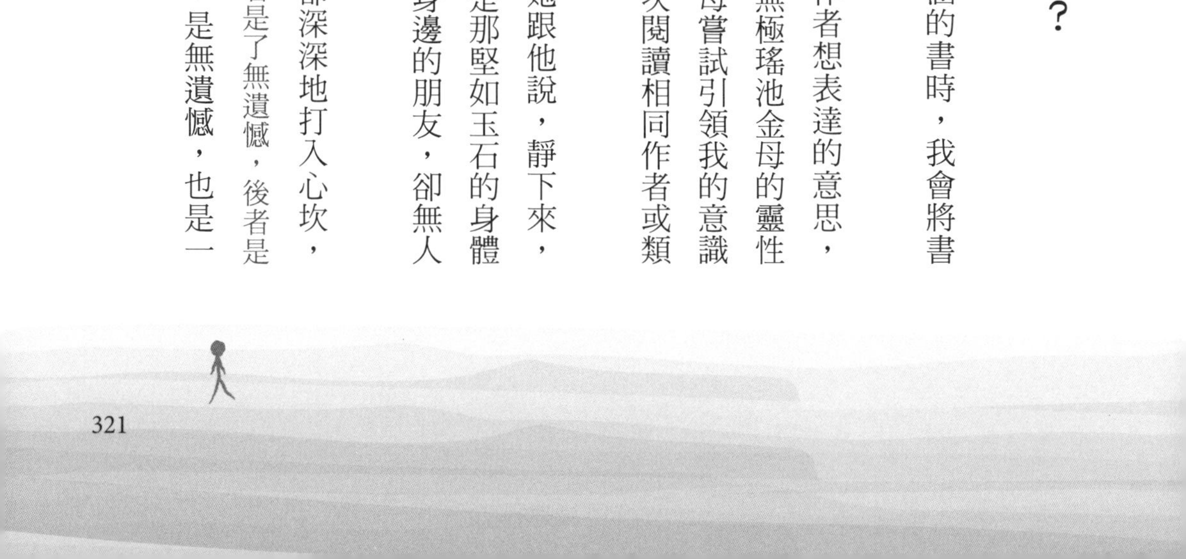

朋友問我怎能理解這句話，或許是無極瑤池金母傳下這一種獨特的「自我餵養」的靈修自修法，讓我能夠更容易體會到文字與他人的靈魂聲音，我將這一種自修方式的意識轉化稱為「靈魂滌蕩」。

思辨一件事情的焦點並非放在對錯，你得先培養「心靈空間」來養育對問題的覺知，你必須獨處在這一個空間裡，這是「自我餵養」必備的條件之一。在這空間當中，不能有一絲絲他人言語，你就只能等待，一種與靈魂、時間相伴的等待，在這等待當中，你會自然而然了知一件事的振幅頻率，那超越了對錯的二分世界，你是站在「對錯、真假」之外的另一層次在看待一件事。讓我再分享一段佛陀的故事——

在一次佈教途中，佛陀與眾人坐在一棵樹下休息，他請隨侍在側多年的阿難取一小杯水來。此時，佛陀已經是相當年邁了。

阿難心想，附近並無任何溪水，唯一一處必須沿方才走過的路，再往回走三、四哩。阿難拿著佛陀的缽，走到掬水處，發現那一小灘水已經被許多馬車踩踏成泥水，上面還飄著幾片枯葉。

阿難很不知如何是好，既不能違背佛陀的要求，更不能盛滿泥水給尊貴的佛陀飲用，最後只好拿著空缽回去。他稟告佛陀方才所見的一切，並建議佛陀，拘孫河離此處並不遠，不妨大家起程再走行。

聽完阿難的話後，佛陀威嚴地說：「再回去，不要緊，就將那樣的水取來。」阿難為難地再走回去原取水處，那一灘水依然混濁不清，無計可施之下，阿難只能在那灘水旁靜坐。待阿難出靜後，那一灘水已經澄清得如明鏡，泥沙已經全部沉入水底，葉子飄流到水面四周。阿難高興地將缽盛滿水去見佛陀，他向佛陀稟告方才所見的一切，並深深感謝佛陀：「感謝世尊您的教導，讓我學習到我們無法改變世間的一切，唯有靜觀它、等待它、聆聽它。人要學習以一顆柔軟的心對待世間一切，逆境、順境須以靜觀面對它，當它們離去，唯有平靜仍深深印記在我們的心中。」

佛陀聽後僅微笑點頭道：「是我要感謝你，感謝你為我掬水解渴。」

帶著一顆寧靜回到靈修裡，你的靈修會變得愈來愈優雅、祥和、寧靜，靜心會愈來靠近你，至於「我如何去判斷無極瑤池金母給予的靈性訊息真假？」這問題的答案，不會在此時此刻發生，如同在閱讀這一本書時你會有許多疑問與質疑。這是好事，就讓它發生，不要成為一名乖順的閱讀者，你已經用如此的態度行走一輩子了，它並無助於喚醒你的靈魂。就讓好奇自由地流動在閱讀當下，無極瑤池金母的靈性訊息會與你的過往思維產生化學變化，或許你無法去反駁，它也不會一時半刻就成為你的靈魂養分，你需要學習的是靜觀。很快的，真理會從你的靈魂浮現出來，而疑問屆時就會逐漸消退，如同晨曦徐徐拉開帷幕便能消除所有黑暗，疑問只一道影子，它不會在你生命中逗留太久，但你要站對位置。

Q20 你是聽到無極瑤池金母的訊息嗎？你是怎麼完成這本書的？

沒有一問一答，只有詮釋

許多人都會好奇我以何種形式與仙佛對談，我以下的分享並不是所有靈性訊息者的感受——畢竟我不能代表所有的靈媒。

當我轉化元神意識與祂們連結，祂們給予的靈性訊息是無聲、無畫面進入我的腦中。我無法確切地形容接收靈性訊息時的感覺，以最簡單的字詞來形容，就是——靈知。讓我試著說明一下我所謂的感受：天氣冷時，你的體感溫度會讓你多穿幾件衣服；心情煩躁時，身體自然而然會多做幾個深呼吸。這都不用教吧？身體情緒會自然地在當下引導你做出這一連串保護身體的動作，這是感知。那麼，何謂靈知？就如同你在夢境當中看見某人的背影，你不必猜想他是誰，心中馬上浮出答案，就算隱約只有一道黑影，你也能知道是誰。有過這種經驗吧？對，這就是我所說的靈知。

當我轉化意識與祂們連結時，對於靈性訊息敏銳度的感知會瞬間開展，當下知道靈性訊息的一切。

瞬間、當下，沒有分秒之差，本書所有的內容幾乎都是在這種情況下完成。

本書以問答方式呈現，但與其說是問答，倒不如說我只是導引出一個問題，無極瑤池金母以我所能理解的內容傳下靈性訊息。當我元神意識接收了無極瑤池金母的靈性訊息，回到現實後，是無法完整地描述方才的內容的。為了避免如此的情況發生，此書採以三階段書寫完成，錄音存檔、逐字記錄、修潤補述。

撰寫這本書最困難之處

無極瑤池金母的靈性訊息簡明扼要，沒有精美包裝的話術。唯一的問題是，此書的原始資料是以錄音記錄下靈性訊息的內容，當靈性訊息過於龐大，大腦與靈性訊息難以同步，語音檔內容常有前後句跳躍且語意不清。初期撰寫，為了彌補以上的缺失，會再補上優美的文字填充與修潤，希望讓讀者能夠更加清楚無極瑤池金母的靈性訊息。

第一篇完稿後再次重複閱讀，雖然文字與音檔兩者內涵落差不大，但總是覺得哪裡不對勁，前者似乎多了什麼。於是，我重聽了錄音檔，無極瑤池金母的靈性訊息直擊人心，但在文字之間卻一點一滴揮發殆盡，過度的修潤反而失去了無極瑤池金母靈性訊息的涵義。隔天，凌晨四點二十五分，我突然驚醒，意識到此書應該原汁原味呈現靈性訊息，或許你會感覺無極瑤池金母靈性訊息過於簡要，不同於你印象中聖靈所「說」的話，但我告訴你，這就是——無極瑤池金母。

與仙佛對談，我所扮演的角色是發起人，當我對生命、玄學、鬼神（尤其是對人性）有所疑問的時候，會選擇合宜的時間與場域請示祂們，基本上都是在早晨，且在佛堂當中。祂們不一定有問必答，對於我所詢問的疑問，絕大部分都以靜默來回應。對於這樣的互動方式，久之，我也逐漸瞭解了祂們的用意——人生，決定在自己心中；有疑問，從生命中找到解答。因此，我才會在自己的書中寫下這一句話：「不要把神明當成導航ＧＰＳ。」

靈性訊息不同於與人對話一問一答，是三百六十度全像投射

一問一答的形式是透過彼此大腦的分析與整理，但轉化元神意識不再使用大腦的左右腦，是以意識流與祂們交感，因此，並無一問一答。無極瑤池金母靈性訊息極為浩瀚，祂針對每一個問題的回答多元且精闢，我實在難用文字完整記錄下來。此書你所看見的內容，與錄音檔相差度不到二％。雖然，文字帶給人的震撼力無法與音檔相比，但身為作者的我很努力將文字張力貼近原意。

我相信，你閱讀此書是希望能夠喚醒沉睡的元神意識，以完全不同的思維釐清我們所處的世界，以及開啟那道阻隔人與靈界之間的大門。建議你，閱讀完一則無極瑤池金母的靈性訊息後，不要急著去閱讀我的解讀，我的見解並非百分之百貼切無極瑤池金母想對你所說的話。此外，也不要用你大腦的思維去閱讀我的文字，文字絕對不是無極瑤池金母想要傳遞給世人的教誨，你必須以元神來閱讀每一則開示的內容，轉化元神意識進入無極瑤池金母靈性訊息——最簡單的技巧就是闔眼、呼吸、感知。

〈後記〉

先釐清生命帶來的課題，才有機會淨化靈魂

這一本書的完成，首先我必須要感謝無極瑤池金母，因為祂的首肯與親傳，這些珍貴的靈性訊息才得以在書中呈現。

每一次撰寫這本書的當下，我都必須不斷重新聆聽無極瑤池金母教誨的錄音檔。不諱言，書中所提出的問題都是我以前從未思考過的，也因為有你多年來對「我在人間」系列的支持，這本與無極瑤池金母對話的靈性訊息教誨才得以與世人見面，也讓我再次重新審視自己對靈魂與輪迴轉世議題的思考。靈修無邊無垠，隨著年紀增長，你不斷修正看待世界的角度，你對生命付出的努力，靈界回饋給你的會比你期待的更加倍與廣寬。

我想強調的是，我並不認為能夠與仙佛交感有多麼了不起，若你能夠看懂古今中外智者與學者的書，那麼閱讀帶來的收穫並不會輸給與神明對話，這是我的真心話！若你在閱讀完本書後想更加提升自己的靈性思維與思辨能力，以下有幾本我推薦的書單。

這些書單或許跟輪迴轉世一點關係也沒有，我挑選它們的主要原因在於：**要解決死亡與輪迴的謎題，你必須先自我釐清生命帶來的課題，如果你連自己此時此刻的生命都感到茫然，一頭鑽入摸不著邊又虛幻的輪迴世界並無助於淨化靈魂**。先停下來，把眼鏡擦亮，模糊

的鏡片是無法帶你找到想去的目標的。這些書，只要你慢慢地去閱讀，一定能從中獲益，助你思辨許多解脫生命的相關疑問。當然，「我在人間」系列更是強力推薦給你啦！

- 《一個瑜伽行者的自傳》，尤迦南達著，紅桌文化。
- 《對話真我：印度靈性導師拉瑪那尊者的教誨經典》上下卷，穆納葛拉・S・韋克塔拉邁爾著，紅桌文化。
- 《日處真我：印度靈性導師拉瑪那尊者的教誨日誌》，A・達瓦拉吉・穆達利爾著，紅桌文化。
- 《神：如何免於迷信，找到喜樂之境！》，奧修、莎薇塔著，麥田出版。
- 《死亡的幻象》奧修、謙達那著，奧修出版社。
- 《哭喊神話》羅洛・梅著，立緒。
- 《神話的力量》喬瑟夫・坎伯著，立緒。
- 《坎伯生活美學》喬瑟夫・坎伯著，立緒。